PFERDE ERFOLGREICH MOTIVIEREN

Monika Krämer

PFERDE ERFOLGREICH MOTIVIEREN

Mit dem
8-Punkte-Programm zur
optimalen Leistung

KOSMOS

Bildnachweis

Mit 167 Farb- und Schwarzweißfotos von Barth: 82; Bauer: 26; Brabec d'Ipra, Österreich Werbung: 18; Christen: 58; Dossenbach: 43; Drommer / Tierärztliche Hochschule Hannover: 107 (2); Ernst: 54, 102, 171; Ettl: 110; Hüttner: 103; Hit-Aktivstall / Hinrichs Innovation u. Technik: 133 (4), 135 (3); hz / Foto: 116, 166 (2); Kapitzke: 22, 23, 90, 103, 195; Kleine-Hegermann: 73, 110; Krämer: 72, 95, 100, 131; Lenz: 17, 28, 33, 45, 47, 49 (2), 52, 54, 62, 67, 83, 98 (3), 101, 127, 146, 149, 170, 171, 179 (2), 195; Lenz / Kosmos: 178; Marquardt: 192; Nilsson / Boehringer Ingelheim: 81 (2); photec: 91; Rau: 24, 119, 175; Schmelzer: 152 (2); Schnitzer; 151 (4), 154, 182; Schöpal: 15, 24, 32, 35, 37, 44, 47 (2), 80, 84, 108, 116, 118, 141, 167, 187, 191, 201; Slawik: 31, 36, 39, 70, 76, 91 (2), 130, 196; Stuewer: 72; Toffi: 14, 16, 19, 22, 29, 33, 34, 40, 46, 60, 65, 90 (2), 105, 136, 137, 140, 180, 191; Uhlenbrock / photec: 21, 64, 77; van Lent: 67; Weiland: 119; Wissdorf: 148

Impressum

Umschlaggestaltung von eStudio Calamar unter Verwendung von 2 Farbfotos von Gabriele Metz, Mühlheim (www. Gabriele-metz.de) (Hauptmotiv) und Horst Streitferdt/KOSMOS (Motiv Rückseite)

Mit 167 Farb- und Schwarzweiß-Fotos

Bibliografische Information der Deutschen Nationalbibliothek
Die Deutsche Nationalbibliothek verzeichnet diese Publikation in der Deutschen Nationalbibliografie; detaillierte bibliografische Daten sind im Internet über http:///dnb.ddb.de abrufbar.

Unser gesamtes lieferbares Programm und viele weitere Informationen zu unseren Büchern, Spielen, Experimentierkästen, DVDs, Autoren und Aktivitäten finden Sie unter **www.kosmos.de**

2. Auflage, 2007

ISBN 978-3-440-10419-4
Lektorat: Sigrid Eicher
Produktion: Heiderose Stetter, Kirsten Raue
Printed in Germany / Imprimé en Allemagne

Inhaltsverzeichnis

Zum Geleit

Reiten ist nur wirklich schön, wenn das Pferd mit seinem Reiter gerne, freudig und leistungsbereit mitarbeitet. Die Verfasserin überzeugt den Leser in anschaulicher und offener Art davon, daß sich das Pferd nur dann durch Leistungsbereitschaft und Einsatzfreude auszeichnen wird, wenn es dem Reiter gelingt, es zur Mitarbeit und zur Leistung zu motivieren, und dies Tag für Tag, Jahr für Jahr. Das Schlüsselwort für Freude und Erfolg heißt folglich *Motivation!*

Um unseren Partner Pferd richtig motivieren zu können, müssen wir aber die Sprache, die Aktionen und Reaktionen unserer Pferde verstehen lernen. Verstehen können wir aber nur, wenn wir sehr viel wissen – zum Beispiel von den Bedürfnissen und den Belastungsgrenzen unserer Pferde. Viele Faktoren beeinflussen die Motivation des Individuums Pferd und damit seine Leistungsbereitschaft und Leistungsfähigkeit. Wir müssen lernen, diese Faktoren zu erkennen, aber auch ihre Verflechtungen untereinander.

Der Verfasserin ist es gelungen, die Komplexität der Zusammenhänge logisch darzustellen und damit für den Leser einfach und transparent zu machen. Jeder Zeile dieses Buches merkt man an, daß die Verfasserin selbst hochmotiviert ist – und darum ist dieses Buch auch so überzeugend. Eine Bereicherung für jeden Pferdefreund!

Warendorf im Oktober 1997

Ralph-Michael Rash
– Diplomtrainer –

Vorwort

Die oberste Aufgabe des Reiters, Pferdehalters, Stallbesitzers und Pferdezüchters ist die Gesunderhaltung des Pferdes. Das Lebensschicksal des Pferdes liegt auch auf dem Gebiet der Gesundheit in seinen Händen. Pferdeschicksale werden von vielen, in jeder Hinsicht unberechenbaren Faktoren bestimmt. Bei finanzieller Not des Besitzers kann jedes Pferd sogar einfach geschlachtet werden.

In vielen Problemen der Gesundheit, der Haltung und Nutzung sind Pferdebesitzer und Tierärzte noch unwissend. Wir bemühen uns ständig um die Erweiterung unserer Kenntnisse.

Viel Wissen und biologisches Verständnis wird von den Kontaktpersonen verlangt, die täglich mit dem Pferd Umgang haben. Ihr Engagement bestimmt die Lebensqualität des einzelnen Pferdes.

Die Autorin bemüht sich in anerkennenswerter Weise um die Mittlerrolle zwischen Tierarzt und Pferdehalter. Ihre Begeisterung gibt dem Buch eine große Ausstrahlung und Faszination, die auf den Leser überspringt.

Es ist diesem Buch zu wünschen, daß viele Reiter, Amateure, aber auch „Profis“, die Zeit finden, dieses Buch zu lesen „zum Wohle des Pferdes“.

Berlin, den 27. Juni 1997

Prof. Dr. Bodo Hertsch
Freie Universität Berlin
Klinik für Pferde, Allg. Chirurgie
und Radiologie

Über dieses Buch und warum es erst im zweiten Anlauf geschrieben wurde

„Je üppiger die Pläne blühen, um so verzwickter wird die Tat.
Man nimmt sich vor, sich schrecklich zu bemühen –
und schließlich hat man den Salat."
Erich Kästner

Tja – vielen Dank Herr Kästner. Sie haben natürlich recht – Ihr Talent, ins Schwarze zu treffen, hat mit den Jahren an Präzision nicht gelitten. Allerdings dauerte es geraume Zeit, bis mir diese Erkenntnis dämmerte.

Genau genommen wurde mir sogar gedämmert. Leider zu einem Zeitpunkt, als die erste Fassung des Buches fast fertig war und ich es voller Stolz Jochen Schumacher, Leiter des FS-Testzentrums Reken, zum Lesen gab. Der brachte mich ruck-zuck auf den Boden der Tatsachen zurück. Dabei war seine Frage durchaus berechtigt:

„Für wen hast du das eigentlich geschrieben?" Und, nach einer kurzen Pause: *„Wer soll das verarbeiten? Alles, was du sagst, stimmt auf Punkt und Komma genau, ist zugegeben mehr als interessant, aber du knallst einem die Fakten um die Ohren, daß man zu Boden geht ... Es ist doch nicht jeder so ein Kümmelspalter."*

Das saß. Kräftig. Denn seine Frage war so dumm nicht, auch wenn ich bei dem „Kümmelspalter" zuerst gewaltig in die Knie und danach in mich ging. Was hatte ich falsch gemacht? Das war dann der Moment, wo es dämmerte.

Ich hatte mir Mühe gegeben. Nicht nur gründlich, sondern gründlichst recherchiert. Jede ernstzunehmende Beweisführung konnte nur durch anerkannte Kapazitäten erfolgen. Mein Beitrag mußte sich auf eine reine Fleißarbeit beschränken: das Zusammentragen relevanter Texte und ihre logische Verknüpfung.

Die Damen und Herren Koryphäen sollten für sich selbst sprechen. Das können sie sehr gut; alles, was über die Leistung des Pferdes zu sagen ist, wurde bereits gesagt; das Buch ließe sich allein aus ihren Zitaten zusammenstellen.

Ein hehrer Plan. Also fraß ich mich gleich meterweise durch Fachliteratur (machte übrigens sehr viel Spaß), sondierte Quellenverweise und Originalauszüge und stellte den Langmut meines Mannes und die Kapazität unseres Arbeitszimmers gleichermaßen auf die Probe, indem ich es fast drei Jahre unter Bergen (wörtlich zu nehmen) von Papierstößen, Zeitschriften, Büchern und Videos vergrub. Ich ging richtig motiviert an die Sache – kein Wunder bei dem Thema.

Ob Pädagogen, Psychologen, Veterinäre, Stallbauexperten, Fütterungsberater, Hufschmiede, Reiter, Ausbilder – jeder, der mir ins Garn ging und sich als Opfer zur Verfügung stellte, wurde dankend genervt. Sie alle waren sehr nett und hilfreich; selbst die Halbgötter equestrischer Reitkunst – aus Freizeit, klassischer Hoher Schule und Turniersport – beugten sich gnädig aus dem Olymp. Prof. Dr. Hertsch lud mich nach Berlin ein, als ich mich in einer kniffeligen anatomischen Frage festgefressen hatte und um Hilfe faxte. Das Ergebnis: ein halbes Jahr Arbeit für die Katz, aber wir lernen ja gerne dazu ...!

Vielen Dank!

Doch, ich habe wirklich allen Grund, mich für die zahlreiche Unterstützung zu bedanken. Meine Aufgabe war es, Wissen zusammenzufassen – und nicht das Rad neu zu erfinden. Es wurde eine Gemeinschaftsarbeit, ohne kompetente Unterstützung hätte ich es nie geschafft. Deshalb gilt mein Dank den Redakteuren und Autoren der überregionalen Zeitschriften „Cavallo", „Freizeit im Sattel", „Pegasus", „Pferdewelt", „Reiter Revue International" und „St. Georg" – für die Veröffentlichungsgenehmigung der Beiträge, die Unterstützung beim Aufspüren bestimmter Fotos und die Anregungen, die ich bei ihnen fand; der Freien Universität Berlin, der Tierärztlichen Hochschule Hannover, der Deutschen Reiterlichen Vereinigung, dem FS-Testzentrum Reken und dem Egon v. Neindorff-Institut Karlsruhe – für die Überprüfung auf fachliche Korrektheit in dem jeweiligen Spezialgebiet wie ihre Unterstützung mit geeignetem Fotomaterial. Und mein Dank gilt natürlich ganz besonders allen genannten wie ungenannten Interviewpartnern, die mit bemerkenswerter Geduld die sicher oft seltsam anmutenden Fragen beantworteten. Ohne sie wäre noch nicht einmal die erste Fassung zustande gekommen.

„Merke Dir wohl, Fortschritt macht dein Pferd nur, wenn du auf gutem Fuße mit ihm stehst."
Gustav Steinbrecht (1808–1885)

Diese Gespräche waren sehr wertvoll und führten auf manch neue wichtige Fährte. Und das wirklich Faszinierende daran: Die Aussagen der befragten Reiter und Ausbilder deckten sich. Allesamt! Obwohl sie gar nicht wußten, was ich zu hören hoffte. Bei aller unterschiedlicher Zielsetzung, bei aller Uneinigkeit hinsichtlich einzelner Praktiken, bei aller Abgrenzung voneinander und unverkennbaren Animositäten untereinander blieb die Begründung, warum sie mit dem Pferd so und nicht anders umgingen, fast identisch!

Und alle ihre Pferde zeichnen sich durch eine enorm hohe Leistungsbereitschaft und Einsatzfreude aus – trotz der verschiedenen Haltungsbedingungen und Trainingsmaßnahmen.

Dämmert Ihnen etwas?

Auch?

Es führen verschiedene Wege nach Rom!

Ich kam mir vor, als sei ich auf eine fette Goldader gestoßen, und ich grub immer eifriger. Peu à peu kam so überreichlich Material zusammen. Den Ausgang kennen Sie bereits. Es war des Guten entschieden zuviel: eine Beweiskette ohne Ende und schwer verdaulich. Ein klassischer Fall von Übermotivation.

Offen gestanden, das Buch könnte drei- bis viermal so dick sein; auch an Zahlen und Fakten, um den Text zu belegen, bestünde kein Mangel – ganz im Gegenteil. Aber das Problem und die Fragestellung lagen ja genau umgekehrt: Wer soll das verarbeiten?

Was Sie demzufolge jetzt in den Händen halten, ist die Light-Version Nummer 2: die abgespeckte nämlich. Das Thema ist ohnehin noch kompliziert genug. Nicht, weil es schwer zu verstehen ist, sondern weil so viele Bereiche ineinandergreifen.

Doch der Erfolg lohnt die Mühe, sich mit der Motivation des Pferdes auseinanderzusetzen. Vergleichbare Leistungen lassen sich mit Gewalt nicht erzielen.

Postscriptum

Daß „Pferde erfolgreich motivieren" neu aufgelegt wird, freut mich natürlich sehr. Und wie die meisten Autoren würde ich am liebsten den gesamten Text umschreiben und sämtliche Fotos aktualisieren. Andererseits stellt sich die Frage, ob diese Kostenfrage gerechtfertigt ist, denn die grundsätzliche Aussage dieses Buches hat sich ja nicht geändert. Die Motivationsabläufe sind gleich geblieben, die Bedürfnisse der Pferde ebenso und daß sich folgenschwere Fehler ohne fundiertes, vielseitiges Fachwissen kaum vermeiden lassen, war schon den alten Reitmeistern klar.

Lediglich auf einen Punkt möchte ich Bezug nehmen: Viele Leser wünschten sich noch ausführlichere Informationen zu den einzelnen Kapiteln. Für diese Leser, denen die „Light-Version" zu leicht scheint, waren von Anfang an die grafischen Zusammenfassungen „Auf einen Blick" gedacht. Wer sich die Mühe macht, die einzelnen Blöcke und ihre Verbindungen zu anderen Bereichen genau zu durchdenken, merkt schnell, wieviel Detailinformationen dahinterstehen. Letztendlich der Grund, warum es so schwierig war, einen allgemeingültigen Leistungsregelkreis des Pferdes zu entwickeln. Unter dieser Prämisse wünsche ich Ihnen viele neue Erkenntnisse beim Lesen des Buches.

Monika Krämer, März 2007

Prolog

„In der Reiterei gibt es zwei Dinge:
die Technik und den Geist."

Nuno Oliveira, portugiesischer Reitmeister, aus „Hohe Schule mit der Doppellonge"

Kommen Sie, trinken wir einen Kaffee zusammen. Denn was ich Ihnen jetzt sagen möchte – falsch, was ich Ihnen sagen muß – , wird Ihnen nicht gefallen. Nein, ganz gewiß nicht.

Oder noch besser: Wir nehmen den Kaffee mit nach draußen, hocken uns an die Weide und lassen Ihr Pferd ein bißchen grasen – so hat es auch etwas davon.

Sie meinen, das ginge nicht? Draußen wäre Ihr Pferd immer so nervig, außerdem müßten Sie noch reiten, und überhaupt hätten Sie nicht soviel Zeit?

Auch gut!

Nur, vielleicht stellen Sie gleich fest, daß Sie für heute das Reiten ganz aus dem Programm streichen und es vorziehen, mit Ihrem Roß eine kleine Runde an der Hand spazierenzugehen – zwecks geistiger Verdauung. Und vielleicht werden Sie es dabei hin und wieder nachdenklich mustern, sehr nachdenklich.

Sie lächeln?

Warten wir's ab.

„Es geht nicht alles nur über das Reiten."
Isabell Werth

Ich weiß zwar nicht, was ich will, aber das mit aller Kraft

Halten wir zunächst einmal fest, was Sie von Ihrem Pferd unterm Sattel erwarten und was nicht. Ob es nun Springen, Dressur oder im Gelände gehen soll, ist zunächst zweitrangig.

- Was Sie nicht wollen, ist eine wilde Bestie, die täglich neu bezwungen werden muß, einen Spinner, einen Durchgänger oder einen Drückeberger, der jede Möglichkeit nutzt, sich der kleinsten Anstrengung zu entziehen. Richtig?
- Sie möchten ein
  a) gehorsames
  b) sensibel auf einen Hauch von Hilfen reagierendes sowie
  c) konzentriert und engagiert mitarbeitendes
  Pferd.

  Wenn ich Sie recht verstanden habe, wünschen Sie sich einen

Sportkameraden auf gleicher Wellenlänge, mit dem Sie Ihre Freizeit in trauter Harmonie teilen oder mit dem Sie ein mehr oder weniger ehrgeiziges Ziel verfolgen. Sie träumen von einem Pferd, das Tag für Tag, Jahr für Jahr gleich gehorsam, gleich sensibel, gleich konzentrationsfähig ist. Richtig?

Kurz gesagt: immer hochmotiviert, wenn es Ihnen in den Kram paßt.

Apropos: Sind Sie das eigentlich auch? Immer hochmotiviert? Nicht übelnehmen; lassen wir´s gut sein. Ihr Pferd zumindest soll.

O.k. Und was bieten Sie „Shakespeare", „Rambo" oder „Lucky Girl" als Gegenleistung dafür? Denn das Pferd kann weder Ihre Träume noch Ihre Wünsche noch Ihren Ehrgeiz nachvollziehen. Ihm ist es egal, ob Sie für die nächste Olympiade oder für ein E-Springen in Klein-Kleckersdorf trainieren. Zumindest hier und jetzt.

Natürlich kann es sich in anregender Turnieratmosphäre von seiner allerallerbesten Seite zeigen, in federnder Versammlung die Beine bis ans Kinn werfen und den Inbegriff eines Traumpferdes demonstrieren. Möglich ist aber auch, daß das genaue Gegenteil eintritt und es derart ausflippt, daß Ihnen die Zornes- oder Schamröte – je nach Naturell – ins Gesicht steigt.

Auf jeden Fall: Das Tier lebt und arbeitet in der Gegenwart. Und da es mit der Schleife als Fernziel, auf die Sie eventuell Ihr begehrlich blinkendes Auge geworfen haben, nichts anzufangen weiß, braucht es Nahziele – wie ein kleines Kind.

Es will seine Erfolgserlebnisse sofort!

Ihr Pferd muß sich von Stunde zu Stunde, von Trainingseinheit zu Trainingseinheit freuen können. Es muß die tägliche Arbeit als solche genießen dürfen. Dann arbeitet es motiviert. Dann wird es sich bemühen, Ihre Wünsche zu erraten. Dann teilt es Ihren Ehrgeiz mit Ihnen.

Sie sind so blaß um die Nase.

Keimt in Ihnen ein fürchterlicher Verdacht auf?

Und wovon träumen Sie? Ihr Pferd auch?

Sie sind der Alleinunterhalter Ihres Pferdes!

Ihr Unterhaltungswert als Reiter, um es einmal lapidar auszudrücken, ist der Preis für seine Arbeitsmotivation. Und damit Ihnen das richtig schön auf der Zunge zergeht, lesen Sie doch bitte noch einmal oben nach: *Tag für Tag, Jahr für Jahr ...!*

Das hat gesessen, nicht? Ich weiß, es ist eine bittere Pille, doch genauso ist es.

Franke Sloothaak
Er zählt zu den besten Springreitern der Welt. Seine Pferde zeichnen sich im Parcours besonders durch ihre Gelassenheit und die Fähigkeit aus, sich buchstäblich auf dem Teller wenden zu lassen.

Auf die Frage zur Motivation des Pferdes antwortete er: „Ist doch wie beim Menschen auch: Der Anreiz, sich anzustrengen, muß da sein; es muß sich lohnen. Um in der heutigen Zeit als Reiter mit seinem Pferd zu bestehen, ist die beiderseitige Motivation unverzichtbar. Wir brauchen Pferde, die mitkämpfen. Das Pferd muß von sich aus anziehen, es muß den Sprung wollen, sonst hat man keine Chance."

Und machen Sie Ihre Sache gut, denn Ihr Pferd wird anspruchsvoller. Auch der beste Film verliert nach der 150. Wiederholung an Reiz!

Zu Beginn seiner Karriere als Reitpferd ist für Ihre vierbeinige Hoffnung alles neu und aufregend, fordert die gesamte Aufmerksamkeit und läßt keinen Raum für Blödsinn aus Langeweile. So es behutsam angeritten wird. Das ist die Phase, in der Remonten so herrlich liebe, angestrengte, hochkonzentrierte Kindergesichter zeigen; mit ihren unsicheren, leicht scheuen Augen.

Allmählich verliert sich dieser Ausdruck. Allmählich schleicht sich Routine ein und zu guter Letzt Verdrossenheit.

Wenn Sie diese Anzeichen verschlafen und Ihr Freund gesund an Leib und Seele, also kein verängstigter Duckmäuser ist, übernimmt er eines Tages Ihren Part und sorgt von sich aus für Abwechslung.

Das dürfte dann aber kaum in Ihrem Sinne sein.

Was machen Sie jetzt? Offene Aufmüpfigkeit durchgehen lassen ist nicht – so viel steht fest. Derartige Schwächen registriert der Schlawiner sofort und nutzt sie unbarmherzig aus. Greifen Sie jetzt nicht ein, tanzt Ihr Pferd bald Tango mit Ihnen. Und zwar, wann es ihm paßt.

Sie setzen sich also durch. Wie, lassen wir im Moment noch dahingestellt. Freilich gilt die Zurechtweisung dem Ungehorsam, und das ist richtig. Aber der eigentliche Verursacher waren Sie. Weil Sie ein schlechtes Unterhaltungsprogramm boten! Mehren sich diese Vorfälle, können Sie ganz sicher sein, daß die Schuld auf Ihr Konto geht.

Und wollten Sie nicht ein hochmotiviertes Pferd?

„Ja, aber so doch nicht. Das ist doch kein Gehorsam!"

Nein, das ist es wirklich nicht. Das Pferd langweilte sich, hat ein bißchen Leben in die Bude gebracht – und gleichzeitig seine Grenzen ausgetestet. Von Konzentration auf Ihre Wünsche in dem Moment keine Spur.

Nun kann man die Fronten natürlich auch so drastisch klären, daß das Thema vom Tisch ist. Dann hat man zwar ein gefügiges Pferd (vielleicht), aber die Eigendynamik ist weg, und die Arbeitsmotivation grüßt – wenn überhaupt noch – aus der Ferne. Ihr Pferd freut sich nicht mehr, es tanzt nicht mehr, es spielt nicht mehr – es gehorcht!

Doch maulend. Oder verängstigt. Es kuscht!

Merken Sie, auf welchem Glatteis Sie sich bewegen? Was für ein täglicher Drahtseilakt Ihr Training ist? Und daß es gut wäre zu wissen, wie man ein Pferd bei Laune *und* im Gehorsam hält?

Obendrein ist der Ungehorsam des Tieres gegen seinen Reiter nur die Spitze des Eisberges. Es gibt jede Menge andere hinterhältige Stolpersteine, die Ihre erträumte Harmonie mit dem Pferd bereits im Ansatz gründlich zu Fall bringen können. Schon bevor Sie sich gemütlich im Sattel zurechtsetzen.

Vor allem also sollten Sie um die vielen verborgenen Fallen wissen, in die man als Reiter so unbedarft hineintappen kann.

Es macht Ihnen das Leben leichter.

Und Ihrem Pferd auch.

Ach, bevor ich es vergesse: Kennen Sie die Fabel vom Hasen und dem Igel? Es war nicht der fixe Hase, der zum Schluß die Nase vorne hatte!

„Man erzieht ja auch kein Kind mehr mit Schlägen. Die Zeiten sind vorbei. Wir haben doch unseren Kopf!"

FREDY KNIE SEN.
Der Altmeister des Schweizer National-Circus zählt zu den bekanntesten Pferdepsychologen und Ausbildern der Welt. Ein exzellenter Reiter ist er obendrein. Daß er nicht als einer der jüngsten Dressurreiter in die Geschichte der Olympischen Spiele einging, lag daran, daß er als Profi, aufgrund seiner Zirkusarbeit, nach dem damaligen Reglement keine Startberechtigung erhielt.

Motivation ist (fast) alles

Reiten ist auch schön und kann zur Kunst werden. Jeder hält sich gern für einen Künstler. Berufen ist aber nur, wer mit ganzer Seele in die Psyche seines Pferdes eindringt, wer nicht mit Gewalt, sondern nur aus dem Gefühl heraus einen Zusammenklang herstellt.
Gefühl ist keine schwarze Magie. Bis zu einem sehr erheblichen Grade kann sich jeder Gefühl aneignen.

Wilhelm Müseler in seinem Vorwort zur „Reitlehre", 1936

Die Last mit der Lust

„Pferde sind Lebewesen wie Reiter und damit Schwachpunkte."
Klaus Balkenhol

Es ist schon ein Elend mit der Motivation des Pferdes: Ohne sie geht es nicht, erzwingen läßt sie sich nicht. Zuerst braucht man unendlich viel Mühe, Liebe, Zeit und Geduld, um sie aufzubauen, dann ebensoviel, um sie zu erhalten. Es ist ein kontinuierlicher, nie endender Prozeß. Und eine absolute Notwendigkeit, um Nerven des Reiters und Kräfte des Pferdes nicht in unnötigen Reibereien zu vergeuden.

Als Lebewesen ist das Pferd aber nicht nur Schwachpunkt, sondern auch unvermutete Stärke. Leichte Gebäudemängel kann es durch seine Arbeitsfreude bis zu einem gewissen Grad ersetzen, umgekehrt ist das nicht möglich. Franke Sloothaak setzt noch eins drauf:

„Ein Pferd ist keine Maschine. Wenn es einen schlechten Tag hat, kann ich als Reiter wenig machen."

Empfinden und reagieren wir nicht ähnlich? So gesehen sind Pferde auch nur Menschen. Zumindest in diesem Punkt. Fragen wir einmal anders herum:

Hat ein Tennisschläger eine Seele?

Hat ein Golfball eine Persönlichkeit?

Sportgeräte sind austauschbar, die Antwort auf diese Frage bleibt immer gleich: Nein. Aber Pferde haben. Reiten ist eben mehr!

Ob sportlich oder freizeitmäßig: Pferde sind eine Passion, der man sich schwer wieder entziehen kann. Sie sind warm, lebendig, mit einer

KLAUS BALKENHOL
Der Sympathieträger und Elitereiter der berittenen Polizei wurde nach den Olympischen Spielen 1996 in Atlanta zum Dressurtrainer berufen.

„Ein Leben reicht für perfektes Reiten ohnehin nicht aus; man lernt ständig dazu. Das betrifft das Reiten genauso wie die Haltung. Ich frage mich oft, ob wir Menschen dem Pferd wirklich das geben können, was es braucht."

individuellen Persönlichkeit. Trotz ihrer beträchtlichen Kräfte vermögen sie es, sich dem Menschen unterzuordnen, ohne an Ausstrahlung zu verlieren.

Das Pferd konfrontiert uns mit der ganzen Skala seiner Gefühle: Angst, Neugierde, Vertrauen, Eigensinn, Übermut, Zorn, Verwirrung ..., manchmal konstant, manchmal in jäher, schnell wechselnder Folge, ähnlich unseren eigenen Stimmungen. Es registriert jede Nuance von Stimme und Körpersprache und reagiert darauf – meist ohne daß es uns bewußt wird. Das Lebewesen Pferd zwingt uns Selbstdisziplin auf, denn einen Knopf zum Ausschalten gibt es nicht.

Wer diesen Knopf sucht, ist mit einem Motorrad besser bedient. Und wer den (diesen Knopf) jemals erfindet, sollte schleunigst aus dem Verkehr gezogen werden!

Warum ein Pferd auf Trab bringen nicht dasselbe wie Motivation ist

„Mit der Zeit wird ein so als Fahrrad behandeltes Pferd,
und wäre es auch mit der Milch frommster Denkungsart aufgezogen
– schon beim Anblick seines schwerbespornten Reiters unruhig."
Oberst Waldemar Seunig, aus „Von der Koppel bis zur Kapriole"

Rolf Becher
Der international erfolgreiche Vielseitigkeitsreiter und Ausbilder unterstützte nach dem 2. Weltkrieg Oberlandstallmeister Dr. Gustav Rau beim Wiederaufbau des Reitsports, ehe er das Chiron-Springen entwickelte, eine Weiterentwicklung der Gedanken Federico Caprillis, nach dessen Lehre auch in der berühmten Kavallerieschule Hannover ausgebildet wurde.

Der Tragödie erster Teil: Die meisten Reiter verwechseln „motivieren" mit „mobilisieren". Doch zwischen diesen beiden Begriffen herrscht ein gewaltiger Unterschied:

Wer stets bedrängt wird, verlernt, sich frei zu bewegen!

Das Geheimnis der Motivation liegt in der Freiwilligkeit.

Es ist nicht die Schuld dieser Reiter, sie haben es nicht anders gelernt. Neun von zehn bekommen die „Bedienung" des Pferdes erklärt, wie man Gas gibt, kuppelt oder bremst. Sie lernen vielleicht noch, wie man Kraft und Muskulatur aufbaut. Über das Wesen des Pferdes, wie man ihm die Freude an der täglichen Arbeit vermittelt, über die Prozesse, die in seinem Innern ablaufen, erfahren sie wenig.

Mit dem obligatorischen „Zügel aus der Hand kauen lassen, loben" werden sie aus dem Unterricht ent- und sich selbst überlassen. Wie die Reiter mit der Frage „Motivation des Pferdes" klarkommen, ob sie überhaupt jemals entdecken, daß es da ein Problem gibt, ist nicht selten reine Glückssache.

Rolf Becher, der große alte Herr des Chiron-Springens, hat mit dieser Praxis harsch abgerechnet. Ein Auszug aus seiner „Springschule – Das Chiron-System":

„Es ist unmöglich, einem Wissenschaftler vor Kopernikus oder Galilei zu erklären, daß die Erde eine Kugel im Weltall ist, solange er nicht davon abläßt, die Erde als eine Scheibe zu betrachten.

Es ist ebenso unmöglich, einem Ausbilder von Pferden und Reitern klarzumachen, daß er es mit naturgegebenen Bewegungsabläufen zweier Lebewesen zu tun hat, die physisch, psychisch und nervlich voneinander abhängig sind, solange er nicht davon abläßt, das Pferd als ein zu bearbeitendes Muskelpaket zu betrachten.“

Nein, erdolchen Sie Ihren Lehrer nicht gleich mit Blicken. Vielleicht ist er ja gar nicht so einer. Oft genug erlauben Stundenplan, Abfolge des Unterrichts und Größe der Abteilung nicht, auf diese Verflechtung einzugehen. Selbst wenn der Reitlehrer es wollte. Selbst wenn ihm das Mißverhältnis bewußt ist. Eine Stunde ist schnell herum, und in dieser Zeit wollen seine Schüler reiten und nicht meditieren. Sie bezahlen für eine Stunde Reitunterricht – und genau die kriegen sie.

Ohnehin läßt sich das Thema Motivation nicht zwischen Tür und Angel abhaken und auf das schlichte Wort Abwechslung reduzieren. Und was noch schwieriger ist: Es ist gar nicht so leicht, etwas zu vermitteln, das man zwar vielleicht intuitiv richtig macht, aber nicht bewußt gelernt hat, und von dem man nicht genau weiß, warum es funktioniert.

Denn die „Motivation des Pferdes“ ist meines Wissens noch kein Lehrstoff in der Ausbildung zum Reitlehrer.

Unverschuldet oder nicht, das Resultat dieser Ausbildung ist bei vielen Reitern eine permanente Orgie von Gasgeben, Kuppeln und Bremsen. Sie bedienen Knöpfe, die es gar nicht gibt.

Bis das Pferd sauer ist, bis es rebelliert!

Und zwar gegen die Behandlung, nicht unbedingt gegen die Tätigkeit! Das ist nicht dasselbe.

Der Tragödie zweiter Teil: Dann gibt's was auf den Frack. Weil man sich nicht anders zu helfen weiß.

Die Arbeitsatmosphäre ist vergiftet, das Pferd ist frustriert und blockt innerlich ab. Es reagiert damit ähnlich wie ein widerborstiger Schüler, der eine unliebsame Schulstunde durchstehen muß: entweder weil ihn das Fach dreimal nicht interessiert oder weil der Lehrer, seiner persönlichen Meinung nach, eine ausgemachte Dumpfbacke ist.

Zurück zum Pferd: In dieser Situation also erwartet der Reiter, mit größter Selbstverständlichkeit, daß das Tier freudig erregt mitarbeitet.

Ja, worüber soll es sich denn freuen? Daß jemand obendrauf hockt, der von Rechts wegen und laut Mutter Natur da gar nicht hingehört, oder darüber, daß es gezwiebelt wird?

Der berüchtigte Schulungshang in Tor di Quinto. Die Caprilli-Rutsche führte über einen fast senkrechten Einstieg 10 m tief hinunter.

„Wer Kraftsport will, soll Gewichte stemmen.“

MONICA THEODORESCU erfolgreiche Dressurreiterin in den Fußstapfen ihres ebenso erfolgreichen Vaters, in der „Reiter Revue“.

Nicole Uphoff
Mit Rembrandt holte sie vierfaches olympisches Gold und überzeugte als Kommentatorin von Dressurprüfungen: „Autorität hat mit Zwang nichts zu tun. Ein Pferd wird nur mitarbeiten, wenn es Vertrauen zu seinem Reiter hat."

Ellen Graepel
Ehe sie sich der spanischen Doma Vaquera verschrieb, ritt sie jahrelang erfolgreich Dressur auf S-Niveau. „Ich kann mein Pferd nicht nur treiben und arbeiten, bis es keine Luft mehr hat und vollständig verkrampft ist. Dabei geht das Pferd in sich, die Lektionen sind nicht mehr locker, nicht mehr kraftvoll, und das Pferd spult seine Nummer nur stupide ab ... Nein, ich muß auch mal ein Päuschen machen, ihm etwas anderes bieten."

Sind diese Fragen wirklich dumm?

Das einzige, worüber es sich freuen könnte, ist, daß es sich überhaupt bewegen darf. Das ist eine Form von versteckter Belohnung, aber a) sind wir noch nicht soweit und b) braucht es dazu den Reiter nicht unbedingt.

Schmerz, als Regulator, ist immer nur Ausdruck von Hilflosigkeit – sofern man kein Sadist ist. Dieser Weg erweist sich als Sackgasse. Zumindest, was die Motivation anbelangt.

Und auch diese Aussage gilt nicht unbedingt nur für das Pferd!

Denn wer hätte – zumeist als Kind – nicht ähnliche Erfahrungen am eigenen Leibe verspürt? Und wer wüßte nicht um dieses ohnmächtige Gefühl aus Wut, Angst und Abscheu gegen den vermeintlichen Peiniger?

Der Unterschied zwischen „mobilisieren" und „motivieren" besteht darin, daß beim „Mobilisieren" jede Aktivität einzeln abgefordert werden muß; beim „Motivieren" hingegen wird sie freiwillig angeboten. Das Angebot muß nur noch gelenkt werden.

In der Motivationspsychologie wird übrigens ein Führungsstil, der auf Mobilisation beruht, nett und treffend mit der Kurzform KITA bezeichnet.

KITA ist die Abkürzung für „Kick in the ass", also der berüchtigte Tritt in den Allerwertesten. Er erzeugt auf Dauer „Billardkugel-Mitarbeiter", die nur auf Anstoß mit einem Minimum an Einsatz arbeiten, sich bei jeder Gelegenheit zu drücken suchen oder sich gleichgültig mit den gegebenen Verhältnissen arrangieren.

Über diesen Führungsstil werden mit Begeisterung Witze gerissen. „Management by Champignons" ist einer davon. Der Witz ist, zugegeben, ein alter Hut, aber die, die ihn nicht kennen, genießen ihn sicher trotzdem. Also:

„Management by Champignons": Die Mitarbeiter im Dunkeln lassen, mit Mist zudecken und sofort den Kopf abschlagen, sobald sie ihn ans Licht strecken.

Das Pferd kriegt zwar hoffentlich nicht sofort den Kopf abgehackt, aber wenn es zum Beispiel keine Lust mehr zum Springen hat, weil übertrieben wurde, und verweigert – dann gibt's Saures.

Verführen – nicht vergewaltigen

Das stets dräuende Damoklesschwert in Form von Peitsche und Sporen ist ein schlechtes Argument. Das Pferd will zur Leistung nicht vergewaltigt, sondern verführt werden.

Die Motivation des Pferdes erfordert mehr Grips als Kraft. Sie ist wie eine Nuß, die es zu knacken gilt, ohne den Kern zu verletzen. Es ist ein Spiel für Denker und Strategen. Und ganz sicher eines für Schlitzohren.

Wenn wir den Kopf durch die Wand rammen, kriegen wir bloß Kopfschmerzen. Pfiffiger (und weitaus angenehmer für beide Parteien) ist es, das Hindernis so zu umgehen, daß man trotzdem an sein Ziel gelangt.

Die Kunst liegt darin, dem Pferd seine Tätigkeit so verlockend anzubieten, daß sie als selbstverständlich und angenehm empfunden wird. Unter dieser Voraussetzung wird der Arbeitsalltag zum notwendigen Bestandteil seines Lebens. Und selbst unvermeidbare Auseinandersetzungen können das Einvernehmen zwischen Reiter und Pferd nicht trüben.

Nur so läßt sich das volle Potential eines Pferdes nutzen. Nur so erlaubt es auch dem schwächeren Reiter einen harmonischen, weitgehend konfliktfreien Umgang mit seinem Pferd.

Daß das Pferd gehorchen muß, ist keine Frage. Und leider wird dieser Gehorsam nicht immer reibungslos erbracht werden.

„Diese Phasen, in denen es nicht so ganz glatt läuft, muß man durchstehen und die individuelle Charakterstärke des Pferdes so für sich umbauen können, daß das Pferd Spaß an seiner Arbeit bekommt“, sagte Isabell Werth bei unserem Interview.

Und erzählte mir in einem einzigen weiteren Satz gleich einen ganzen Roman: Daß nämlich der Gigolo, wenn er in der Bahn im Schritt bewegt wird, während sie selbst gleichzeitig ein anderes Pferd arbeitet, dazu neigt, andere Pferde übellaunig zu attackieren: *„Weil er sich als Nummer eins fühlt und genauso behandelt werden will.“*

Das ist Motivation! Wenn ein Pferd eifersüchtig ist, wenn es frustriert reagiert, daß ein anderes arbeiten darf und es selbst nicht!

Dann sagte sie noch etwas – und diesen Satz sollte sich jeder Reiter gut merken. Falsch, er müßte eigentlich in Leuchtbuchstaben, 4 m hoch, in jeder Reithalle hängen. Er müßte in jede Gerte und jeden Sporn eingraviert werden: *„Die Vertrauensbasis muß stimmen: Es geht nicht alles nur über das Reiten.“*

Sie werden sich wundern, wieviel Kopfzerbrechen dieser Satz bereiten kann! Wenigstens, wenn man es mit der Motivation des Pferdes wirklich ernst nimmt.

Aber ich will nicht vorgreifen.

Langer Rede kurzer Sinn: Bei den Besten macht das Pferd genau das, was es soll, und empfindet es obendrein als Vergnügen. Dann

ISABELL WERTH hat im Dressursport fast alles gewonnen, was es zu gewinnen gibt.

„Jedes Pferd auf seine Art, mit seiner Persönlichkeit zum Strahlen zu bringen – das ist die Faszination."

bleibt es motiviert. Nein, ich kann's mir einfach nicht verkneifen: Tag für Tag, Jahr für Jahr ...

Bevor Sie mir jetzt endgültig den Kragen 'rumdrehen: Motivieren läßt sich lernen. Es ist kein Spaziergang – aber alles andere als eine Geheimwissenschaft. Die Motivation des Pferdes unterliegt denselben Gesetzen wie die jedes anderen Lebewesens, des Homo sapiens eingeschlossen.

Über Psychologie, Pädagogik, Management und mehr

„Die Freude an der Arbeit sollte eigentlich der Ersatz sein, den wir dem Tier für die verlorene Freiheit geben."

Fredy Knie, aus „Die sanfte Art, mit Pferden umzugehen"

Was genau verbirgt sich eigentlich hinter den ominösen Begriffen Motivation und Frustration? Die Worte sind in unserem Sprachgebrauch absolut geläufig, jeder kennt sie, fast jeder wendet sie an. Beide Ausdrücke bezeichnen einen gefühlsmäßigen Zustand:

- Ein Motiv – davon leitet sich das Wort Motivation ab – ist ein Beweggrund, ein Ansporn, ein psychischer Impuls, der etwas auslöst mit einem Ergebnis als Ziel. Es ist die Belohnung für die Aktion.
- Und Frust, Frustration kommt von dem lateinischen „frustra", und

Margit Otto-Crépin, für Frankreich höchst erfolgreiche Dressurreiterin und Olympiasiegerin, in einem Interview im „St. Georg", über ihr Pferd Corlandus:

St. Georg: *Noch einmal zu Corlandus. Wie haben Sie, eine zierliche Person, ihn gebändigt? Mit Kraft sicher nicht.*

Margit Otto-Crépin: *„Nein. Aber das geht bei keinem Pferd. Corlandus war trotz seiner großen Masse hypersensibel. Den hätte man nie durch pure Dominanz oder eventuelles Unterwerfen hingekriegt. Den mußte man lassen."*

St. Georg: *Aber doch auch führen, leiten ...*

Margit Otto-Crépin: *„Ja. Aber diplomatisch."*

das bedeutet „vergebens". Es beschreibt ein Gefühl der Enttäuschung, des Versagens, der Zurücksetzung – auf jeden Fall etwas schwer Verdauliches.

Ob Sie es glauben oder nicht: Unser ganzes Leben, das Leben unseres Pferdes und überhaupt jedes Lebewesens liegt zwischen Motivation und Frustration. Es ist ein Prozeß, dem wir ständig ausgesetzt sind.

Und ein Prozeß, der beim Reiten gleich doppelt abläuft:

Mit der Motivation/Frustration des Reiters ist Ihr Reitlehrer, falls Sie einen haben, leider meist bis über beide Ohren beschäftigt – wenn er gut ist. Und mit der Motivation/Frustration des Pferdes sollten Sie, als Reiter oder Ausbilder, es ebenso sein – wenn Sie gut sind. Sonst artet Reiten zwangsläufig in besagtes Knopfdrücken aus. Überhaupt haben Reiten und Pädagogik sehr viel gemein. Oder Reiten und Management – je nach Belieben. Sowohl in der Pädagogik wie im Management hat Motivationspsychologie längst eine Schlüsselposition.

Nicht ohne Grund: Um das Lernverhalten von Schülern oder das Arbeitsverhalten von Mitarbeitern gezielt zu beeinflussen oder zu ändern, gibt es nur einen Ansatzpunkt: Motive.

Motivationstechniken zielen immer auf die Erfüllung unbefriedigter Bedürfnisse ab!

Deswegen sind sie so erfolgreich.

RICHARD HINRICHS
Er ist als Ausbilder barocker Reitkunst bekannt. Ausgebildet wurde er sowohl durch Bereiter der Spanischen Reitschule Wien wie im Institut für klassische Reitkunst bei Egon v. Neindorff.

„Wer bestrebt ist, ein auf feine Hilfen reagierendes Pferd zu erziehen, sollte von Anfang an darauf achten, daß das Pferd wegen der zu erwartenden Belohnung das gewünschte Verhalten nahezu von selbst anbietet."

Von Kindern und Pferden

„Auch Pferde werden oft widerspenstig und reizbar, nur weil sie falsch behandelt werden."
Aus Wilhelm Müselers „Reitlehre"

Stellen Sie sich vor, Sie hätten ein sechs- oder siebenjähriges Kind. Eine vertrauensvolle Perle. Mit vielleicht so prachtvollen Zahnlücken, daß sie sich gerade für die Hauptrolle als kleiner Vampir bewirbt.

Und dann wirft sich jemand, der beruflich vollständig anders orientiert ist, in Positur, nimmt Ihren kleinen Racker an die Hand und sagt: „Ich bin jetzt der Lehrer. Weil ich es kann."

Möglich, daß dieser „Jemand" seine Thematik beherrscht. Ist er damit aber auch in der Lage, einem kleinen Kind den Lehrstoff so zu vermitteln, daß es die Freude an der Schule nicht verliert?

Und ist der Vorgesetzte Ihres Kindes, wenn es später in seinen Beruf hineingewachsen ist, automatisch befähigt, vorhandenes Talent oder erworbenes Können so zu lenken, daß es sich frei und ungezwungen entfalten kann?

EGON VON NEINDORFF

Das Pferd ist kein Spielzeug

Ein Meister der alten Garde. Das gleichnamige Institut für klassische Reitkunst ist der letzte Schulstall Deutschlands in der Tradition der Kavallerieschule Hannover. In der Zeitschrift Cavallo forderte er Verantwortungsbewußtsein für das Pferd:
„Wir alle, die wir uns mit dem Pferd beschäftigen, ganz gleichgültig, auf welchem Gebiet – ob in der ernsten Arbeit oder beim Hobby – müssen uns immer der großen Verantwortung bewußt sein, die wir übernommen haben. Weder darf das Tier ein lebendiges Spielzeug sein, um das man sich nur im Bedarfsfall kümmert, noch darf es zu einem Gewinn ausspuckenden Automaten werden. Die Kreatur Pferd braucht Liebe, gelernten Umgang und Respekt."

Weit gefehlt! Naturbegabte Pädagogen, naturbegabte Vorgesetzte sind sehr, sehr selten. Lehren, Führen will gelernt sein.

Nicht umsonst nimmt die Didaktik, die Lehre vom Lernen, in einem pädagogischen Hochschulstudium so viel Raum ein. Nicht umsonst werden Führungskräfte in Kursen und Seminaren auf ihre zukünftige Rolle vorbereitet. Das notwendige Wissen darüber füllt dicke Wälzer.

Ähnliche Ansätze bieten sich auch beim Pferd.

Und sie sind ähnlich erfolgreich!

Nur, im Gegensatz zum Menschen wächst das Pferd bei aller Kraft, aller körperlicher und geistiger Reife nie aus der Mentalität eines Kindes heraus. Und es wird, wenn Sie es richtig anleiten, mit 30 Jahren immer noch eine siebenjährige vertrauensvolle Perle sein. Obgleich hoffentlich ohne Zahnlücke.

Eines wurde mir bei den Interviews sehr schnell klar: Jeder über einen längeren Zeitraum und gar mit verschiedenen Pferden erfolgreiche Reiter setzt Motivationstechniken ganz gezielt ein! In der einen oder anderen Form. Auch wenn es anders genannt wurde.

An der Psyche des Pferdes führt kein Weg vorbei. Wenn der Kopf nicht mitspielt, können Sie so gut reiten, wie Sie wollen – da ist kein Blumentopf zu holen.

Wir müssen uns bewußt machen, daß wir das Verhalten des Tieres ja ohnehin tagtäglich beeinflussen. Leider meist unbewußt und häufig falsch: Wir loben, wir strafen, wir hätscheln, wir unterlassen, wir stören ...

Das kann gutgehen, muß aber nicht. Die Wahrscheinlichkeit, im richtigen Moment genau das Falsche zu tun, ist weitaus höher. Zumindest bei einigen Pferden hieße die Maßeinheit von einem Fettnäpfchen zum andern einwandfrei: der Reiter. Wenn sie soweit dächten. Nur lassen sie schon lange vorher verzweifelt die Ohren hängen.

Was ich damit sagen will, ist nur, daß sich rein intuitiv Fehlschläge kaum vermeiden lassen. Die berühmte Nadel im Heuhaufen ist leichter zu finden. Indes, beginnen wir von vorne und hübsch langsam, sonst wird es zu kariert. Und wundern Sie sich nicht, wenn zunächst von Reiten nur sehr wenig die Rede ist.

Ich verspreche Ihnen: Wir steuern zielsicher darauf zu, auch auf die Sache mit dem Gehorsam – und sogar noch darüber hinaus. Großes Indianer-Ehrenwort. Aber alles zu seiner Zeit. Zunächst geht es nur um „Motivation" und „Frustration".

Was geschieht da eigentlich?

„Trotz reichlichem wissenschaftlichem Untersuchungsmaterial und vielen neuen Erkenntnissen in Psychoanalyse und Verhaltensforschung gibt es kaum einen Bereich, der so wenig erforscht ist und in dem so viele Mißverständnisse herrschen wie in dem der Motivation.
In kaum einer Funktion wird so stark intuitiv ... und leider so häufig falsch ... gehandelt wie hier. Stereotype Handlungsweisen können bei der Motivation ins Gegenteil umschlagen ... Hier den richtigen Weg zu finden, ist außerordentlich schwierig, und der „geborene Führer" bewährt sich gerade bei der schwierigen Aufgabe, Mitarbeiter durch die Befriedigung ihrer Bedürfnisse zu höherer Leistung zu führen."

Leicht gekürzt aus „TEC-Management-Konzept"

Motivation ist eine Schlüsselaufgabe

Zwischen Motivation und Frustration

„Erfolg schafft Erfolg – Mißerfolg schafft Mißerfolg."

TEC-Management-Konzept, „Motivation"

Alles, was wir tun, jede Lebensäußerung erfolgt zielorientiert; sogar so banale Aktionen, wie wenn wir uns an der Nase kratzen oder am Ohr zupfen, zum Beispiel. Selbst die geringste Aktivität läßt sich auf einen psychischen Impuls als Auslöser zurückführen. Das gilt auch für das Tier.

Diese Impulse steuern, bewußt oder unbewußt erlebt, individuell das jeweilige Verhalten: Der Wunsch nach Anerkennung, Abwechs-

Bedürfnisse können immer wieder ausgelöst werden. Sie sind in der psychischen Struktur überdauernd verankert. Ob beim gemeinsamen Fellkraulen oder in einer spielerischen Rangelei: Für das Herdentier Pferd erfüllen enge Sozialkontakte ein biologisches Bedürfnis.

lung, Sozialkontakten oder Freundschaft gehört ebenso dazu wie Macht-, Rang- und Revierstreben, Neugierde, Verständnis für geltende Regeln, das Bedürfnis, sich selbst darzustellen, das Bedürfnis nach Sicherheit, Schutz, Stabilität und eine Reihe weiterer mehr.

Die stärksten Auslöser sind biologisch verankerte Triebe. Jedes Lebewesen braucht Sauerstoff, Nahrung, Flüssigkeit, Ruhe oder Bewegung. Sonst stirbt es. Weitere sehr starke biologische Triebe sind Sexualität und Fürsorgeinstinkt für den Nachwuchs. Sie dienen allerdings eher der Art-, denn der Selbsterhaltung.

Daß der Sexualtrieb sehr stark ist, läßt sich kaum leugnen. Zweifellos vermag uns der hormonell bedingte Irrsinn zu den tollsten und idiotischsten Eskapaden zu animieren; auch Elternliebe hat schon manch furchtsame Maus in einen brüllenden Löwen verwandelt. Doch zumindest das mit der Selbsterhaltung scheint manchmal fraglich ... Denken Sie nur an den Liebhaber der Gottesanbeterin, der – hm – genau dabei von seiner Angebeteten zusammengeknabbert wird.

Zwar haben Insekten weder mit Pferden noch mit Menschen viel gemein, trotzdem hat gerade dieses Beispiel durchaus seine Berechtigung. Es zeigt nämlich, in welchem Ausmaß gerade Tiere ihren Urinstinkten unterworfen sind. Sie sind ihnen fast wehrlos ausgeliefert. Denn ob Art- oder Selbsterhaltung:

Biologische Triebe lassen sich ohne Schädigung für Körper und Geist nur bedingt verleugnen oder unterdrücken!

Dazu sind sie zu elementar. Es ist ein Schutzmechanismus, der in der Regel alle Reserven mobilisiert, wenn das Überleben gefährdet scheint.

Sinnvollerweise sind diese Triebe dem Verhalten und Lebensraum des jeweiligen Individuums angepaßt. Das heißt, daß der biologische Wächter bei Maus, Katze, Pferd oder Mensch verschieden eingestellt ist. Eben so, wie es sich am besten bewährt hat. Aber er paßt immer auf – dieser ureigene, innere Wächter – und schlägt rechtzeitig Alarm:

Da sind Bedürfnisse, die gestillt werden wollen!

Und er quengelt so lange, bis wir aufwachen und etwas dagegen unternehmen, um endlich unsere Ruhe zu kriegen.

Die Sache hat einen Haken: Bedürfnisse können nicht nur einmal, sondern immer wieder ausgelöst werden: Sie sind in der psychischen Struktur überdauernd verankert: Wir essen, wenn wir Hunger haben, lachen, wenn wir fröhlich sind, und suchen Freunde, wenn wir einsam sind – jedesmal, wenn wir Verlangen danach verspüren.

Das Pferd macht da keine Ausnahme: Es frißt, wenn es Hunger hat, quietscht und buckelt vor Vergnügen und lockt einen befreundeten

Kumpel mit seinem schönsten Putzgesicht zu einer Runde Fellchenkraulen. So es die Möglichkeit dazu hat. Immer wieder.

Belohnung als Ziel

In der jeweiligen Situation wecken Hunger, Fröhlichkeit oder Einsamkeit ein konkretes, ganz bestimmtes Bedürfnis. Es versetzt uns in Spannung. Es hält uns so lange auf Trab, bis es befriedigt werden kann.

Dieser Prozeß verläuft stets gleich; es ist ein „Motivationsablauf":

Motiv oder Beweggrund für jedes Verhalten ist ein unbefriedigtes Bedürfnis. Mit der Bedürfnisbefriedigung als Ziel.

Motivationsablauf

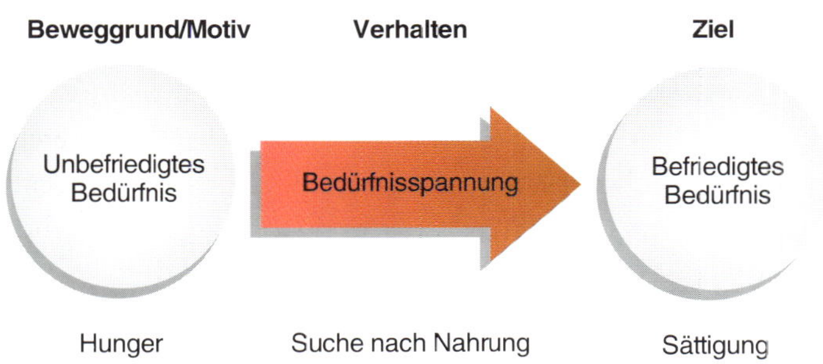

Bedürfnisse sind in der psychischen Struktur überdauernd verankert. Unbefriedigte Bedürfnisse sind Motiv oder Beweggrund einer Handlung mit dem Ziel, durch ein bestimmtes Verhalten eine Bedürfnisbefriedigung zu erreichen.

nach „TEC-Management-Konzept"

„Wir müssen stets der Tatsache eingedenk bleiben, daß sich das Streben, Lust zu erleben und Unlust zu vermeiden, nicht nur in unseren Handlungen, sondern in unserem ganzen Verhalten auswirkt."
Aus „Der Mensch und das Gesetz von Lust und Unlust", von Josef Hirt, Hirt-Institut Zürich

Erfolgserlebnisse wirken motivierend. Folglich läßt sich ein erwünschtes Verhalten durch vermittelte Erfolgserlebnisse nach gezeigtem Verhalten verstärken.

Je nachdem, wie dringend das Bedürfnis ist, wird mehr oder weniger Energie und Ausdauer aufgewandt, um ans Ziel zu gelangen. Nicht jedes Motiv erweist sich als gleich stark. Einige Wünsche sind so schwach, daß sie uns nur wie ein leiser Hauch streifen und sich danach wieder verflüchtigen. Ihre Befriedigung steht in keinem Verhältnis zu der erforderlichen Mühe. Andere sind fast jedes Opfer wert.

- Wenn uns jemand die Gurgel zudrückt, gibt es nichts Wichtigeres auf der ganzen Welt, als wieder Luft zu kriegen. In dieser Not können wir geradezu herkulische Kräfte entwickeln.
- Wenn Wildpferde 30 km weiter einen angenehmen Wälzplatz wissen (und Pferde haben ein verflixt gutes Gedächtnis), ist das nicht unbedingt ein dringender Auslöser.

- Wenn statt dessen in dieser Entfernung ein wichtiges Mineral vorkommt, der Körper Bedarf nach diesem angemeldet hat und darauf besteht, gerade dieses zu kriegen, sind die 30 km überhaupt kein Thema. Unsere Herde wird sich sofort auf die Hufe machen.

  Hauptsache, die Handlung führt zum Erfolg.

Gelingt das Vorhaben, wird das Ziel erreicht, flaut die Spannung ab, und es entsteht ein Gefühl der Zufriedenheit.

Zufriedenheit – das ist die Belohnung!

Diese Belohnung kann sehr unterschiedlich ausfallen. Zufriedenheit hat viele Gesichter.

Rinn in die Kartoffeln, raus aus die Kartoffeln!

Dieses eine, gerade gestillte Bedürfnis ist als Auslöser erst einmal außer Gefecht gesetzt. Es bietet so lange keinen Anreiz, bis es erneut aktiviert wird.

Nach einem opulenten Mahl sind wir zwar satt, dafür träge. Ein voller Bauch studiert nicht gern, wie der Volksmund weiß. Das heißt aber nicht, daß jeder Mensch zu der gleichen Zeit in derselben paradiesischen Verfassung ist. Ein anderer kann sich justament in diesem Augenblick höchst unternehmungslustig die Hände reiben. Wir kriegen bei dem Gedanken an ein kuscheliges Kanapee glänzende Augen, der läßt sich eher mit einem Kneipenbummel oder sonst etwas ködern.

„Die Rangordnung von Bedürfnissen und damit der Motivation wechselt. Bedürfnisse, die lange nicht befriedigt werden, steigen in der Rangordnung. Nach der Befriedigung fallen sie in der Rangordnung herab."
Aus „TEC-Management-Konzept"

Umgekehrt wirkt der Lockvogel nicht. Weil er keinen Reiz ausübt. Bloß ist das kein dauerhafter Zustand. In kurzer Zeit kann die Situation genau umgekehrt aussehen oder durch ein neues Motiv verdrängt werden. Folglich schichten sich Bedürfnisse laufend um.

Motive, gleich welcher Art, haben nicht stets denselben Stellenwert, sondern sie werden erst zu einem Auslöser in der entsprechenden Konstellation!

Der Übergang ist fließend. Bevor das erste Bedürfnis vollständig befriedigt ist, meldet sich das nächste bereits zu Wort. Unter Umständen kämpfen auch zwei oder gar deren Seelen mehr in unserer Brust, so daß Prioritäten gesetzt werden müssen. Das ist etwas lästig, denn so gesehen sind wir so gut wie nie ganz bedürfnislos. Und damit immer motivierbar – wenn der richtige Köder ausgeworfen wird.

Vergleichbare Mechanismen greifen auch beim Pferd:

In einem großen Auslauf zieht es eines zur Raufe, ein anderes zur Tränke, ein drittes juckt das Fell, und es nimmt genüßlich grunzend ein Staubbad. Werden die Pferde aufgeschreckt, vielleicht weil ein knallroter Trecker angerumpelt kommt, verziehen sich alle drei Hals über Kopf in die Wicken und überlassen die Heldenrolle dem, der sich dazu berufen fühlt. Sowohl Hunger wie Durst und Juckreiz werden durch das neue, vorherrschende Bedürfnis nach Sicherheit und den Herdentrieb überlagert. Aus ihrer Sicht sehr vernünftig.

Ist aber eine Mutterstute mit verletztem Fohlen dabei, kann sich der Schutzinstinkt durchaus als stärker erweisen als Flucht- und Herdentrieb. Buchstäblich zähneknirschend verharrt sie bei ihrem Fohlen, statt mit den anderen beiden das Feld zu räumen und ihrem natürlichen Instinkt zu folgen.

Diese Umschichtung der Bedürfnisse ist eigentlich der einzige, aber zugegeben haarige Pferdefuß bei der Motivation (im wahrsten Sinne des Wortes). Denn man muß abschätzen lernen, welches Motiv in diesem Moment so stark ist, daß es andere überlagert.

Das stärkste Motiv bestimmt die jeweilige Aktivität!

Klein Gulliver
Schüchtern hinter Mamas Schweif hervorlugend, im übermütigen Galopp, neugierig, um dann ermüdet in den Schlaf zu sinken ... Bei Kleinkindern, zwei- wie vierbeinigen, wechseln Bedürfnisse von einer Minute zur anderen.

Lesen Sie diesen Satz doch bitte gleich noch einmal:
Das stärkste Motiv bestimmt die jeweilige Aktivität!

Und noch einmal. Hier liegt der Auslöser für das Arbeitsverhalten Ihres Pferdes, sei es positiv oder negativ, und der Impuls für jeden Ungehorsam. Aber auch für jeden. Ausnahmslos.

Das stärkste Motiv bestimmt die jeweilige Aktivität!

Aha, so geht das

Die meisten Fähigkeiten müssen gelernt und geübt werden. Der Saugreflex ist Fohlen angeboren, doch bis sie an die Milchquelle gelangen, steht den Kleinen eine wackelige Suche bevor. Später lernen sie – wie Menschenkinder – lesen und schreiben, auf „pferdisch" natürlich. Sie entwickeln individuell bestimmte Vorlieben, Abneigungen und lernen, wie sie sich, ihrem Rang entsprechend, zu verhalten haben. Zum Beispiel, daß man dem Boß gehorcht und vorsichtshalber einen Kotau in Form eines Unterlegenheitskauens zeigt.

Nun sind wir keine Roboter. Unser Pferd auch nicht, Gott sei Dank. Doch entsprechend unterschiedlich fällt das Verhalten in der jeweiligen Situation aus. Zum einen hängt das von vorhandenen Fähigkeiten ab, zum anderen von Erfahrungswerten.

Nur wenige Menschen versuchen, mit ausgebreiteten blanken Armen wie Flughörnchen von Wipfel zu Wipfel durch die Baumkronen zu segeln. Oder wenn, dann höchstens einmal. Selbst Tarzan benutzte eine Liane für diesen Trick. Wir brauchen eine Lösung, die unserem jeweiligen Können entspricht.

Diese individuellen Fähigkeiten sind teils angeboren, zum größten Teil aber müssen sie gelernt und geübt werden. Das ist ein Reifeprozeß, der sich nicht überspringen läßt. Erst mit geistiger und körperlicher Entwicklung lernen wir, uns immer geschickter anzustellen. Und entwickeln dabei bestimmte Vorlieben oder Abneigungen.

Lernen erfolgt in vielfacher Form: durch Versuch und Irrtum, durch Nachahmung oder durch Einsicht. Es gibt auch eine Form des unbewußten, latenten Lernens oder durch Gewöhnung, indem wir auf abgespeicherte Wahrnehmungsreize reagieren.

Ausschlaggebend sind letztendlich persönliche Erlebnisse, die in Zusammenhang mit bestimmten Personen, Tätigkeiten oder Situationen erworben wurden. Auch das gilt für Mensch und Tier gleich. Um bei dem Beispiel mit der Flucht und dem Verziehen in die Wicken zu bleiben: Denkbar wäre ja auch eine andere Reaktion.

Wenn die Pferde wissen, daß die ratternde Stinkmorchel von Trecker kein prähistorischer Säbelzahntiger ist, sondern im Gegenteil absolut harmlos. In diesem Fall genügt eine kurze Überprüfung der Situation. Ein Kopfaufwerfen, Ohrenspiel – danke, das reicht.

Haben die Pferde obendrein gelernt, damit eine angenehme Erfahrung zu verknüpfen, werden sie sich dem Auslöser neugierig oder sogar erwartungsvoll zuwenden.

Dieser Background ist individuell verschieden. Er wird durch Erfolgs- oder Mißerfolgserlebnisse positiv wie negativ beeinflußt.

Naheliegend ist, daß ein Verhalten, welches sich mehrfach als erfolgreich erwies, vorgezogen und hartnäckiger verfochten wird als eines, das zu Mißerfolgen führte oder durch unangenehme Erlebnisse begleitet wurde.

Verhalten kann positiv oder negativ verstärkt werden.

Positiver Verstärker

Wir haben Erfolg – das ist gut, machen wir weiter so.

Weil es sich lohnt!

Beim Reiten zum Beispiel ist es das Lob, Entspannung am langen Zügel oder eine andere Bestätigung des gezeigten Verhaltens. Das Pferd lernt sich anzustrengen und nicht sofort aufzugeben. Es hat kapiert, daß es immer belohnt wird, wenn es das Geforderte richtig macht. Und daß dieser Punkt immer erreicht wird, wenn es sich nur Mühe gibt. Diese Erfahrung ist angenehm. Wenn sie sich manchmal sogar fressen läßt – optimal.

FREDY KNIE
„Ich begreife nicht, daß es Menschen gibt, die ihrem Pferd nie etwas geben. Warum darf ein Pferd nichts bekommen? So hat es doch Freude an der Arbeit mit uns, wenn es nachher belohnt wird ..."

Negativer Verstärker

Wir haben keinen Erfolg – das ist schlecht.

Weil es sich nicht lohnt!

Wiederholt sich diese Erfahrung, wird das Verhalten geändert oder abgebrochen. Diese Schlußfolgerung wird um so schneller gezogen, je schmerzhafter und unangenehmer die Begleiterscheinungen des Mißerfolgs sind ...???

Nein, sagen Sie nicht, das hätten Sie schon immer gewußt! Außerdem gäbe es da die Stelle „Wer seine Kinder liebt, der spare mit der Rute nicht". Ohnehin gingen Pferde auch nicht gerade zimperlich miteinander um – und so weiter.

FRANKE SLOOTHAAK
„Natürlich komme ich am liebsten ohne Strafe aus, aber wie Kinder brauchen Pferde von Zeit zu Zeit eine energischere Führung. Umgekehrt muß man das Pferd durch promptes Lob bestätigen, wenn es richtig reagiert. Motivation heißt ja, dem Pferd sein Verhalten – von welcher Seite man es gerade nimmt – angenehm oder unangenehm zu machen."

Natürlich kommen wir nicht umhin, negative Verstärker einzusetzen. Ob das immer gleich Schmerz sein muß, lassen wir zunächst offen. Es sollte die letzte, die allerletzte Maßnahme sein – normalerweise. Ausnahmen bestätigen die Regel. Aber Grenzen müssen selbstverständlich gezogen werden:

Wenn wir allzeit unseren Kopf nach Belieben durchsetzen könnten und würden – wir wären unerträgliche Gecken und Tyrannen. Für uns und unsere Umwelt. Beim Tier ist es nicht anders. Trotzdem kann eine Reglementierung im Dauergebrauch über negative Verstärker (fassen Sie die jetzt mal auf, wie Sie wollen) nicht die Lösung sein.

Denn da war ja mal ein Bedürfnis und eine Bedürfnisbefriedigung als Ziel? Und ob Mensch oder Tier: Wir können psychisch nur ein gewisses Maß an Niederlagen und Fehlschlägen verkraften.

Was passiert, wenn das Ziel nicht erreicht werden kann?

Was ist, wenn es nicht klappt?

Frustration als Enttäuschung

Kann das Bedürfnis nicht befriedigt werden, entlädt sich auch die angestaute Spannung nicht. Aber sie ist vorhanden und verflüchtigt sich nicht einfach in Wohlgefallen.

DR. REINER KLIMKE
Der erfolgreichste Dressurreiter der Welt fand in dem russischen Trakehnerhengst Biotop ein so hoffnungsvolles wie schwieriges Dressurtalent. Im „St. Georg" sagte er: „Bei Biotop sitzt die Bremse im Kopf. Als Hengst läßt er sich von Stuten ablenken, ist dann für Sekundenbruchteile von meinen Hilfen weg. Das kann ich mit Gewalt nicht ändern. Gewalt und Harmonie sind Feinde. Ich brauche Geduld ... Denn wenn ich grob werde, ist es ganz aus."

Die aufgebaute Spannung schlägt in Frustration um. In dieses nagende Gefühl der Enttäuschung. Wie massiv die Enttäuschung empfunden wird, hängt davon ab, wie dringend das Verlangen war. Je elementarer das Bedürfnis, je intensiver die Bemühung, um so stärker die Frustration.

Und sie löst auf jeden Fall erneut einen Prozeß aus.

Es tut mir leid, wir sind von lauter Abläufen und Kettenreaktionen umgeben, aber so ist es nun mal. Und weder Sie noch ich können irgend etwas daran ändern.

Ebensowenig wie an den fatalen Begleiterscheinungen der Frustration:

Aggression = *Angriff mit der Absicht, die Frustrationsquelle auszuschalten*
Resignation = *Verzicht, Teilnahmslosigkeit bis zur Apathie*
Fixierung = *Prägung auf bestimmte Personen, Situationen oder Tätigkeiten*

Regression = *Rückzug auf eine kindliche oder niedrigere Verhaltensstufe*

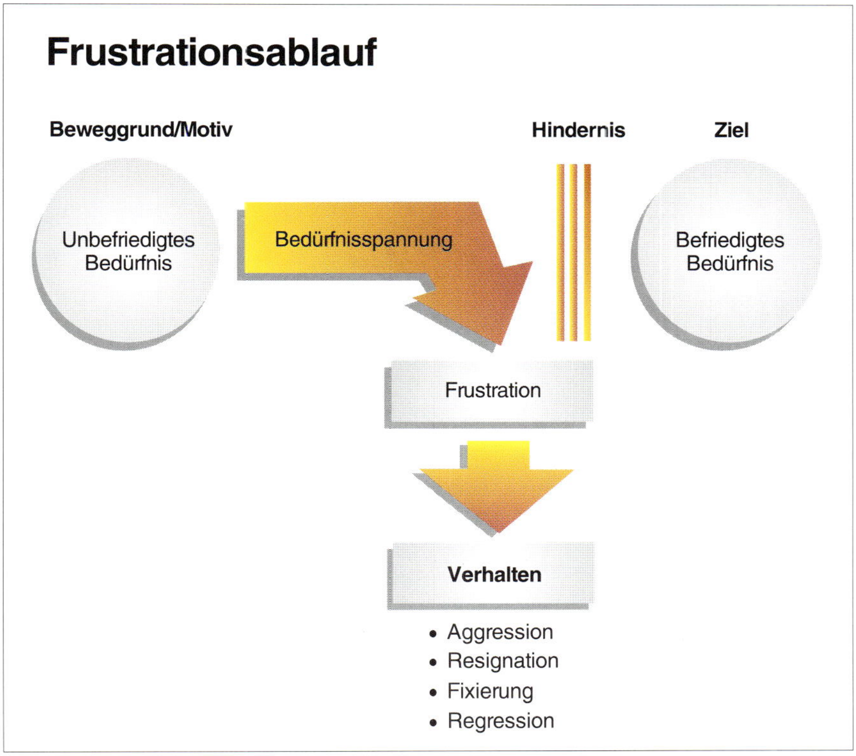

nach „TEC-Management-Konzept“

Von Rebellion bis Flucht

Als erste Reaktion tritt oft Aggression ein, mit dem Ziel, die angestaute Spannung abzureagieren.

Dabei richtet sich das Haßgefühl zunächst gegen die Frustrationsquelle selbst. Der Groll kann aber auch auf ein anderes Objekt umgeleitet werden oder sogar zu einer wirkungslosen Drohgebärde versanden, wenn sich Furcht und Aggression die Waage halten – man möchte gerne, aber man traut sich nicht. Aggression kann auch verdrängt werden: die geballte Faust in der Tasche bei dem Versuch, den Ärger „herunterzuschlucken“.

Bekanntes Beispiel dieser Frustration-Aggression-Theorie ist der Mann, der von seinem Chef heruntergeputzt wird, zu Hause seine Frau anschreit, die ihren Zorn am Kind abreagiert, welches zu guter Letzt den Hund schlägt. Der dürfte vielleicht noch leise knurren, dann aber jaulend flüchten, um dem Schmerz zu entgehen.

KLAUS BALKENHOL
„Grobe Korrekturen sind beim Reiten nicht angebracht. Die Peitsche als Strafe lehne ich grundsätzlich ab, überhaupt bin ich mit Strafen sehr geizig.“

Aggression ist häufig die erste Reaktion auf ein Frustrationserlebnis. Überwiegt jedoch die Angst, ist Flucht ein natürliches Verhalten. Wenn sie gelingt, wird ein Erfolgserlebnis verzeichnet, das Beenden der unangenehmen Situation.

Im Original schlägt übrigens die Frau das Kind, aber um mich dem Frust der weiblichen Leser nicht auszusetzen (Himmel, man stolpert doch ständig über das elende Wort), habe ich den Hund angeflickt. Und kann nur hoffen, daß ich jetzt nicht von den Hundeliebhabern angeschossen werde.

Die erlernte Hilflosigkeit

Wo waren wir stehengeblieben? Bei der Angst.

Überwiegt die Angst, ist Flucht eine natürliche Reaktion. Falls eine Möglichkeit dazu besteht, ist es gut. Denn ein Erfolgserlebnis wird erreicht: das Beenden der unangenehmen Situation.

Doch jetzt kommt's. Und zwar dicke:

Ist diese Flucht nicht möglich, oder lernt das Wesen – und auch hier ist es gleichgültig, ob Mensch oder Tier – , daß keine seiner Handlungen oder Reaktionen, egal was es tut, die schmerzliche Erfahrung mindern, verhindern oder beenden kann, resigniert es.

Es gibt auf und läßt alles über sich ergehen.

Dieses Gefühl der „erlernten Hilflosigkeit“ kann vorhandene Fähigkeiten vollständig blockieren. Auch dazu gibt es Versuchsreihen, die sich leider recht brutal anhören:

So erhielten Tiere in einer Halterung, die eine Flucht unmöglich machte, bei einem bestimmten Ton Elektroschocks. Derart auf den Zusammenhang Ton = unabwendbarer Schmerz „furchtkonditioniert“, versuchte später das Tier in einer ähnlichen Situation nicht mehr zu fliehen.

Erlernte Hilflosigkeit

Bei dem Experiment bekamen die Versuchstiere (Hunde) unabhängig davon, was sie unternahmen, weiterhin Elektroschocks. Leicht gekürzt, aus P. G. Zimbardo, Psychologie:
„... Nur zögernd initiierten die Tiere Aktionen, die sie beherrschten und die geeignet waren, ihre Lage zu verbessern. Sie waren rigide, teilnahmslos, offensichtlich verängstigt und schienen aufzugeben. Sie lernten nur schlecht in neuen Situationen ... Selbst wenn man ihnen zeigte, wie sie entkommen konnten, indem man sie einige Male auf die sichere Seite zerrte, lernten sie nicht, von sich aus dorthin zu gelangen."

Obwohl ohne diese Halterung, obwohl eine Flucht möglich war und obwohl es genau wußte, was im nächsten Moment Furchtbares passieren würde – das arme Viech versuchte nicht einmal mehr, aufzubegehren oder sich in Sicherheit zu bringen.

Eine traurige Bilanz! Die Bilanz einer zerbrochenen Persönlichkeit.

Und erneut gilt das Resultat auch für den Menschen: Denn warum lassen sich Frauen schlagen, warum lassen sich Männer bis aufs Blut schinden – selbst wenn eine Möglichkeit besteht, sich dem zu entziehen?

Weil sie in ihrer eigenen, inneren Zwangsjacke stecken!

Kein anderes Druckmittel hat so verheerende Auswirkungen wie die akzeptierte „erlernte Hilflosigkeit".

Sie merken: Das mit der Frustration ist eine kritische Geschichte. Sie ist als Dauerzustand sogar eine ausgesprochen riskante Gratwanderung. Jeder Schritt könnte ein Schritt zuviel sein. Wissen Sie was?

Solange Ihr Pferd noch protestiert – freuen Sie sich darüber. Selbst wenn das Lächeln gequält ausfällt. Wenn es das nämlich nicht mehr täte, wenn es sich alles gefallen ließe – dann hätten Sie ein Problem. Und zwar ein ernsthaftes.

ISABELL WERTH **hält von Duckmäusern überhaupt nichts: „Es kann mal aus dem Viereck springen oder sagen ‚ich will nicht mehr', aber es muß Eigendynamik zeigen."**

Ständiges Versagen macht krank

Natürlich kann eine gewisse Frustrationstoleranz vorausgesetzt werden. Bei jedem Lebewesen. Häufen sich jedoch diese Vorfälle, entsteht aus der Dauerspannung Streß.

Streß wiederum – ebenfalls ein überaus beliebtes Modewort – ist nichts anderes als eine jeder Krankheit vorausgehende Reaktion des Körpers auf die bevorstehende Belastung.

„Pferde, gleich welcher Rasse, sind ebenso streßanfällig wie andere Tiere oder der Mensch." Dr. Corinna Schmidt, in der „Pferdewelt"

Das Symptom, als Folge seelischen Drucks, wird nicht etwa durch zuviel Arbeit, sondern durch Überforderung ausgelöst. Beim Menschen häufig in Verbindung mit Verdrängung eines tiefsitzenden Problems, dem man sich hilflos ausgeliefert fühlt. Zuviel Arbeit verursacht lediglich physische Erschöpfung und Müdigkeit, schließt aber Zufriedenheit nicht aus.

In dieser scheinbar ausweglosen Situation, unter dem permanenten Druck, ist der Schritt zu somatischen Erkrankungen und Neurosen nur sehr klein.

Neurosen äußern sich zum Beispiel in Phobien (Ängste vor banalen Gegenständen, Situationen und Personen) oder Manien (unwiderstehlicher Drang zu bestimmten Tätigkeiten). Manchmal löst der Zwang auch Perversionen aus, also die krankhafte Umkehrung des ursprünglichen Triebes.

Das Schlimme daran: Ohne Hilfe ist der Neurotiker nicht mehr imstande, sich aus seiner Verstrickung zu lösen. Er beurteilt jede gegenwärtige Situation nach früheren, deshalb vermag er im eigentlichen Sinne nichts zu lernen. Die eigentlichen Störquellen sind die Nachwirkungen emotional erregender und fortwirkender Erlebnisse, die als negative Erfahrungen fixiert werden.

Diese schlauen Sätze stammen natürlich nicht von mir, sondern sind Arbeitsblättern zur Aus- und Weiterbildung von Psychologen der Pädagogischen Hochschule Heidelberg entnommen.

Selbst wenn die Handlungsmotive des Tieres weniger komplex sein mögen als die des Menschen, die Folgen bleiben gleich – bis hin zur Perversion. Wen wundert's. Werden psychologische Erkenntnisse doch nicht zuletzt durch Tierversuche experimentell belegt.

Auch Pferde zerbrechen!

„Mißerfolgserlebnisse wirken über entstehende Frustration demotivierend, besonders wenn sie trotz Anstrengung auftreten. Mißerfolgserlebnisse sollten möglichst vermieden werden ..."
Aus „TEC-Management-Konzept"

Wie beim Menschen sind uns beim Pferd sämtliche Auswirkungen der Frustration in allen Abstufungen wohlvertraut.

Wir kennen:

- das aggressive Pferd, den Beißer oder Schläger, den Verbrecher
- das apathisch, lustlos und nur unter Zwang arbeitende Pferd
- Fixierungen als Bewegungsstereotypien oder Verhaltensstörungen, zum Beispiel Weben, Koppen oder Krippenwetzen
- das unkontrollierbare, in bestimmten Situationen ausbrechende oder auf bestimmte Personen/Personengruppen total überreagierende Tier ebenso wie
- das teilnahmslos verstörte, keine Regung mehr zeigende Pferd.

In einer Herde ist die überraschende Attacke eines schwächeren Herdenmitgliedes als Frustrationsfolge zu beobachten und beim Satteln oder Putzen ein hilflos frustriert in die Luft beißendes Tier.

Nicht jedes Defizit aus unbefriedigten Bedürfnissen löst extreme Verhaltensweisen aus, aber negative Auswirkungen zeigen sich immer!

Können diese nicht abgebaut werden, ist die Wirkung ähnlich wie bei einer zusammengepreßten Spirale. Der Druck entlädt sich bei jeder sich bietenden Gelegenheit – und nur selten so, wie wir es gerne hätten. Diesen Prozeß müssen wir auch beim Pferd, als Lebewesen, als gegeben akzeptieren.

Es kann und es wird sich nicht – der Bequemlichkeit des Reiters zuliebe – anders verhalten.

So viel fürs erste.

Das ist natürlich noch nicht alles! Aber brechen wir hier zunächst ab. Sonst bekommen Sie geistige Verdauungsbeschwerden.

„Man sollte darum wissen, daß selbst die unspektakulären Zugriffe des Menschen im Empfinden des Tieres beträchtliche Wirkungen haben können, daß es insbesondere beim Pferd ein stummes Leiden gibt …
Die Art und das Ausmaß mancher Nutzung verkraftet das Tier nicht so folgenlos, wie es in den Augen desjenigen erscheint, der stets die aggressive Abwehr erwartet … daß solcher ständig wiederholte Zugriff des Menschen bei manchen Pferden zu einer Art von Resignation führt und daß diese Resignation nicht selten als Faulheit oder Antriebsschwäche gedeutet wird."

Prof. Heinz Meyer, im „St. Georg"

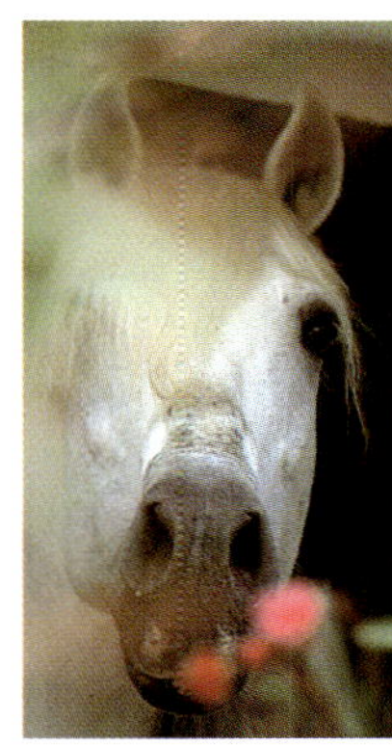

Der einzig mögliche Weg: Belohnung als Anreiz

„Ohne Freude an der Sache wird das nichts. Wenn das Pferd nicht von sich aus mitarbeitet, kann es keine Erfolge geben."

Ludger Beerbaum

Verstehen Sie jetzt, welcher Unterschied zwischen „mobilisieren" und „motivieren" besteht? Und warum Schmerz, als Regulator, unendlich sensibel gehandhabt werden muß?

Schmerz ist als negativer Verstärker viel zu stark!

Es ist die berühmte Kanone, mit der man auf Spatzen schießt. Und

Ludger Beerbaum in der Weltrangliste stets vorne zu finden, legt auf ein abwechslungsreiches Training für seine Pferde großen Wert.

„Wenn man viele Reiter sieht, deren Pferde zwar alles mögliche gehen, aber durch totes Maul und schlaffe Bewegungen einen so traurigen, lebensmüden Eindruck machen, so liegt dies nur daran, daß den armen Tieren durch unvernünftige Überbürdung das Herz gebrochen worden ist."
Gustav Steinbrecht, aus „Reiterwissen"

die ganz beiläufig einen Riesenkrater hinterläßt, in dem alles andere drumherum – was man eigentlich gar nicht treffen wollte – mit zerstört wird.

Was dabei herauskommt, ist bestenfalls ein „Billardkugel-Effekt". Das Pferd bemüht sich, Schmerz zu vermeiden und alles zu unterlassen, was diesen auslösen könnte. Und wenn es doch einmal aufmuckt, weil die innere Bedürfnisspannung überwiegt, wird es schleunigst daran erinnert, was Sache ist.

Mit einer derartigen Einstellung ist an aktive Mitarbeit nicht zu denken. Wie denn auch?

Das Ziel heißt nicht mehr Anstrengung, sondern Schmerzvermeidung.

Weil – wir erinnern uns – das stärkste Motiv überwiegt und die jeweilige Aktion bestimmt. Das Ziel ist erreicht, wenn Schmerz vermieden werden kann. Sich darüber hinaus noch anzustrengen, steht gar nicht mehr zur Debatte.

Doch genau das wollen wir ja nicht!

Unser Pferd soll sich anstrengen. Aus eigenem Antrieb. Weil es gerne arbeitet. Das ist nur möglich, wenn die Belohnung für Zielerreichung als Anreiz im Vordergrund steht.

Die Pädagogen oder pädagogisch Vorgebildeten unter Ihnen haben garantiert schon längst die Ohren gespitzt. Sie wissen genau, worauf ich hinaus will. Das kennen sie nämlich von ihrem Studium her.

Vorhandene Bedürfnisse erhalten, ausnutzen sowie umlenken. Um so neue Bedürfnisse wecken zu können, die sich wiederum ausnutzen lassen ...

Und so sieht's der Pädagoge

„Der junge Mensch bedarf auf alle Fälle für seine Lernanstrengungen der Motive, die an sein natürliches Interesse anknüpfen oder sein natürliches Interesse erwecken. Wir müssen uns deshalb zunächst immer bemühen, die Lernziele und Lernmotive aus den schon vorhandenen Bedürfnissen, Interessen und Antrieben unserer Kinder heraus zu entwickeln ...
Es ist deshalb wichtig, lernunbereite Kinder und Jugendliche erst einmal wieder zur Aktivität überhaupt zu bringen. Wenn das wirksam gelungen ist, läßt sich auch immer wieder ein spezieller Lernprozeß ein- oder anschließen."
Heinrich Roth, aus „Pädagogische Philosophie des Lehrens und Lernens"

Zwar muß die Motivation des Pferdes dahingehend angepaßt werden, daß sie mit den biologischen Instinkten des Tieres nicht kollidiert und das begrenzte Auffassungsvermögen berücksichtigt. Grundsätzlich jedoch ist es dasselbe Prinzip: Aus dem „ich habe Hunger" ein „ich habe Appetit auf" zu machen. Das heißt ein „ich will mich bewegen" in „Springen macht Spaß", „Dressur macht Spaß" oder was sonst umzuwandeln.

Indem Erfolgserlebnisse vermittelt werden.

Das ist der richtige und auf Dauer einzig mögliche Weg:

Erfolg wirkt immer motivierend – weil es sich lohnt!

Mißerfolg wirkt immer frustrierend – weil es sich nicht lohnt!

Schmerz ist immer ein Mißerfolg!

Und wenn Sie dabei noch den Satz von Isabell Werth im Hinterkopf haben: „Die Vertrauensbasis muß stimmen: Es geht nicht alles nur über das Reiten" – dann sind Sie wirklich gut!

FREDY KNIE
„Das Training ist für die Pferde viel schöner als für den Lehrer, weil sie da Zeit haben. In der Vorstellung muß alles nach der Uhr gehen, und die Pferde wissen das. Sie sind so schlau, daß sie genau dann versuchen, uns zu verkohlen. Also muß man ihnen zeigen, daß sie nicht machen können, was sie wollen. Aber man muß Pferde aus dem Spiel heraus dressieren, daß sie Freude daran haben. Nur dann empfindet das Pferd es als Wohltat, mit uns zusammenzuarbeiten."

Was hat ein Puzzle mit Motivation zu tun?

Nein, krempeln Sie Ihre Ärmel noch nicht auf. So schnell schießen die Preußen nicht. – Ja, auf den Gehorsam des Pferdes kommen wir auch zu sprechen. Ein wenig. Bringen Sie mich nicht durcheinander.

Also: Ich habe eine gute und eine schlechte Nachricht für Sie.

- Die gute: Die Motivation des Pferdes folgt relativ wenigen, klaren Grundregeln. Die lassen sich lernen. Es ist noch nicht einmal so schwer, da durchzusteigen, wie Sie gesehen haben.
- Die schlechte: Es ist ein Puzzle mit ungefähr 5000 Teilen. Unge-

ordnet, versteht sich. Und Sie, als Reiter, thronen mittendrin.

Nein, falsch: Sie sind ein Teil dieses Puzzles!

Ich weiß gar nicht, wie ich das erklären soll, ohne daß Sie den Mut verlieren. Denn es ist ein zwar komplexes, aber im Grunde genommen einfaches Puzzle – sobald man sich von dem ersten Schock erholt hat. Versuchen wir es mal.

Kennen Sie Salvador Dalí?

Der große Surrealist wandelte zeit seines Lebens auf einem hauchdünnen Grat zwischen Genie und Wahnsinn. Was in seinem Kopf vorging, weiß wohl niemand: so krude und wirr. Sein Gehirn muß eine Art hochintelligentes Sauerkraut gewesen sein, das mit der Fuzzy-Logik auf Du und Du stand.

Er war vor allem ein Meister des Doppelbildes. Ein Meister darin, den Betrachter durch schlüssige Darstellungen hinters Licht zu führen, obwohl die eigentliche Lösung im Hintergrund verborgen lauerte.

Eines seiner bekanntesten Werke heißt „Gala sieht das Mittelmeer“ und ist im Museum von Figueres ausgestellt. Es ist ein riesiges Trumm und nimmt die gesamte Wandfläche einer hohen Halle ein.

In unmittelbarer Nähe, so mit der Nasenspitze kurz davor, lassen sich im Detail nur schöne Farbkompositionen und vereinzelte Linien ausmachen. Tritt man zurück, erkennt man einen Rückenakt von Dalís Frau, Gala.

Mir gefiel das Bild. Mir gefielen die Farben, aber ich kapierte nicht, warum alle Besucher so verzückte Schreie ausstießen, sobald sie durch eine Art Fernrohr durchsahen. Ich guckte auch durch – und kapierte es immer noch nicht, denn das Bild wurde verkleinert. Und hielt die Juchzenden (ich gestehe es verschämt) für leicht überkandidelt.

Denken Sie über meine Intelligenz, was Sie wollen. Aber ich kapierte es erst, als wir das Museum längst verlassen hatten und mit dem Wagen gemütlich um eine Straßenecke bogen. Und ungefähr 50 Meter weiter ein Plakat eben dieses Bildes hing.

Da kam, neben einer Vollbremsung, auch die Erleuchtung.

Im Original schien das Bild absolut eindeutig: ein nacktes Weib. *Doch aus dieser Entfernung zeigte es, ebenso unverkennbar, das Gesicht Abraham Lincolns!* Übrigens der Titel, unter dem das Werk bekannt wurde (das erfuhr ich natürlich erst später, sonst hätte ich im Museum wahrscheinlich mitgejuchzt).

Deswegen stand das ulkige Objektiv in der Halle: Es simulierte den notwendigen Abstand, um auch diese Perspektive zu vermitteln.

Ähnlich vertrackt ist es mit der Motivation des Pferdes.

Das Bild im Bild

Solange Sie sich nur darüber ärgern, daß Ihr Pferd nicht springt oder keine Paraden annimmt, und bloß dem gerade auftretenden Ungehorsam zu Leibe rücken – sind Sie mit der Nasenspitze viel zu dicht davor.

Wenn Sie ein Stück zurücktreten, sehen Sie schon klarer. Sie erkennen, daß das Nicht-Annehmen der Parade, Verweigerung, Widersetzlichkeit, Durchgehen oder vorhandenes Phlegma Teil seines allgemeinen Arbeitsverhaltens ist. So, wie es sich unter dem Sattel benimmt.

Hier befinden Sie sich an dem Punkt, wo die nackte Dame in Dalis Bild die Aufmerksamkeit des Betrachters fesselt.

Aber das ist es immer noch nicht.

Treten Sie noch ein großes, ein sehr großes Stück zurück, entdecken Sie, daß selbst das tägliche Training nur ein Bild im Gesamtbild ist. Und daß Sie sich in einem riesigen Suchbild befinden. Samt Ihrem Pferd. Und daß dieses Puzzle – leider nur zu einem Teil fertig ist.

Zumindest was Ihr Verständnis für die Zusammenhänge anbelangt.

Der Rest liegt wirr am Boden.

Fragmente wirken oft unbedeutend. Willkürlich aus einem Berg herausgeklaubt, kann unser einsames kleines Puzzlesteinchen durchaus etwas aussagen – über seine Farbe, die Form oder so. Aber es verrät nicht seinen Stellenwert im Gesamtgefüge. Daß es dazugehört, ist klar, sonst läge es nicht da. Doch seinen wahren Wert gibt es erst an Ort und Stelle preis.

So ist es auch mit der Motivation: Vordergründig steht die Frage, wie das Pferd seine Aufgabe erfüllt – zum Beispiel bei einem Turnier. Erst wenn man sämtliche bekannten Faktoren über das Pferd allgemein als Rahmenbedingung akzeptiert und sie auf eine eventuell mögliche Verbindung zu seiner Arbeitsmotivation untersucht, wird ersichtlich, daß alles zusammenhängend, ineinandergeschachtelt, ein gigantisches Doppelbild ist.

Scheinbar nur wenig in Bezug stehende Elemente beeinflussen das Verhalten des Pferdes weitaus stärker als vermutet.

Das sind manchmal Kleinigkeiten: vernachlässigte Hufe, ein drückender Sattel, eine zu dunkle Boxe vielleicht, die eine Kettenreaktion auslösen, bei der zum Schluß Ungehorsam als Endergebnis herauskommt. Oder weil Sie die Hilfe falsch gegeben haben. Oder weil es sich erschreckt hat, oder, oder, oder ...

Klaus Balkenhol
„Wenn sich das Pferd verhält, nicht bedrängen, sondern die Ursache herausfinden und gegebenenfalls schonen. Bei Zwang verliert das Pferd, wie Menschen auch, Ausstrahlung und Arbeitsfreude."

Richard Hinrichs
„Ausbilder und Reiter müssen stets darauf bedacht sein, die Ursache für ein unerwünschtes Verhalten des Pferdes herauszufinden."

Unser Puzzle muß zusammengesetzt werden

Nur so haben wir eine Chance, Transparenz in diese unübersichtliche, in sich verschachtelte Thematik zu kriegen. Denn wie wollen Sie Ihr Pferd erfolgreich motivieren, wenn Sie noch nicht einmal wissen, wodurch ein unerwünschtes Verhalten verursacht sein könnte?

Je mehr Elemente wir einzupassen vermögen, um so vollständiger wird unser Bild. Je vollständiger das Bild, um so deutlicher werden die zahlreichen feinen Verästelungen, die in Wechselbeziehung zueinander stehen und das Arbeitsverhalten des Pferdes steuern.

Glücklicherweise kennen Sie das meiste bereits, nur halt aus dem Zusammenhang gelöst. Das vereinfacht die Aufgabe ungemein. Denn durch dieses Kapitel müssen wir durch:

Sie laufen sonst stets Gefahr, Ihr Pferd aufs Schönste zu motivieren, obwohl es gerade festgebunden ist oder einen Knoten in den Beinen hat und gar nicht gehorchen könnte – selbst wenn es wollte.

Das bringt einfach nichts.

Sie benötigen das Hintergrundwissen. Wegen der Erfolgserlebnisse und so ... Aber diesmal wegen Ihrer!

Weil es sich lohnt!

Nein, meine Suppe eß ich nicht!
Das Arbeitsverhalten des Pferdes im Training ist nur Teil eines weitaus größeren Bildes. Jeder Ungehorsam, jedes unerwünschte Verhalten ist entweder die direkte Reaktion auf ein alle anderen überlagerndes Motiv oder das Endprodukt einer Kettenreaktion, die durch dieses Motiv oder mehrere ausgelöst wurde. Wenn Sie nicht lernen, die Ursachen zu lokalisieren, wird Gehorsam zum Zufallstreffer.

Der integrierte Logik-Trainer

Ich habe noch zwei Nachrichten für Sie ...

1. Im Gegensatz zu Salvador Dali, dem schwerlich eine „normale" Logik attestiert würde, ist unser Puzzle absolut logisch.
2. Wir haben alle in unserem Kopf einen (leider meist brachliegenden) Logik-Trainer. Sie müssen nur die ersten Steinchen zusammensortieren. Sobald das Muster klar wird, erledigt er selbständig den größten Teil der Arbeit für uns.

Abstrahiertes Denken sowie die Fähigkeit, Parallelen zu entdecken, trainieren wir von Kindesbeinen an. Diese Routine zahlt sich jetzt aus; einmal erkannte Gesetzmäßigkeiten lassen sich auf das Reiten transferieren. Höchstwahrscheinlich fallen Ihnen beim Lesen mehr Beispiele ein, als Ihnen lieb ist. Zum Schluß tickert der Computer nur so. Bis man meint, daß einem gleich der Schädel platzt, und sich fragt, warum – zum Kuckuck – man nicht schon früher darauf kam.

Wenn Sie so weit sind, sehen Sie auch sich selbst und wissen, wo in diesem Moment *Sie* stehen. Sie sind nämlich kein gewöhnliches Puzzlestück, sondern ein Joker. Ein Joker, der sich an verschiedenen Stellen aufzuhalten vermag. Und erst wenn Sie Ihre genaue Position kennen, sind Sie imstande zu beurteilen, welche Möglichkeiten für Sie persönlich in Frage kommen, um Ihr Pferd zu motivieren.

Tut mir leid, wenn ich es nicht deutlicher auszudrücken vermag. Doch was einer Ellen Graepel, einer Isabell Werth oder einem Franke Sloothaak möglich ist, muß nicht unbedingt auch für Sie die optimale Lösung sein.

Zumindest nicht sofort!

Denn wenn Sie so weit sind, ist weder der Gehorsam Ihres Pferdes noch seine Arbeitsmotivation länger ein Problem für Sie. Die können es nämlich. Das Motivieren.

ELLEN GRAEPEL
„Ich habe oft Reiter zur Ausbildung, die meinen, in einem Kurs zur Doma Vaquera würde nach drei Tagen gleich Piaffe oder Passage geritten – obwohl ihre Pferde noch nicht einmal imstande sind geradeaus zu laufen, geschweige denn, sich auf die Hinterhand zu setzen. Also: Es muß die Grundausbildung da sein, und die muß konsequent herangebildet werden ..."

Die Leistung des Pferdes

Lieben wir das Pferd wegen der Eigenschaften, die es anbietet, und nicht um der Träume willen, die wir auf das Tier projizieren. Das hat es nicht verdient: weder menschliche Sentimentalität, noch Brutalität, noch Gedankenlosigkeit – dafür um so mehr Respekt vor seiner Persönlichkeit und qualifizierte Behandlung.
Das ist der Bonus, den das Pferd dem Reiter mit seiner Leistung honoriert.

Einige lieben es rasant, andere mehr elegant, aber Leistung wird dem Pferd grundsätzlich abverlangt.

Arbeit ist Leistung!

„Je vollendeter die Ausführung, desto leichter das Pferd, das unter dem Hauch des Stiefels vibriert, sein Gebiß kostet, sich eifrig in der Hinterhand und zartfühlend im Maul zeigt."

Philippe Karl, Reiter des Cadre Noir in Saumur, aus „Hohe Schule mit der Doppellonge"

Mal etwas anderes: Können wir uns ein wenig über die Leistung Ihres Pferdes unterhalten?

Sie meinen, das wäre nicht unbedingt notwendig?

Erstens wüßten Sie ohnehin, was Ihr Pferd kann – besser gesagt können sollte; zweitens wären Turniere im Moment wohl nicht die Frage, und drittens wollten Sie endlich wissen, wie das mit der Motivation weiterginge? Und wenn es schon sein müsse, das verflixte Puzzle hinter sich bringen?

Könnte es sein, daß Sie da einem kleinen Irrtum unterliegen? Kommen Sie, drei Seiten, dann können Sie entscheiden, ob wir es uns wirklich leisten können, das Thema „Leistung" zu übergehen. Einverstanden?

Was also zeichnet die Leistung des Pferdes aus?

Der Begriff wird allgemein und in vielfacher Zusammensetzung benutzt, aber er definiert weder Umfang noch Art der geforderten Arbeit exakt. Verschiedene Reit- und Fahrweisen stellen unterschiedliche Anforderungen mit unterschiedlicher Zielsetzung und Trainingsplanung. Entsprechend unterschiedlichen Kriterien ist auch die

Bewertung der Leistung unterworfen. Von den offiziellen Prüfungen der einzelnen Klassen abgesehen, ist die Auslegung sogar subjektiv. Hohe oder niedrige Erwartungshaltung, turniersportliche Ambitionen oder das Fehlen derselben bestimmen zusätzlich die Interpretation.

Im Dienste des Menschen ist das Pferd ein Arbeitstier geblieben; im Wettkampf werden ihm – seinem Niveau gemäß – Höchstleistungen abverlangt. Zwar hat sich die Belastung geändert, die Arbeitsanforderung erfolgt meist nur kurzfristig, dafür intensiv. Die Ansprüche steigen, wobei die Meßlatte an der jeweiligen Spitzenklasse angelegt wird.

An dieser Spitzenklasse richtet sich der Wert des Pferdes aus!

Ein nicht unbeträchtlicher Teil der gesamten Reitsportindustrie lebt ausschließlich von der Steigerung dieses Leistungspotentials – und er lebt gut davon.

Leistung, darüber müssen wir uns im klaren sein, fordert der Mensch prinzipiell jedem Pferd ab, sobald er sich draufsetzt, es anspannt oder an der Hand arbeitet.

Dabei weist der Grundbegriff weniger Unterschiede auf, als auf den ersten Blick ersichtlich. Naserümpfen gilt nicht! Abfällige Äußerungen, ohne fundierte Begründung, wirken schnell lächerlich.

Alles Gefühl!

„Echtes Reiten verlangt immer das möglichst restlos aktivierte Gefühl des Menschen. Dabei spielt es keine Rolle, welches Ziel sich der Mensch für sich und sein Pferd gesteckt hat. Der hervorragende Springreiter benötigt es genauso wie der Dressurreiter, und ohne wird auch der nicht auskommen, der nur seine freien Stunden zu einem Spazierritt verwendet, dabei aber diese genußvoll im Sattel seines Pferdes verbringen möchte."

Brigadier Kurt Albrecht, 1974–1985 Leiter der Spanischen Reitschule Wien, international gefragter Richter und Ausbilder, aus „Reiterwissen"

Der unvergessene Literat Erich Kästner hat natürlich auch für dieses Töpfchen den passenden Deckel und derartigen Dünkel hintergründig auf die Schippe genommen:

„Hier, wo ich stehe, sind wir Bäume,
die Straße und die Zwischenräume
so unvergleichlich groß und breit.
Mein Gott, mir tun die armen Bäume
am Ende der Allee entsetzlich leid!"

Selbstverständlich gibt es gemeinsame Nenner, weil es den gemeinsamen Faktor Pferd gibt! Es handelt sich immer um das Zusammenspiel des Reiters mit einem hochentwickelten, hochspezialisierten Lebewesen, mit einem Pferd.

Der Mensch fragt, und das Tier antwortet

Das Pferd ist unfähig, sich zu verstellen: Gesichtsausdruck und Körpersprache signalisieren die gesamte Gemütsverfassung und verraten jede Disharmonie. Ausschlaggebend für die Bewertung der Leistung ist die Meisterschaft, das Können, das Verschmelzen zu einer Einheit. Dieses Charakteristikum ist für jede Disziplin in seiner Ausführung bindend.

Je feiner das Pferd ausbalanciert ist, je sensibler es auf minimale, nahezu unsichtbare Anweisungen reagiert, desto ästhetischer ist das Bild. Das Pferd soll den Hilfen ohne Zwang entsprechen, elastisch, schwungvoll, mit sichtlicher Einsatzbereitschaft, aber dabei immer gehorsam bleiben.

Einen besonderen Höhepunkt der klassischen Reitkunst beschreibt das französische Wort *légèreté*. Es bedeutet soviel wie Leichtigkeit, aber auch Losgelassenheit und Durchlässigkeit. Absolute *légèreté* kennzeichnet die Zeitspanne höchster Versunkenheit, in der das ausgebildete Pferd die geringstmögliche Kraftentfaltung des Reiters flüssig in

JEAN-CLAUDE DYSLI: „Ich will keine Pferde abrichten, damit sie funktionieren. Für mich steht das Individuum Pferd an erster Stelle. Man muß sie nach dem Belohnungsprinzip erziehen."

Légèreté

Von Richard Hinrichs habe ich die Bestimmung des Begriffs légèreté. Sein schwarzer Lipizzaner zeigt mustergültige Piaffe, Passage bei tief gebeugten Hanken, Galopp-Pirouetten einfach oder zweifach – je nach Belieben. In einer sauberen Trittfolge und scheinbar mühelos.

Auch Jean-Claude Dysli, Nestor des europäischen Westernreitens, der sich unmißverständlich von Auswüchsen im modernen Western-Turniersport distanziert, hat keine Probleme, klassische Ausbildungs-Richtlinien und Westernreiten unter einen Hut zu bekommen: Ausbildung bei der Schweizer Kavallerie, 4 1/2 Jahre Lehre in einem Westernstall in den Vereinigten Staaten sowie mehrjährige Verhaltensstudien an wildlebenden Mustangs in Nevada. Beide reiten keine Turniere. Was sind sie nun: Freizeitreiter? Leistungsreiter? Wo ist der Unterschied, wenn die Leistung ein so hohes Niveau zeigt?

die verlangte Bewegung umsetzt. In der das Pferd fast auf Gedankenübertragung zu reagieren scheint.

Unbelastet von Dogmen und Vorurteilen wächst jede perfekte Darstellung zur Kunst. Wir entdecken Stilisten, Athleten, Kraftpakete ...

Tänzerisch anmutende Übergänge zwischen den Gangarten einer Dressur lassen sich nicht vergleichen mit dem gelassenen, kräfteschonenden Jog des Westernpferdes oder der Brisanz und Aktion eines Stechens in einem schweren Springparcours. Bei einem Militarypferd, das sich über die irritierendsten Hindernisse katapultiert, beeindrucken andere Bilder als bei einem Absolventen der klassischen Hohen Schule, der rasanten Fußfolge des Gangpferdes oder einem fein aufeinander abgestimmten Gespann.

Harmonie ist weder an eine bestimmte Schulung noch an eine Züchtung gebunden. Jede Pferderasse offenbart ihre Schönheit in eigener Weise: Reflexe, die sich auf einer prallen Hinterhand brechen, plastisch hervortretende Muskelstränge unter feiner Haut, ein typisch aufgesetzter Hals, aufmerksam vor und zurück spielende Ohren.

Die schönste Definition für Durchlässigkeit, Versammlung und höchste Konzentration: *„Der Reiter fühlt sich wie auf einem Ball, der sich in jede beliebige Richtung rollen läßt“*, drückte es Renate Ettl in einem Artikel im „Pegasus“ aus.

Definition der Leistung

Um die Leistung des Pferdes definieren zu können, ist ein allen Disziplinen und Nutzungsarten gemeinsames Kriterium erforderlich: *In Übereinstimmung mit seinem Reiter muß das Pferd dessen Wünschen nicht nur entsprechen können, sondern es auch wollen!*

Dieser Fakt gilt vom Freizeit- bis zum Spitzenreiter jeglicher Reitweise! Die befriedigende Ausführung reiterlicher Hilfen ist immer eine Mischung aus Qualifikation, also „Fähigkeit“, und Motivationsstärke, zusammengefaßt als Leistung.

Tja, damit wären wir wieder bei der Motivation.

Leistung und Motivation lassen sich nicht voneinander trennen. Denn die Motivation des Pferdes ist ja das Hinführen des Tieres zu seiner bestmöglichen Entfaltung. Man darf Leistung nur nicht mit Turnierschleifen verwechseln. Obwohl das eine das andere selbstverständlich nicht ausschließt.

Die Leistung des Pferdes – das ist unser Puzzle.

Und Sie, als Reiter, kommen darin vor.

Ein Crash-Kurs in Frustration

„Das Reiten ist deshalb eine ernste Sache, weil es auf dem Rücken eines Lebewesens geschieht. Nichts sonst an der Reiterei verpflichtet zu tiefem Ernst."

Horst Stern, aus „So verdient man sich die Sporen"

Spaß beiseite. Die folgenden Kapitel sind wichtig. Nehmen Sie sie bitte ernst. Sehr ernst sogar. In Ihrem eigenen Interesse.

Sie müssen Gespür dafür entwickeln, wo überall sich ein Ansporn zum Ungehorsam für Ihr Pferd verbirgt. Versteckte Belohnungen überwiegen oft die Angst vor Strafe, weil sie biologische Bedürfnisse befriedigen. Biologische Bedürfnisse, das wissen Sie, zählen zu den stärksten Auslösern überhaupt.

Sie müssen ebenfalls Gespür für Blockaden entwickeln. Schmerz wirkt immer negativ, ebenso wie Überforderung jeglicher Art, sei es physisch oder psychisch. Bei Streß als Dauerzustand sind die Folgen einfach fatal. Da sich Pferde aber nicht durch Worte artikulieren, muß der Reiter Körpersprache und Gesichtsausdruck interpretieren können.

Pferde als Flucht- und Beutetiere leiden stumm. Ein Beutetier, das Schmerz durch Stöhnen oder Schreien Ausdruck verleiht, könnte seinen Jägern ebensogut eine schriftliche Einladung schicken. Um so wichtiger ist es für den Reiter, die stumme Sprache seines Pferdes verstehen zu lernen.

Ein Teil dieser Negativformen bildet sich in den *Arbeitsinhalten,* also während des Reitens. Wie Sie mit Ihrem Pferd umgehen, was Sie ihm abverlangen. Andere resultieren aus dem *Arbeitsumfeld,* einem Bereich, dem häufig zu wenig Aufmerksamkeit geschenkt wird. Haltungsbedingungen, zum Beispiel.

JOCHEN SCHUMACHER: Leiter des FS-Testzentrums Reken: „Ich frage mich so oft, warum Pferde keinen Schmerzlaut haben. Warum können sie bloß nicht ‚aua' sagen?"

Ich fürchte, Ihnen werden die Augen übergehen, wenn Sie darauf kommen, wie viele verschiedene Auslöser es für negative Arbeitseinstellung, Arbeitsverweigerung und Konzentrationsmangel Ihres Pferdes gibt. Ursachen übrigens, die uns aus unserem menschlichen Umfeld nicht nur durchaus verständlich sind, sondern gegen die wir lauthals protestieren würden. Und mit Recht.

Sie müssen vor allen Dingen eines lernen: richtig zu fragen!

Denn Sie müssen als Reiter für Ihr Pferd um die Ecke denken können!

Warum, warum, warum – wer nicht fragt, bleibt dumm!

Die Crux mit uns Erwachsenen ist, daß wir das Fragen verlernt haben. Ein Geschick, das wir als Kind – zumindest bis zur Einschulung – in Perfektion beherrschten. So perfekt, daß unsere Eltern froh um jede Verschnaufpause waren.

„Provoziere keine Widerstände, fordere keine Widersetzlichkeiten heraus."
P. u. W. Hölzel/M. Plewa, aus „Profitips für Reiter"

Von Moni Meier auf Liese im Anfängerunterricht bis Isabell Werth auf Gigolo im Grand Prix: Leistungsbereitschaft und Arbeitsmotivation sind Bestandteile jeder Ausbildungsstufe. Und auf jedem Niveau greifen dieselben leistungsbestimmenden Faktoren. Bei Reiter und Pferd.

Erinnern wir uns an diese vergessene Fähigkeit. Es gibt zwar sehr viele dumme Antworten – aber nur wenige wirklich dumme Fragen. Am dümmsten sind die, die nicht gestellt werden.

„Das Wesentliche in der Reitkunst", befand der 1904 verstorbene Alexis l'Hotte, eine der Reiterpersönlichkeiten Frankreichs, *„besteht darin, die Fehler wegzulassen. Dann ergibt sich alles wie von selbst."*

Fragen Sie, suchen Sie nach Fehlern. Das Wissen um Störquellen und was daraus entstehen kann, ist der Schlüssel zur Leistung und Arbeitsmotivation Ihres Pferdes. Der Grund dafür ist einfach: Alles, was sich an Frustration im Vorfeld vermeiden läßt, kann sich nicht negativ auswirken. Es kann Ihnen keinen Strich mehr durch die Rechnung ziehen.

Dieses Wissen, das in sämtlichen hippologischen Werken verstreut zu finden ist, fließt in die Arbeit erfolgreicher Reiter fast selbstverständlich mit ein. Auf etliche Meter Literatur verteilt, lassen sich die Fakten ohne weiteres überprüfen.

Jede sportliche Leistung – zu der zählt die des Reiters und natürlich auch die des Pferdes – wird durch ganz bestimmte Faktoren und Fähigkeiten beeinflußt. Die so eng ineinander verzahnt sind, daß sich Störungen – gleich, wo sie entstehen – unweigerlich auf die gesamte Leistung auswirken.

Warum es für das Pferd noch keine Zusammenfassung dieser Faktoren gibt, weiß ich nicht, denn für menschliche Athleten existieren ähnliche Aufstellungen schon längst. Für den Reiter übrigens auch.

Sei's drum, diese leistungsbestimmenden Faktoren gelten für jedes Ausbildungsniveau, der einzige Unterschied liegt in der Höhe der Anforderungen. Doch auf jeder Stufe ist Leistungsbereitschaft und Arbeitsmotivation ein fester Bestandteil der Leistung.

Darüber hinaus gibt es eine Motivations-/Leistungskurve. Auch sie ist auf jedem Niveau gültig und zeigt, in welchem Motivationsbereich eine optimale Leistung zu erwarten ist.

Die Motivations-/Leistungskurve

„Angst ist ein Risikofaktor, der nicht nur dich, sondern auch dein Pferd verunsichert und Gefahren geradezu heraufbeschwört."
Dr. Wolfgang Hölzel, aus „Mentales Training für Reiter"

Unter- wie Übermotivation führen zu absinkender Leistung!

An dieser Feststellung ist nicht zu rütteln. Ein Fakt, der übrigens nicht nur für den Reiter oder das Pferd gilt, sondern für jede andere Leistung auch. Untermotivation wäre, zum Beispiel, Langeweile, Schmerz, Schwäche, Frustration; Übermotivation dagegen Angst, Verkrampfung oder extremes Bemühen, seine Aufgabe möglichst gut zu machen, Fehler um jeden Preis zu vermeiden.

Leistungskurve zur Motivation

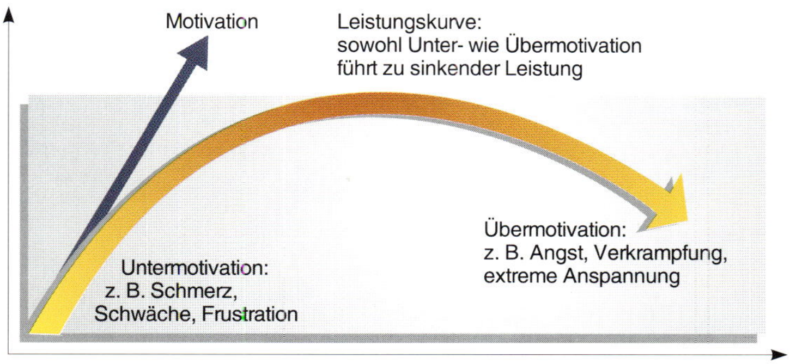

Die Leistung steigt zunächst mit der Motivation an. Bei weiter wachsender Motivation sinkt sie wieder ab. Wird die Grenze der physischen oder psychischen Belastbarkeit überschritten, wirkt die Anspannung kontraproduktiv.

in Anlehnung an R. W. Strobe/G. H. Strobe, „Motivation", Arbeitshefte Führungspsychologie

Resümee: Ob Ihr auschlaggebendes Motiv, als Reiter, nun profaner Ehrgeiz, Leistungsdenken oder die Harmonie mit dem Pferd ist, an der Motivations- bzw. Leistungskurve (das eine bedingt das andere) kommen Sie nicht vorbei. Diesen Sachverhalt zu leugnen hieße, die gesamte Motivationspsychologie auf den Kopf zu stellen. Ein Versuch, dem herber Protest von kompetenter Seite gewiß wäre.

Wenn Sie wissen, *wie*, wenn Sie die Leistung Ihres Pferdes gezielt beeinflussen können, kriegen Sie seine Motivation geschenkt. Oder umgekehrt. Leistung ist mit Arbeitsmotivation, mit Leistungsbereitschaft, untrennbar verbunden.

Gewalt und Zwang kann – schon rein logisch – nicht die optimale Lösung sein. Weil man bestenfalls in einem Bereich der Übermotivation arbeitet. Vorausgesetzt, es klappt überhaupt.

Jochen Schumacher
„Zwang ist nicht der richtige Weg: Angst vor Schmerz oder Strafe bewirkt lediglich Streß. Auch wenn das Pferd die Aufgabe ausführt, es lernt nichts daraus. Wie Menschen sind Pferde unter Streß nicht imstande zu lernen."

Ein Grobraster für unser Puzzle

Meine erste Aufgabe bestand also darin, Erkenntnisse aus der allgemeinen Sportlehre auf das Pferd abzuleiten. Nun ist es mit der Übersicht allein nicht getan. Denn Sie müssen verstehen, was sich hinter den einzelnen Begriffen verbirgt, was damit verknüpft ist.

Das ist gar nicht so einfach, wie es sich anhört; die Zeiten haben sich geändert. Wir haben den selbstverständlichen Umgang mit dem Pferd verlernt. Und im Reitunterricht beschränkt sich die Ausbildung fast ausschließlich auf die Technik der Hilfengebung und eine korrekte

Körperhaltung. Aber das ist zuwenig. Viel zuwenig, um ein guter Reiter zu werden. Viel zuwenig, um sich in die Denkmuster des Pferdes hineinzuversetzen. Vor allem viel zuwenig, um fatale Fehler zu vermeiden.

Deswegen müssen wir ein wenig weiter ausholen.

Keine Angst: Sie brauchen und sollen nichts auswendig lernen. Viel wichtiger ist Ihr Verständnis für die Zusammenhänge. Fakten am laufenden Band sind die Domäne des jeweiligen Fachbuches. Die können Sie später nachlesen, wenn Sie wollen.

Deswegen werden wir in jedem Kapitel nur wenige Punkte unter die Lupe nehmen. Sie geben in etwa die Richtung vor, in der negative Auslöser liegen könnten. Ob gerade das in Ihrem Fall zutrifft, können nur Sie selbst beurteilen. Aber wenn es Ihnen auch nur einen Denkanstoß gibt, eine eventuelle Schwachstelle auszuloten, ist der Sinn erfüllt.

Einige der aufgeführten Beispiele sind so selbstverständlich, daß

HGW

Die Springlegende braucht kaum vorgestellt zu werden. Berühmt wurde Hans Günter Winklers Ritt auf Halla bei der Olympiade 1956, als die Stute, trotz ihres verletzten und unter starken Medikamenten stehenden Reiters, eine Goldmedaille ersprang.

In den Sprung setzen?

Auf die Frage, was er davon hielte, Pferde „in den Sprung zu setzen", um sie vorsichtiger zu machen, antwortete Hans Günter Winkler:

Lieber gymnastizieren!

„Gar nichts. Das Pferd soll wohl Respekt vor dem Sprung haben, aber es darf keine Angst bekommen. Wenn es Angst hat, kann es keine Höchstleistung bringen. Ich habe diese Art der Vorbereitung in meiner Laufbahn noch nie angewandt. Es gibt viele Arten der Gymnastizierung oder Arbeiten mit verschiedenen Distanzen, um Pferde geschmeidiger, schneller im Bein und aufmerksamer zu machen, ohne ihnen die Lust am Springen zu nehmen, die ja eine Voraussetzung für eine harmonische Zusammenarbeit zwischen Reiter und Pferd ist."

bereits ihre Erwähnung überflüssig scheint; einige werden Sie empören. Und wieder andere werden Ihnen möglicherweise unbequem sein.

Bei genau diesen Punkten sollten Sie hellwach werden: Da wird es nicht lauwarm, da wird es heiß. Irgendwo in diesem Umfeld liegt zumindest ein Teil der Lösung, über die sich die Leistung und Arbeitsmotivation Ihres Pferdes verbessern ließe.

Sehen Sie es mir also bitte nach, wenn sich einige Formulierungen in Ihren Ohren provokativ anhören. Hier geht es um das Prinzip von Ursache und Wirkung. Es geht um Verständnis für ineinandergreifende Prozesse. Prozesse, hinter denen jeweils eine riesige Fülle an Einzelinformationen steckt. Es geht um rund 10.000 Seiten Fachliteratur, die auf ein Minimum reduziert wurden.

Einsteins Relativitätstheorie ist als Einstieg in die Physik denkbar ungeeignet und Goethes „Faust" als ABC-Fibel desgleichen. Lassen wir uns Zeit zu verstehen.

Fakten lassen sich nachschlagen – Verständnis so schnell nicht.

Fachbücher lassen sich kaufen – Verständnis nicht.

Sie wollen wissen, wie die Übersicht der allgemeinen Sportlehre aussieht, beziehungsweise die über die Leistung des Reiters? Ja, kriegen Sie auch. Später. Eins nach dem anderen.

Ach, behalten Sie das mit dem stärksten Motiv im Hinterkopf? Und die Geschichte mit der erlernten Hilflosigkeit? Dann ist es gut.

Faktoren der Leistung

„Es müssen viele Faktoren zusammenkommen,
um erfolgreich zu reiten."

Wilfried Gehrmann, Leiter der Landesreit- und -fahrschule Wülfrath, in der „Reiter Revue"

Machen Sie es sich bequem, legen Sie die Beine hoch – und am besten holen Sie sich etwas zu trinken anbei. Mir können Sie auch etwas mitbringen. Das wird ein längeres Gespräch, und ich hab' jetzt schon einen trockenen Hals. Ich soll gefälligst nicht so lange um den heißen Brei herumreden, meinen Sie? Steigen wir also in unser Puzzle ein:

Welche Elemente beeinflussen die Leistung des Pferdes?

Gesundheit! Ein gesunder Körper vermag mehr zu leisten als ein kranker. Keine Frage. Nicht umsonst räumten alle, aber ausnahmslos alle befragten Reiter dem Gesundheitszustand ihrer Vierbeiner oberste Priorität ein!

Zirkuslegende und Dressur-Olympionike

Klaus Balkenhol und Fredy Knie

Sie trafen sich ausgerechnet in der Hochburg qualifizierten Freizeitreitens, im FS-Testzentrum Reken, bei einem Dressur-Seminar – und verstanden sich sichtlich blendend. Unter anderem drehte sich ihr Gespräch um das häufig so schwer vernachlässigte Grundlagenwissen. Sinngemäß war das die Quintessenz der Unterhaltung:

„Die veränderte Stellung des Pferdes im menschlichen Alltag erfordert so manches Umdenken. Früher haben die Leute mit ihren Pferden gearbeitet, sie gepflegt, gefüttert und haben so gelernt, sich in ihre Psyche einzuleben. Heute steht das Pferd in einem Reitstall, und das alte, fundierte Wissen fehlt. Die Leute können vielleicht reiten – aber sie haben kaum Ahnung vom Pferd. Dann geht das Experimentieren los. Wir leben in einem Zeitalter des Experimentierens. Was kann dabei herauskommen außer Experimenten?“

Gesundheit ist gewiß eine der wichtigsten, grundlegenden Voraussetzungen, aber nicht alles. Eine gute körperliche Verfassung allein ist kein Garant für Leistung. Ob das Pferd den Erwartungen seines Reiters entspricht, entsprechen kann, hängt von einigen Faktoren mehr ab.

Treten wir noch einen Schritt von der Bahnsteigkante zurück und beginnen wir von vorne. Da wären

- genetisch bedingte Faktoren des Pferdes,
- Gesundheit des Pferdes,
- Reife und Entwicklung des Pferdes,
- Qualifikation des Pflegers/Stallhalters,
- Leistungsfähigkeit des Pferdes,
- Ausbildung des Pferdes,
- Qualifikation des Reiters/Ausbilders und
- Leistungsbereitschaft und Arbeitsmotivation des Pferdes.

Erst alles zusammen entscheidet über das Niveau der Leistung. Wie gut oder schlecht sie ausfällt. Nur diese acht Punkte müssen wir abklappern. Aber die haben es in sich.

Halten Sie durch. Auch wenn Sie sich zwischendurch fragen, worauf ich eigentlich hinaus will. Sonst brechen Sie immer wieder ein. Warum, möchte ich anhand der erlernten Hilflosigkeit erklären. Dann wissen Sie auch gleich, wie das mit dem Um-die-Ecke-denken funktioniert.

Haben Sie die Versuche mit den Elektroschocks noch im Kopf?

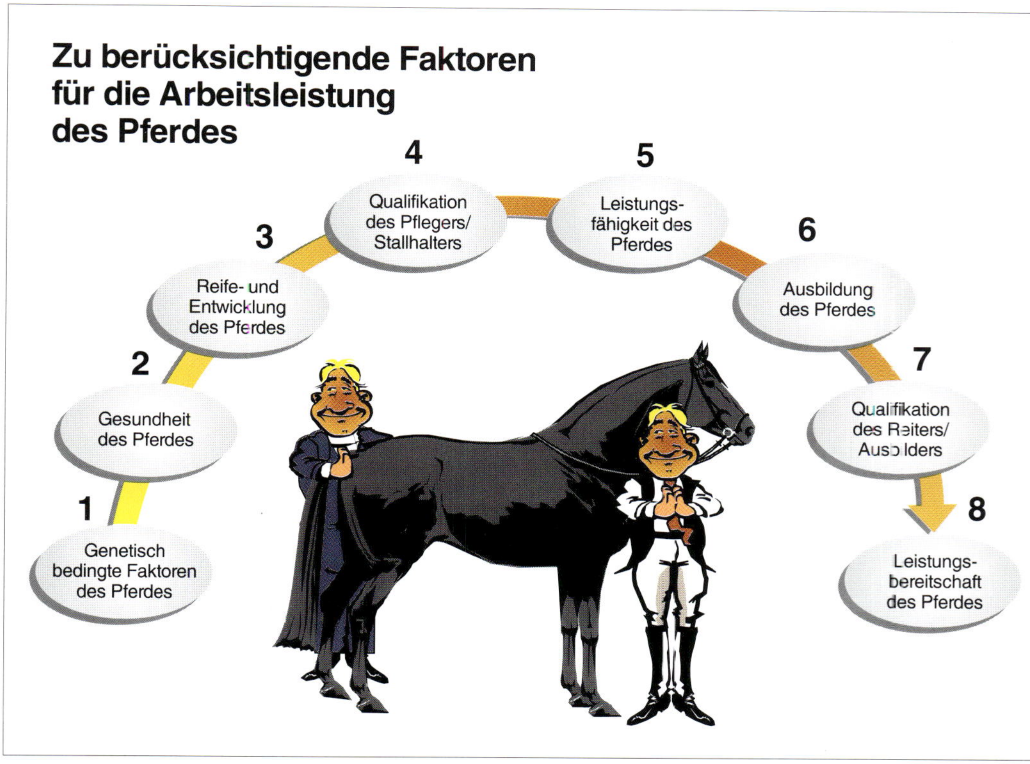

Dann hören Sie sich das einmal an. Das Beispiel ist einfach, sehr geläufig und kommt viel häufiger vor, als man glaubt: ein schlecht sitzender Sattel.

Geritten werden tut weh!

„Viele Reiter wissen erschreckend wenig über das Verhalten ihrer Pferde. Sie können eine Schmerzäußerung des Vierbeiners nicht von reiner Widersetzlichkeit unterscheiden. Mit Hilfsmitteln wie scharfen Gebissen oder falsch angewendeten Hilfszügeln versuchen sie, die Unterordnung zu erzwingen …"
Dr. Karl Blobel, langjähriger FEI-Tierarzt und Equipetierarzt des DOKR, in der „Reiter Revue"

Ein schlecht sitzender Sattel braucht noch nicht einmal Satteldruck zu verursachen. Es reicht schon, wenn er das Gewicht des Reiters nicht gleichmäßig über die gesamte Auflagefläche verteilt.

Nach Aufsitzen des Reiters entsteht unter dem Gewicht an irgendeiner Stelle im Sattelbereich (Rückenmuskulatur, Schulter-, Nierenpartie) ein Spitzendruck. Der Druck verursacht zuerst Unbehagen und dann Schmerzen, auch wenn äußerlich nichts zu sehen ist. Die immer schlimmer werden, je länger das Pferd mit diesem Sattel geritten wird.

So, wie uns ein Stein im Schuh zur Qual wird, wenn wir ihn nicht entfernen können. Oder wie wir ein schweres Gewicht an einer dünnen Schnur auf einer Schulter nur kurze Zeit tragen können. Das gleiche Gewicht in einem gut sitzenden Rucksack mit bequemen, breiten Tragriemen dagegen ist kein Problem.

Dieser permanente Druckschmerz ist für das Pferd also eine anhaltende Begleiterscheinung der täglichen Arbeit. Unser Roß wird aber Ursache und Auswirkung nicht trennen: Das ist der Sattel, da kann der Reiter nichts für ...

Was folglich dabei herauskommt, ist so simpel wie verheerend:

Punkt 1: Sobald der Reiter aufsitzt, tut es weh.
Punkt 2: Der Schmerz hört nicht auf
(durch den Sattel kontinuierlich mit der Arbeit verknüpft).

Resultat: Arbeiten + Reiter = Schmerz.

Der persönliche Erfahrungswert, den das Pferd abspeichert, ist: Geritten werden tut weh!

Logisch?

Ein schlecht sitzender Sattel, der beim Geritten-werden Schmerzen verursacht, führt direkt in die erlernte Hilflosigkeit.

Je nach Charakter, je nach Schmerzgrad oder Empfindlichkeit, versucht das Tier vor dem Schmerz davonzulaufen, oder es buckelt, oder es bricht aus – egal was.

Ist der Reiter nicht in der Lage, Ursache und Auswirkung zu erkennen (weil es als Satteldruck eben nicht offensichtlich ist), und verwechselt er die Schmerzreaktion des Pferdes mit Temperament, Sturheit oder gar Widersetzlichkeit und straft es obendrein auch noch dafür ... dann, würde ich sagen, kriegt er langsam ein Problem.

Zumindest was die Arbeitsmotivation seines Pferdes betrifft. Denn schnell, sehr schnell tritt noch ein Moment hinzu: die Angst. Angst vor dem unverständlichen, unvermeidbaren Schmerz. Und Angst vor dem Reiter.

Merken Sie, wo der Hase im Pfeffer liegt?

Und wie heimtückisch das ist mit der erlernten Hilflosigkeit?

Man muß jetzt nur noch den richtigen Umkehrschluß ziehen, um zu erkennen, wie groß diese verkappte Gefahr tatsächlich ist:

Praktisch läßt sich über jeden x-beliebigen Punkt eine erlernte Hilflosigkeit auslösen!

Schuld können haltungsbedingte Ursachen sein, reiterliche Einwirkung, physische Überforderung aufgrund der Anatomie des Pferdes, aufgrund einer falschen Ausbildung, aufgrund eines unsachgemäßen Trainings, aufgrund, aufgrund, aufgrund ...

Auf wessen Konto die Schuldzuweisung geht, ist letztendlich zweitrangig. Der Reiter muß sich damit auseinandersetzen. Ob es nun seine Schuld ist oder nicht. Glücklich, aber unwissend draufloszureiten ist ungefähr so, als würde man mit zusammengekniffenen Augen durch die Botanik rennen. Das Risiko, die nächstbeste Eiche zu rammen, erhöht sich ungemein. Auf diese Weise kommt man zwar auch zu seinen Sternstunden, bloß eben nicht zu denen, auf die man erpicht ist.

Wenn Sie wieder Luft kriegen – können wir weitermachen?

Die leistungsbestimmenden Faktoren des Pferdes lassen sich grob in drei Gruppen aufteilen:

1. *Grundlegende Faktoren*
   spielen in jedem Bereich eine Rolle
2. *Arbeitsumfeld/Arbeitsvorbereitung*
   umfaßt den gesamten Bereich der Leistungsfähigkeit als Voraussetzung für die eigentliche Arbeitsphase und
3. *Arbeitsinhalte*
   Hier wird die Kommunikation zwischen Reiter und Pferd in die technische Ausführung umgesetzt.

Und wenn Sie alles richtig machen, Ihre Fähigkeiten und die Belastungsgrenzen Ihres Pferdes berücksichtigen, kommt am Ende die Leistungsbereitschaft Ihres Vierbeiners heraus.

Deswegen ist es so wichtig, alles zu hinterfragen. In Ihrem eigenen Interesse. Habe ich Ihnen doch schon vorhin gesagt.

Franke Sloothaak
„Erfolg ist kein Zufall, sondern das Ergebnis professioneller Arbeit. Wenn ich etwas erreichen will, muß ich sehr gradlinig, konsequent und mit einem guten Aufbau daran arbeiten."

Grundlegende Faktoren

Aber wer versteht, der liebt, bemerkt und sieht auch ... Je mehr Erkenntnis einem Ding innewohnt, desto größer ist die Liebe ... Wer meint, alle Früchte würden gleichzeitig mit den Erdbeeren reif, versteht nichts von den Trauben.

Paracelsus, nach Erich Fromm, aus „Die Kunst des Liebens"

Punkt 1: Genetisch bedingte Faktoren

„Man soll sogar ein Pferd zu keiner Schule zu zwingen begehren, zu welcher es von Natur keine Neigung hat."

William Cavendish, Duke of Newcastle (1592–1676), aus „Die Reitkunst im Spiegel ihrer Meister"

Die Frage, warum eine Monica Theodorescu nicht Henry Maske Konkurrenz macht oder ein Jochen Schumacher nicht à la Nurejew über die Ballettbühne schwebt, ist müßig.

Wenn Sie Begabung und Lust zum Reiten haben, wäre es doch selten dümmlich, Sie ausgerechnet zum Kugelstoßen zu zwingen.

Bei der Veranlagung des Pferdes ist es ähnlich:

- Entweder Sie kaufen sich ein Pferd, das das, was Sie reiten wollen, anbietet oder
- Sie reiten das, was das Pferd anbietet.

Mehr Möglichkeiten gibt es nicht.

RICHARD HINRICHS
„Eine harmonische Ausstrahlung von Pferd und Reiter kann man nur erwarten, wenn der Reiter den natürlichen Anlagen des Pferdes entspricht und sie sich für seine Zwecke nutzbar macht."

Kraftpaket oder Eleganz?

Äußeres Erscheinungsbild und Psyche jeder Pferderasse werden auf die Anforderungen gezüchtet, die an das Tier gestellt werden. Die Weichen für seinen Einsatzzweck werden durch genetisch bedingte Faktoren gestellt. Erbanlagen lassen sich ausnutzen, verfeinern, bis zu einem gewissen Grad steuern – verändern lassen sie sich nicht.

Ein schweres Zugpferd ist kein Rennpferd, das ist auch nicht seine Aufgabe. Das Gebirgspferd muß trittsicher, darf aber nicht schreckhaft sein. Ein schreckhafter Haflinger fände sich sehr schnell in äußerst unschöner Verfassung am Grund der nächsten Schlucht wieder. Zumindest in seiner ursprünglichen Heimat Tirol. Und der berühmte „Cow-sense" des Rinderpferdes wäre beim Spring- oder Dressurpferd so überflüssig wie ein Kropf.

Über rassespezifische Eigenschaften hinweg vererben einige Hengste und Stuten ihr individuelles Talent jedoch so nachdrücklich über Generationen hinweg, daß es mühelos verfolgt werden kann – auch in der Anpaarung mit anderen Rassen: Spring- oder Dressurveranlagung, Schnelligkeit, aber auch bestimmte Gangarten wie Tölt oder Paß, die genetisch fixiert sind.

Auf die jeweilige Vererberqualität wird peinlich genau geachtet. Für Springen und Dressur, in Frankreich auch für Traber und Galopper, soll der BLUP (Best Linear Unbiased Predictor), ein Zuchtwertin-

Zwar gibt es Kaltblutrennen, sogar unter dem Dressursattel machen einige der liebenswerten Dicken eine überraschend gute Figur, aber ihre eigentliche Stärke ist ihre gewaltige Kraft. Darauf wurden sie seit Jahrhunderten gezüchtet.

dex, möglichst genaue Vererbungsvorhersage ermöglichen. Auch Leistungsprüfungen dienen diesem Zweck.

Die Rechnung kann aufgehen, muß aber nicht. Aller Statistik zum Trotz gibt es mindestens ebenso viele Beispiele, in denen nur mäßig indizierte Hengste hochbegabte Pferde zeugten – oder umgekehrt.

Zwar begrenzen Selektion und Zuchtauswahl den Einsatzbereich des Tieres, doch im Rahmen seiner Möglichkeiten spielt die natürliche Begabung eine erhebliche Rolle. Nicht wenige Pferde schlagen dabei den hoffnungsvollen Plänen ihrer Besitzer ein Schnippchen und entwickeln ihr Geschick in recht eigenwilliger Weise.

Springt Pferd oder springt Pferd nicht?

„Die untrainierte Kuh auf der Weide springt 1,20 m. Und das Pferd sollte nicht leicht über 1,40 m springen? Tut es das aber nicht, kann der Mensch ganz gewiß den Schluß ziehen, daß er es nicht verstanden hat, seinem Pferde die Freude daran zu vermitteln."
Aus Wilhelm Müselers „Reitlehre"

Die schönsten Geschichten darüber bietet wohl das Springen. Und weil das Thema „Veranlagung" so einleuchtend ist, begnügen wir uns mit diesem Beispiel.

Laut landläufiger Meinung springt kein Pferd freiwillig. Die Behauptung wird mit einer Reihe wissenschaftlicher Untersuchungen gestützt, unverdrossen den Springreitern unter die Nase gerieben und stempelt diese damit zu Tierquälern. Die so Gescholtenen wissen es entweder besser und lächeln leise oder ziehen den Kopf ein.

Selbstverständlich kann Springen Tierquälerei sein. Andererseits: welche Nutzung des Pferdes kann das nicht?

Zwar stimmt die Beobachtung überwiegend (daß Pferde nur selten solo springen). Die meisten respektieren Grenzen, die durch Zäune oder Ähnliches gesetzt werden, obwohl sie durchaus in der Lage wären, diese zu überwinden. Aber das ist kein Lehrsatz.

Dummerweise halten sich einige Pferde auch absolut nicht an die Abmachung (vielleicht hat sich das bei ihnen noch nicht herumgesprochen) und suchen mit raschem Sprung das Weite: ohne Not, aus schierer Langeweile, Übermut, Neugierde, weil das Gras auf der anderen Seite des Zaunes grundsätzlich saftiger schmeckt oder eine fesche Stute einem Hengst den Kopf verdreht.

Dabei meistern die Akrobaten, ihrer Größe entsprechend, beachtliche Höhen. Sehr zum Leidwesen der Besitzer, die ihr wanderfreudiges Roß anschließend wieder einsammeln dürfen.

Wissenschaftliche Untersuchungen des Institutes für Biomechanik der Ruhr-Universität Bochum lassen übrigens vermuten, daß die Doktrin ins Wanken geraten ist. Unter der Leitung von Prof. Dr. Preuschoft kam eine Arbeitsgruppe zu der vorsichtigen Schlußfolgerung, daß die Anatomie des Pferdes eine Sprungveranlagung nicht ausschließt. Ein Auszug aus diesem Artikel, der in der „Freizeit im Sattel" erschien:

„... *Es erweist sich, daß der Durchmesser der Wirbelsäule ... an jeder Stelle genau den höchsten Kräften proportional ist, die wir für springende Pferde errechnet haben. Das gilt nur für den Rumpf, während die Halswirbelsäule weit höhere Festigkeit aufweist, als aufgrund dieser Betrachtung nötig erscheint. Aus diesem Befund kann man übrigens die Folgerung ableiten, daß Pferde durchaus für das Springen geschaffen sind.*"

Weder Größe noch Abstammung bilden verläßliche Richtlinien.

Holger Hetzels kleiner „Gipfelstürmer" erlaubt keinen Vergleich mit Willi Melligers „Calvaro". Immerhin bringt der weiße Riese ein Gardemaß von 1,85 m Stock und braucht auf jedem Turnier gleich zwei Boxen, um sich richtig recken und strecken zu können.

Ghazi, der springfreudige Araberhengst im Zirkus Knie, sprang mit derselben Begeisterung über eine hingehaltene Gerte wie über „Hindernispferde". Zahlreiche Springpferde führen Traberblut in ihren Adern – übrigens entstammte die legendäre Halla ebenfalls der Liaison eines Traberhengstes mit einer Vollblutstute (nebenbei bemerkt, auch ihr wurde nachgesagt, daß sie mit der Wahl ihrer Koppel nicht immer einverstanden war und diesen Zustand zeitweise selbständig behob). Ob Wunderschimmel Milton, For Pleasure, Libero H – ohne innere Bereitschaft lassen sich Leistungen in dieser Klasse einfach nicht bringen.

Desgleichen wurde Walzerkönig ursprünglich als Dressur-Crack

Seit Horst Sterns „Bemerkungen über das Pferd" wurden über die Frage, ob Pferde nun von Natur aus springen oder nicht, hitzige Diskussionen geführt und die Messer gewetzt.

Fredy Knie
bestens bekannt dafür, daß er jede Art von Zwang in der Ausbildung des Pferdes rigoros ablehnt und schmerzhaftes Barren als geradezu vorsintflutlich verurteilt: „... Da habe ich lange mit Horst Stern diskutiert, der ist ja sehr gegen das Springen. Aber ich habe ihm gesagt, daß er nicht recht hat. Ein Pferd springt von Natur, aber es wird nicht springen, wenn es nicht weiß, wo es landet ..."

Von Wunderschimmel Milton hieß es zu Zeiten seiner Bestform, er müsse eigentlich außer Konkurrenz gehen, so ehrgeizig und eifrig arbeitete er mit.

entdeckt. Ein ebenso einfühlsamer wie amüsanter Artikel über den bunten Fuchs berichtete, daß er sich wenig um diese Beurteilung scherte und über alles sprang, was in der Halle stand: Nicht, weil er sollte, sondern aus purer Lust. Karriere machte er dennoch, wenngleich – wie bekannt – als Springheros unter Franke Sloothaak.

Bei dem Interview mit ihm (Franke Sloothaak, nicht Walzerkönig) fragte ich unter anderem, ob die Pferde regelmäßig in einen Paddock kämen. Frankes Antwort kam knochentrocken und wie aus der Pistole geschossen:

„Paddock? Keine Frage, wenn es möglich ist. Ich habe ein ganz anderes Problem: Wie halte ich sie drinnen? Was meinen Sie, was wir schon alles ausprobiert haben!"

Ein Problem, mit dem sich auch nicht wenige Dressurreiter konfrontiert sehen. So viel zu diesem Thema.

Die Belohnung für die Aktivität muß nur stimmen. Wenn der Anreiz hoch genug ist – und damit ist beileibe nicht ausschließlich Angst gemeint –, setzen Pferde auch erworbene oder gelernte Fähigkeiten sehr selbstbewußt ein, um an ihr Ziel zu gelangen.

Die innere Bereitschaft muß dem Exterieur entsprechen

HANS GÜNTER WINKLER
„Man sollte nur ein Pferd im Stall haben, das Spaß an seiner Arbeit hat. Wenn ein Pferd nicht arbeitsbereit ist, ist es für einen Leistungsstall uninteressant; wenn es keine Freude am Springen hat, werden Sie auch keine Höchstleistungen erreichen. Ein starker Reiter kann ein Pferd zum Springen zwingen, aber Zwang allein genügt nicht, um Höchstleistungen zu erzielen."

Analog zum Springen verzeichnet jede Sparte entsprechende Fälle, in denen das Aufgreifen der vom Pferd angebotenen Lektionen überdurchschnittlich gute Ergebnisse brachte – notfalls konträr zum vorgesehenen Einsatz. Besticht ein Pferd durch die Qualität seiner Grundgangarten, beeindruckt ein anderes durch extreme Wendigkeit, Schnelligkeit oder spielerische Demonstration schönster Versammlung.

Die innere Bereitschaft zu bestimmten Tätigkeiten ist eine starke positive Kraft. Findet sie ihre Ergänzung im Exterieur des Pferdes und in einem Reiter, der diese Begabung zu unterstützen und zu erhalten vermag, ist ein überzeugendes Ergebnis zu erwarten.

Umgekehrt führt selbstverständlich ein nicht entsprechendes Gebäude schnell zu Überforderung, damit zu Schmerzen, Verspannung und dementsprechend zu Abneigung und Widersetzlichkeit. Unzulängliche Ganaschenfreiheit, eine zu steile Hinterhand oder zu wenig Schulterfreiheit setzen dem Ehrgeiz des Reiters natürliche Grenzen.

Bei solchen Beschränkungen kann sich der Reiter auf den Kopf stellen; am Sachverhalt selbst ändert das nichts. Außer daß sich die Arbeitsmotivation des Pferdes in den Keller verzieht und schmollt. Nachhaltig. Wie unter Menschen gibt es auch unter Pferden Enten und

Schwäne. Niemand ist vollkommen, und nicht jeder ist dazu ausersehen, im Rampenlicht zu stehen. Auf dem winzigen Siegertreppchen hätten ohnehin nicht alle Reiter Platz. Außerdem sind Enten reizende Tiere.

Spezialisten

„Es werden uns heute auf Reitpferdeauktionen ungeniert dreijährige Pferde als Spitzen-Dressur-, -Spring- oder -Militarynachwuchs angeboten. Von Pferden, die gerade erst angeritten sind, weiß man angeblich bereits jetzt, daß sie sich für große Leistungen in einer ganz bestimmten Spezialdisziplin eignen.
Die Ergebnisse sind selbst im Turniersport sichtbar: Wie viele Springpferde mit zusammengezogenen Hälsen sieht man, die nicht gelernt haben, sich in ihrem natürlichen Gleichgewicht in den drei Grundgangarten auszubalancieren, aber schon Springprüfungen Kl. L und M gehen müssen. Wie viele Dressurpferde kommen nur mit Ach und Krach über einen Gehorsamssprung, haben noch nie Cavalettis gesehen oder sich draußen im Gelände unter dem Reiter frei und ungezwungen bewegen dürfen. Ich behaupte, daß viele Beinschäden von Pferden darauf beruhen, daß sie viel zu früh in eine Spezialausbildung genommen wurden.
Die Grundausbildung des jungen Pferdes hat zum Ziel, das junge, noch ungerittene oder gerade erst angerittene Pferd durch systematisches Training so vorzubereiten, daß eine sichere Grundlage für eine spätere Spezialisierung geschaffen wird. Das kann sich nicht auf die Förderung bestimmter Anlagen beschränken. Die Aufgabe besteht vielmehr darin, die natürlichen Anlagen des Pferdes allseitig zu entwickeln.
Bei dieser Grundausbildung wird sich zeigen, ob das Pferd für eine weitere Ausbildung geeignet ist oder ob es – auch gebäudebedingt – ratsam erscheint, hier bereits die Grenzen zu ziehen. Ebensowenig wie der Mensch ist nicht jedes Pferd zu Höchstleistung in einer Spezialdisziplin berufen ...
Viele Reiter verkrampfen sich, weil sie ihre eigenen Ausbildungsziele und die ihrer Pferde zu hoch ansetzen. In dem Streben nach mehr verpassen sie das eigentliche Glücksgefühl des Reitens und schaden nicht nur sich selbst, sondern vor allem den ihnen anvertrauten Pferden, denen sie Leistungen abverlangen, die das Talent nicht hergibt."

Dr. Reiner Klimke, aus „Grundausbildung des jungen Reitpferdes"

Was ich damit sagen will: Lassen Sie die Kirche im Dorf. Und wenn Sie nun mal so eine Pferde-Ente haben, versuchen Sie nicht, mit Gewalt einen Schwan daraus zu machen: a) klappt das sowieso nicht und b): wenn das Ende der Fahnenstange erreicht ist, ist es eben erreicht. Aus. Schluß. Punkt.

Erfreuen Sie sich lieber an dem, was Ihr Roß selbstzufrieden und eifrig im Rahmen seiner Möglichkeiten leistet. Oder suchen Sie einen Reiter, der sich damit begnügt.

Finden Sie vor allen Dingen heraus, was Ihrem Pferde-Enten-Schwan besonders gefällt. In diesem Bereich sollte der Schwerpunkt seiner Arbeit liegen. Sie haben damit ein ganz ausgezeichnetes Instrument, seine Arbeitsfreude wachzuhalten. Indem Sie ihm viele, viele Erfolgserlebnisse vermitteln können. Viele, viele kleine Freuden. Wie Perlen auf einer Schnur.

Das klappt!

Je vielseitiger das Pferd ausgebildet wird, je größer sein Erfahrungsspektrum ist, desto leichter kristallisiert sich eine bestimmte Neigung oder seine spezielle Begabung heraus. Denn, ob durchschnittlich veranlagt oder hochtalentiert:

Je mehr die Leistungsanforderung dem Talent des Tieres entspricht, um so befriedigender wird das Arbeitsergebnis ausfallen.

Der genetische Code

Ein Pferd ist das Produkt des Klimas und der Scholle, von der es stammt.
Züchterweisheit

Nun lassen sich die genetisch bedingten Faktoren des Pferdes nicht einfach auf die Eignung für einen bestimmten Einsatzzweck beschränken. Es sind recht vorlaute Dinger, diese Erbanlagen, die überall kräftig mitmischen. Wir werden ihnen noch ein paarmal begegnen: in der Gesundheit, in der Haltung, in der Leistungsfähigkeit ... Es gibt kaum einen Bereich, in dem sie nicht ungefragt dazwischenquasseln.

Rassespezifische und individuelle Eigenheiten müssen nicht nur in der Arbeit bedacht werden. Zumindest wenn wir auf einen munteren und leistungsfähigen Mitarbeiter Wert legen.

Bereits das Aussehen des Pferdes verrät, wie die klimatischen Verhältnisse und die Bodenbeschaffenheit seines ursprünglichen Zuchtgebietes aussahen. Jedes Lebewesen paßt sich seiner Umwelt an, so gut es eben geht.

Ein feines und seidiges Haarkleid, wie beim Araber oder Achal Tekkiner, ist nur in Ländern mit extrem hohen Tagestemperaturen und eventuell trockener nächtlicher Kälte angebracht. Im Gegenzug nordische Rassen: Dicke Unterwolle und dachartig wucherndes Langhaar

Ob laufaktiv oder behäbig, ob schreckhaft oder mit der sprichwörtlichen Bierruhe ausgestattet – man hat es oder hat es nicht – Pferd auch. Genetisch bedingte Faktoren lassen sich nicht ändern.

schützen vor eisiger Nässe, Sturm und Schnee; große Hitze vertragen Pferde aus solchen klimatischen Breitengraden allerdings schlecht. Breite Hufe und weiches Hufhorn deuten auf schwere Böden, hohe und steinharte Hufe auf trockene und steinige Böden hin usw.

Zusammengefaßt: Genetisch bedingte Faktoren bilden den höchstpersönlichen Fingerabdruck jedes Lebewesens. Sie machen Ihr Pferd einmalig und unverwechselbar. Sie gehören nicht nur zu Ihrem vierbeinigen Freund wie seine Abzeichen im Fell oder Kastanien an den Beinen. Nein, dieser grauen Eminenz verdankt es seine unverwechselbaren Merkmale erst.

Erbanlagen gehören – wie Gesundheit oder Reife und Entwicklung – zu den grundlegenden Faktoren einer sportlichen Leistung.

Gesundheit ist übrigens ein gutes Stichwort. Es bringt uns ohne großartigen Spagat direkt ins nächste Kapitel.

Punkt 2: Die Gesundheit des Pferdes

„Nur ein körperlich gesundes und psychisch ausgeglichenes Pferd arbeitet kooperativ mit."

Jochen Schumacher

Wir haben also ein Pferd, das von Veranlagung, Aussehen und Wesen genau unseren Vorstellungen entspricht. Das Dumme ist nur, selbst das schönste und beste Vermögen nutzt herzlich wenig, wenn unser Vierbeiner malad ist …

So oder ähnlich begann fast jedes Interview:

ISABELL WERTH
„Gesundheit ist eine Grundvoraussetzung. Viele Probleme, die sich langanhaltend ausbilden, resultieren möglicherweise aus Schmerzen und Verspannungen ..."

Gesundheit bildet das Reservoir, aus dem ein Sportler seine Kraft schöpft. Krankheit und Schwäche lassen sich mit körperlicher Anstrengung nicht vereinbaren!

Jede Krankheit, ob angeboren oder erworben, ist zwangsläufig eine Beeinträchtigung der Leistungsfähigkeit. Weil sie das sonst vorhandene Potential beschneidet. Herzkranke, Asthmatiker, Lungenkranke, Menschen mit Schäden an Knochen, Sehnen, Bändern und Gelenken etc. können Sport – wenn überhaupt – nur eingeschränkt ausüben.

Schon die Vorstellung, mit hochgradigem Asthma oder einem akuten Bandscheibenvorfall ausgerechnet zu diesem Zeitpunkt freiwillig Sport zu betreiben und es auch noch zu genießen, ist einfach absurd!

Bei chronischen Krankheiten überlagert auf Dauer die Angst vor dem auftretenden Schmerz jede ursprünglich vorhandene Bewegungsfreude und führt zu Verkrampfung und Abneigung. Dieser Sachverhalt gilt uneingeschränkt auch für das Pferd.

Doch wo beginnt Gesundheit und wo endet sie? Wie läßt sich dieser Bereich „Gesundheit des Pferdes" erfassen?

Sie beginnt normalerweise (die genetisch bedingten Faktoren lassen übrigens schön grüßen) lange, bevor der Reiter seinen zukünftigen Augenstern das erste Mal sieht. Sie beginnt in der Zucht.

Qualifikation des Züchters

Allein bei Erbanlagen des Pferdes werden über 100 Defekte genannt, von denen einige gänzlich, andere lediglich in der Anfälligkeit für bestimmte Erkrankungen vererbt werden. Der Zuchteinsatz von Tieren mit krankem Erbgut ist unverantwortlich. Diese Vorbelastung ist allzuoft Ursache einer verfrühten Unbrauchbarkeit des Pferdes.

Hier wird an das Verantwortungsbewußtsein des Züchters appelliert. Denn ebenso wie ein schicker Kopf, ein knackiger Po, die überragende Trabaktion oder was sonst immer, vererben sich auch vorhandene Macken. Leider!

Das ist nichts Neues. Kennen wir vom Menschen; kennen wir von uns selbst. „Das Kind ist Vater (oder Mutter) wie aus dem Gesicht geschnitten", heißt es. Die Feststellung betrifft nicht nur Haar- oder Augenfarbe, sondern gleichfalls schiefe Zähne, Sehschwächen, X- oder O-Beine, die Veranlagung zu Hängebusen und Haarausfall.

Nein, natürlich kriegt unser Pferd weder Hängebusen noch Glatze. Sie wissen doch genau, was ich meine ... Allein auf einen schönen Kopf hin zu züchten ist bemerkenswert kurzsichtig.

Einziger Ausweg, um derartige Probleme auszumerzen, ist eine konsequente Stuten- und Hengstauslese. Erbkrankheiten beim Pferd bzw. Erkrankungen, die eine erblich bedingte Komponente aufweisen, sind regelmäßig wiederkehrende Themen auf tierärztlichen Tagungen und Kongressen.

Auf die Frage nach erblich bedingten Krankheiten, an denen Pferdebesitzer herumlaborieren, werden Arthrose, Wirbelsäulendeformierungen, das Sommerekzem oder die berüchtigte Strahlbeinlahmheit (Hufrollenerkrankung, Podotrochlose) an erster Stelle aufgezählt.

In einer Studie über chronische Bronchitis kam Dr. Marti Eliane (Institut für Tierzucht der Universität Bern) zu dem Schluß, daß bei einem erkrankten Elternteil ca. 40 % der Nachkommen ebenfalls daran leiden, bei zwei erkrankten Elterntieren sollen es gleich 60 % sein ...

Sollte da jemandem der eine oder andere nicht ganz unbekannte Vererber einfallen?

Damit den Pferden nicht die Puste ausgeht, brauchen sie viel frische Luft und vor allem gesunde Eltern, wie aktuelle Untersuchungen aus der Schweiz gezeigt haben:

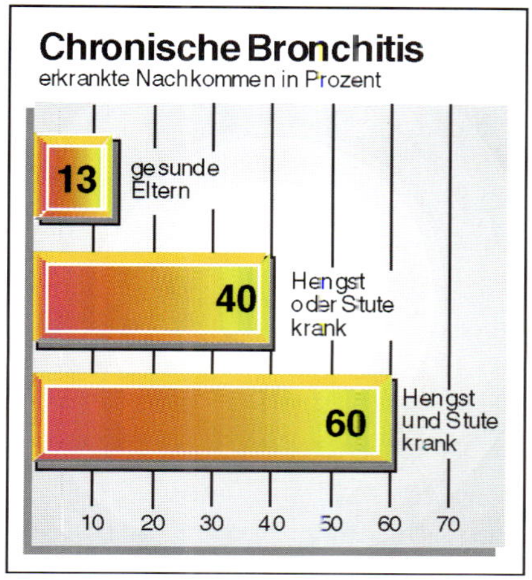

Ein Persilschein ist der Hinweis auf genetische Veranlagung deswegen nicht und noch viel weniger eine kapitale Ausrede.

Denn bis genetische Dispositionen wissenschaftlich anerkannt werden, braucht es jede Menge Akribie: jede Menge Pferde mit nachweislich festgestellten Krankheiten sowie deren genaue Abstammung, ebenso sicher festgestellte Krankheiten der Elterntiere ... und so fort. Die Forschung über Erbkrankheiten des Pferdes steckt teilweise noch in den Kinderschuhen, obwohl eifrig daran gearbeitet wird.

„Weitaus häufiger“, erklärte mir Prof. Hertsch in einem leichten Scharmützel über besagte Hufrollenerkrankung, ob nun genetisch bedingt oder nicht, *„entstehen Krankheiten nutzungsabhängig. Wenn Pferde in einer bestimmten Art und Weise genutzt werden, kann diese Nutzung bestimmte Krankheiten auslösen.“*

Sprach's, drückte mir die wissenschaftliche Publikation „Genetische Disposition von Gliedmaßenerkrankungen bei Reitpferden“ von Dirk Winter in die Hände und setzte mich außer Gefecht.

„Darüber hinaus sind Krankheiten auch von der Aufzucht abhängig“, so Prof. Hertsch resolut, *„Aufzucht hat mit Genetik nichts zu tun, obwohl sie häufig mit ihr in einen Topf geworfen wird.“*

Damit wären wir bei der nächsten möglichen Gefahrenquelle.

Qualifikation des Aufzüchters

Neben den Erbfaktoren beeinträchtigen gravierende Fehler in der Aufzucht den späteren Einsatz des Pferdes.

Unzureichende Bewegung, Licht- und Sauerstoffmangel hemmen die Entwicklung der Lungen, bewirken Durchblutungs- und Wachstumsstörungen. Wohlmeinende, aber qualitativ und quantitativ übertrieben üppige Fütterung oder gar der Griff in die pharmazeutische Trickkiste können diese Fehler nicht aufwiegen.

Im Gegenteil: Die schnelle Gewichtszunahme überlastet das Fundament. Statt kräftige Sehnen, Bänder, Knochen und Gelenke zu bil-

Aktuelle Verschleiß-erscheinungen bei Reitpferden

Wurzel ist oft schon unsachgemäße Fohlenaufzucht:

... Bei vielen Beratungsgesprächen nach Erstellen der Diagnose hören wir nach der Erklärung, daß es sich um gewisse Verschleißerscheinungen handele: „Aber das Pferd ist erst fünfjährig und hat noch nichts getan." Das ist für uns der Beweis, daß von den Beteiligten der Verschleiß immer auf eine unsachgemäße und zu häufige Nutzung zurückgeführt wird ... In Wirklichkeit sind es Prozesse, die in ihrer Anlage schon im Fohlenalter entstehen und in der Kürze der Generationszeit des Pferdes schon in jungen Jahren zu Ausfallerscheinungen führen können. Auch bei normalem Einsatz.

Erschwerend kommen Faktoren hinzu, die für sich allein auch schon negative Auswirkungen auf den Bewegungsapparat der Pferde haben. Dazu gehört in erster Linie die zu üppige Fütterung des Fohlens. Die übermäßige Energiezufuhr, wie sie durch Kraftfuttermischungen erfolgt, führt zu einer mastigen, zu schnellen Zunahme einzelner Körperstrukturen wie etwa der Muskeln, während andere, langsamer wachsende Strukturen wie Knochen und Knorpel nicht so schnell mitkommen. Verbunden mit dem fast überall zu beobachtenden Bewegungsmangel junger Pferde, ganz besonders im Winter, kommt es dann bei bestimmten Bewegungen wie Herumtollen auf der Weide zu punktuellen Überlastungen, zum Beispiel in Gelenken. So treten Knorpelschäden auf, die landläufig als Fütterungsgallen bagatellisiert werden. In Wirklichkeit wird hierbei die Grundlage für den späteren Verschleiß gelegt ...

Dr. Eberhard Schüle, Pferdeklinik Waldhügel, Dortmund

den, wird lediglich massiges Gewicht begünstigt. In der Hauptsache eine Fett- und Wasserspeicherung.

Knochenauswüchse, Knorpelschäden und frühzeitiger Verschleiß der Gelenke finden hier ihre Ursache, Unterversorgung im Mineralstoffbereich bewirkt brüchige Knochen ... Mit diesem Defizit kann selbst hochtalentierten Pferden auf Dauer keine Leistung abverlangt werden. Jugendsünden rächen sich im Alter.

Wer hier einen Vergleich zu Fehlernährung bei Kindern in unserer Fast-Food-Gesellschaft zieht („ ... einmal Pommes mit Majo und Ketchup"), liegt sicher nicht verkehrt. Die Faszination von Glotze und Computerspielen - alles im Sitzen, alles überwiegend in geschlossenen Räumen - unterminiert eine gesunde, natürliche Entwicklung des Kindes mit ausreichend körperlicher Bewegung im Freien.

Resultat sind körperliche wie seelische Defekte: Introvertiertheit, Kontaktschwäche, Haltungsschäden ... die Mängelliste ist lang. Wenn Sie Gelegenheit dazu haben, unterhalten Sie sich einmal mit Schulpsychologen und Medizinern über dieses Thema. Doch zurück zum Pferd:

Erbanlagen und Aufzucht lassen sich im nachhinein nicht mehr korrigieren. Der Zug ist abgefahren. Was sich hingegen beeinflussen läßt, ist der derzeitige Gesundheitszustand unseres Vierbeiners.

Von Unfällen abgesehen sind Krankheiten, die nicht aus Erbdefekten oder unzulänglicher Aufzucht resultieren, entweder nutzungs- oder haltungsbedingt!

Die beiden Möglichkeiten gibt es.

Beide sind gleichermaßen wichtig.

Und beide erfordern Fachwissen und Verantwortungsbewußtsein: sowohl in der Haltung wie in der Arbeitsanforderung an das Pferd.

Qualifikation des Pflegers/Stallhalters Qualifikation des Reiters/Ausbilders

Wo genau letztendlich die Gesundheit des erwachsenen Pferdes ruiniert wird, ist unerheblich. Ein krankes Pferd ist ein krankes Pferd. Da beißt keine Maus einen Faden ab. Ob in der Haltung oder im Beritt: Sorglosigkeit ist schlichtweg unsinnig.

Jede Erkrankung

- kostet einen Ausfall des Pferdes,
- hat langfristig zumindest Konditionsverlust zur Folge.

Häufig tritt eine Anfälligkeit für die Form der Erkrankung ein (etwa bei Hufrehe, Sehnenschäden). Im schlimmsten Fall eine Dauerschädi-

„Das Wissen um den Körperbau und die Lebensfunktionen des Pferdes ist wichtige Voraussetzung für die Gesundheit des Pferdes ... Die überwiegende Zahl der Erkrankungen entsteht durch Fehler in der Haltung und durch Unwissenheit ... Eine emotionale Entscheidung (aus dem Bauch heraus) darüber, was dem Pferd für Leistung und Gesundheit dienlich ist, gleicht einem Lotteriespiel."

Prof. Dr. Bodo Hertsch, aus „Anatomie des Pferdes"

Unten rechts: Der Wahn ist kurz, die Reu' ist lang: Die meisten Krankheiten des erwachsenen Pferdes sind entweder haltungs- oder nutzungsbedingt.

Unten: Ein Pensionsstall, so dunkel, daß zur Mittagsfütterung auch an hellen Tagen das Licht eingeschaltet werden muß.

gung, die die Nutzung erheblich beeinträchtigt oder gar dazu führt, daß das Tier zum Schlachter wandert.

Für den Reiter heißt das, daß er über Bedürfnisse und Belastungsgrenzen des Pferdes sowohl in der Haltung wie im Training fundierte Kenntnisse haben muß! Und zwar erheblich mehr, als sich aus Gesprächsfetzen bei einem Bier aufschnappen lassen.

In der Gesundheit des Pferdes überschneiden sich zwei Kompetenzbereiche. Hier kann es auch zu einem Interessenkonflikt kommen! Zwischen Ehrgeiz des Reiters und Trainingszustand des Pferdes. Oder in Pensionsställen zum Beispiel. Jeder verantwortungsbewußte Stallhalter (von denen es eine ganze Menge gibt) wird mir darin beipflichten: Unaufgeklärte, unkritische Reiter sind bequemer.

Die stellen nämlich nicht so hohe Ansprüche, diese Reiter! Die meckern nicht, diese Reiter! Wie denn auch? Wenn sie gar nicht in der Lage sind, Fehler zu erkennen.

Die sind sogar so entgegenkommend (ganz höflich ausgedrückt), *Tierarztrechnungen für Krankheiten zu bezahlen, die ausschließlich auf Haltungsfehlern basieren!*

Die tragen außer ihrem Schaden und dem Schaden ihres Pferdes auch noch die Kosten. Für etwas, das sie gar nicht verursacht haben. Diese Reiter.

Das grenzt ja fast an ein unmoralisches Angebot!

Denn wer profitiert zuallererst von einer leistungsorientierten Haltung? Reiter und Pferd! Der Stallhalter kriegt sein Geld, ob das Tier nun krank oder gesund im Stall steht.

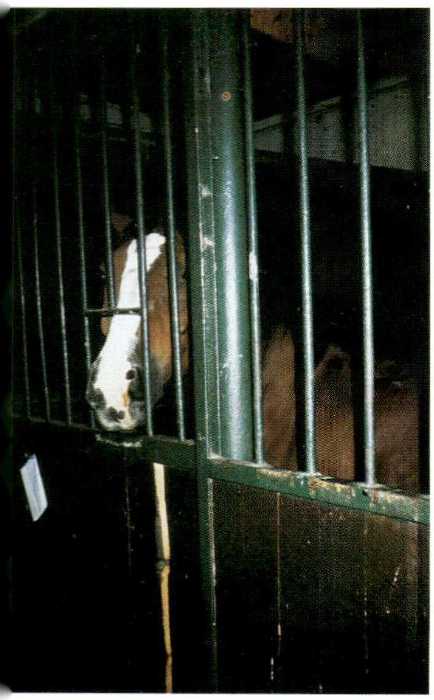

Eine vorbildliche Anlage: Außenboxen mit vorgelagerten Paddocks, befestigtem Auslaufboden und Anbindung zur Weide.

So gesehen, gehört die Qualifikation eines Pflegers/Stallhalters zum Grundwissen jedes Reiters/Ausbilders. Es kommt nicht darauf an, ob er das Tier selbst versorgt oder nicht: Er arbeitet mit dem Pferd, und er als Reiter/Ausbilder ist dafür verantwortlich. Auch in diesem Bereich ...

Hach, bei dem Thema echauffiere ich mich immer viel zu sehr!

Doch fragen Sie mal einen der als Zeugen genannten Stallhalter: Jene, die sich ständig bemühen, haltungstechnisch auf dem neuesten Stand zu bleiben. Jene, die nicht nur wirtschaftliche Aspekte berücksichtigen, sondern auch die Gesundheit des Tieres nach bestem Wissen und Gewissen schützen. Die echauffieren sich gleich mit. Und wie! Dagegen bin ich das reinste Waisenkind.

Die Gesundheit des Pferdes ist sowohl für seine Leistung wie für seine Arbeitsmotivation fundamental.

Auf die kann man gar nicht genug aufpassen!

Welchen Sinn ergibt es, viel Zeit, Geld und Liebe in Ausbildung und Training eines Pferdes zu investieren, um den Erfolg fahrlässig zu gefährden? Immerhin verschwendet diese Achtlosigkeit die bisher aufgewandte Mühe und Fürsorge. Und das Pferd reagiert ebenso wie ein Mensch, der gesundheitlich immer mehr abbaut: Es verliert die Freude – zuerst an der Arbeit und dann am Leben.

Unter der Prämisse von Krankheit, Schmerz oder Schwäche braucht man sich über jedwede Arbeitsmotivation des Pferdes erst gar nicht zu unterhalten.

Die Blockaden daraus sind viel zu stark.

Auf einen Blick

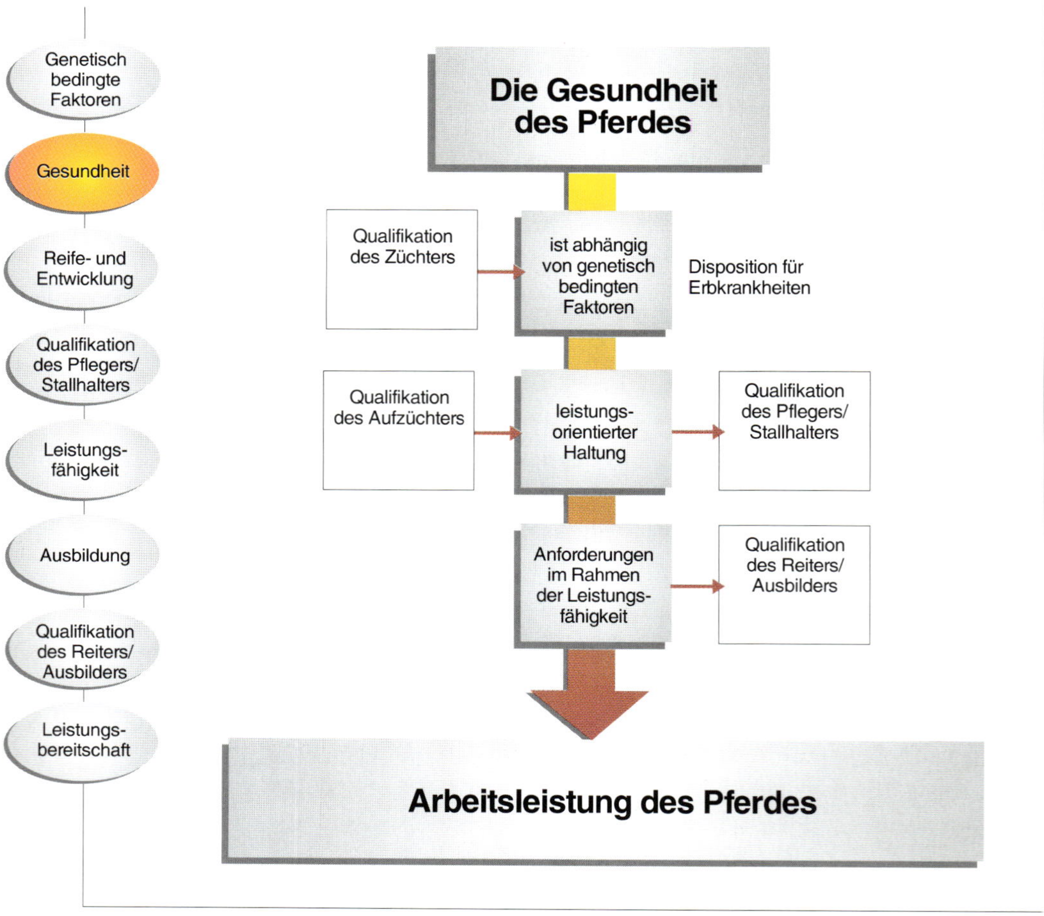

Nichts geht über frische Luft!

Willst Du aber bei den Leiden
Viele Medizin vermeiden,
Nicht das Thier mit scharfen Oelen,
Salben und Latwergen quälen,
Und viel Geld für derlei Plagen
Hin zum Apotheker tragen,
Dann beachte bei der Kur
Stets die Winke der Natur;
Mach es Dir zur strengsten Pflicht,
Halt im Stall auf Luft und Licht;

Aus Trautvetter, J. S.: Das Pferd, Erfahrungen aus meinen Leben ... in gereimten und ungereimten Versen, Dresden 1864

Punkt 3: Reife- und Entwicklung

Der dritte Punkt, der zu den grundlegenden Faktoren jeder sportlichen Leistung gehört, sind Reife und Entwicklung.

Daß ein Kleinkind in der Oberstufe geistig überfordert ist oder in zartem Alter keine sportlichen Rekordmarken zu brechen sind, dürfte keine Frage sein. 1996 stürzte ein Flugzeug ab, weil eine Siebenjährige als Jüngste im Alleinflug Amerika überqueren sollte, während der Herr Papa, ein Fluglehrer, stolz daneben saß. Erfolg: beide tot.

Das Beispiel scheint an den Haaren herbeigezogen zu sein, doch werden gerade in der Ausbildung junger Pferde durch Überforderung oft die Weichen für vorzeitigen Verschleiß, massiven Ungehorsam bis hin zu panikartigen Reaktionen gelegt. „Voraussetzung für die Lernfähigkeit des Pferdes“, läßt sich in der Deutschen Reitlehre nachlesen, „ist sein körperlicher Reifegrad. Überforderung des Organismus und des Lernvermögens bedeutet Rückschritt in der Ausbildung.“ Und ein paar Zeilen weiter: „Der Umgang mit dem Menschen soll für das Pferd Geborgenheit in allen Situationen bedeuten.“

Geborgenheit und Vertrauen zum Menschen lassen sich mit einer forcierten Ausbildung schlecht vereinbaren, denn wie soll das junge Tier Vertrauen zum Reiter und Losgelassenheit entwickeln, wenn es dessen Anforderungen scheinbar nie genügt und ihm immer noch mehr, als es derzeit anbieten kann, abverlangt wird? Ein reiterliches Fehlverhalten, das auch der erfolgreiche Springreiter und Züchter Elmar Pollmann-Schweckhorst entschieden ablehnt: „In dem, was man vom Pferd verlangt, muß man immer die Konstitution, Kondition und den Ausbildungsstand berücksichtigen. Das ist dem Pferd gegenüber nicht mehr als selbstverständlich.“

Theoretisch sind solche Aussagen einleuchtend, in der Praxis werden dafür um so mehr Fehler gemacht. Was hier häufig verbockt wird, erhalten Sie allerdings als Beilage in den Kapiteln serviert, wo deutlich wird, wie erstaunlich fix man „heavy-on-the-woodway“ gerät. Ohne zu merken, daß da überhaupt ein Holzweg ist.

Arbeitsumfeld und Arbeitsvorbereitung

Ein Organismus ist nur dann in der Lage, seine Leistungsfähigkeit voll zu entfalten, wenn er sich hinsichtlich seiner angeborenen Lebensbedürfnisse mit der Umwelt in Einklang befindet.

Prof. Dr. Klaus Zeeb, aus „Aktuelle Aspekte der Ethologie in der Pferdehaltung"

Punkt 4: Qualifikation des Pflegers/ Stallhalters

„Ein glänzendes Fell allein macht noch kein gesundes Pferd. Nur zu oft aber wird dieser optische Maßstab angesetzt."
Brenda Zuckschwerdt, in der Zeitschrift „Pegasus"

Machen wir mit der Haltung weiter. Sie ist der Ausgangspunkt für die gesamte Arbeit mit unserem Vierbeiner.

Wenn das Pferd bereits krank aus dem Stall kommt – aufgrund der Haltungsbedingungen –, brauchen Sie sich um Ihre Wünsche, Pläne und Hoffnungen erst gar keine großartigen Gedanken mehr zu machen. Weil die sowieso den Bach runtergehen. Brutal und einfach.

Ein Pferd ist schließlich kein Schoßhündchen, sondern ein Athlet. Tänzer sind auch Athleten – auf ihre Weise. Ein Pferd ist immer ein Sportler, der seine Leistung in körperlicher Arbeit erbringt. Um diesem Maßstab gerecht zu werden, um kraftstrotzend und fit wie ein Turnschuh antreten zu können, stellt es hohe Ansprüche an unsere Obhut.

Der Verweis, daß früher die Haltungsbedingungen viel schlechter waren, ist reine Augenwischerei. Früher standen die Pferde auch viel weniger im Stall. Weil sie nämlich stundenlang draußen arbeiten mußten. Und wundersamerweise wurden sie dabei sogar alt.

Im Gegensatz zu ihrem früheren Arbeitsleben sind Pferde heute, durch die nur kurze Arbeitsbelastung, unzulänglichen Haltungsbedingungen in weit höherem Maße ausgesetzt – nämlich den größten Teil des Tages. Dementsprechend hoch ist die Fürsorge, die wir diesem Lebensraum widmen müssen.

Läßt keinen Zweifel daran aufkommen, daß ohne gescheite Haltungsbedingungen auch keine gescheite Leistung zu erwarten ist:

LUDGER BEERBAUM
„Zuerst die körperlichen Voraussetzungen dafür schaffen, damit das Pferd überhaupt in der Lage ist, Leistung zu bringen: Fütterung, Herz, Lunge."

Leistungsorientierte Haltung

In der leistungsorientierten Haltung gibt es einen ehernen, einen unumstößlichen Grundsatz:

Die Minimalanforderungen werden nicht erfüllt, wenn die Haltung Nutzung und Wohlbefinden des Pferdes einschränkt, weil sie gesundheitliche Schäden verursacht!

Diese Vorgabe gilt vom luxuriösen Stallkomplex bis zur Robusthaltung, vom Isländer bis zum Vollblut. Dabei splittet sich die Haltung des Pferdes in zwei Bereiche auf: Haltungsumwelt und Betreuung.

Kann die Bewegung des Tieres noch über den Beritt erfüllt werden, müssen in allen anderen Punkten bestimmte Grundbedürfnisse des Pferdes abgedeckt werden.

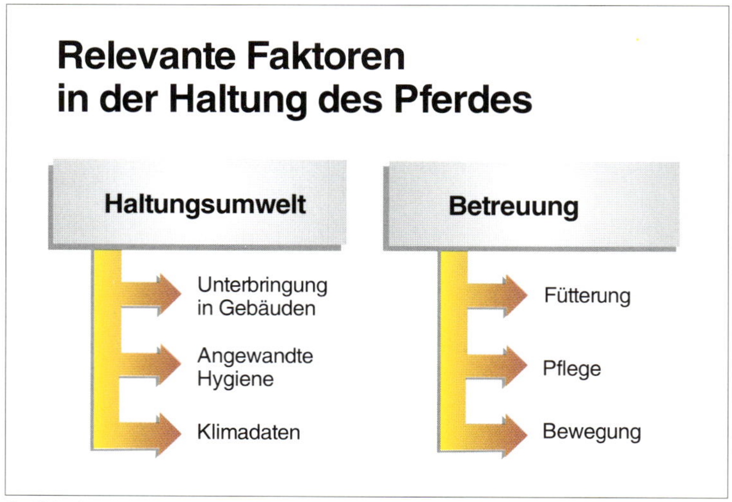

Grafik in Anlehnung an Dr. Kirsten Wackenhut, „Haltung von Hochleistungspferden“

Wie versprochen (war vielleicht etwas voreilig), werden bloß drei besonders anschauliche Mißstände herausgepickt. Die übrigens keineswegs aus der Luft gegriffen sind.

Sonst wären ja die ganzen schönen, dicken Fachbücher überflüssig.

Sind sie aber nicht!

Die werden nur zuwenig gelesen.

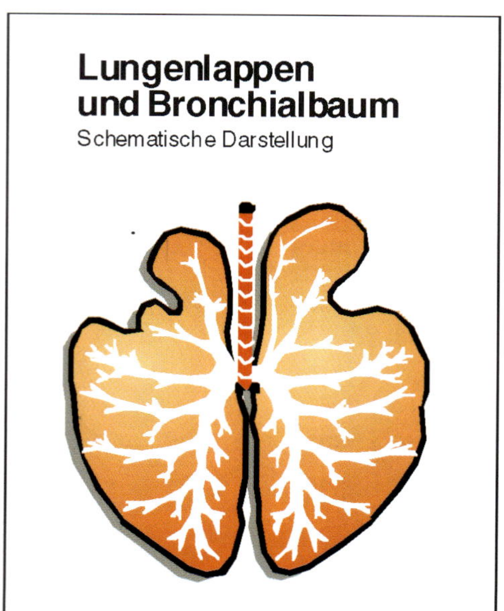

nach „Anatomie des Pferdes“, Prof. Dr. Hertsch

Tschüß Lunge – Herz kommt nach

„Wußten Sie, daß 20 Pferde ungefähr einen Sauerstoffbedarf wie 150 Menschen haben?“

Dr. Kirsten Wackenhut

Beginnen wir mit den Atemwegen. Defizite in der Sauerstoffversorgung kann sich kein Sportler leisten.

Lunge und Atemwege des Pferdes sind hoch leistungsfähig, aber auch sehr empfindlich. Sie werden durch den Hallenstaub ohnehin genug belastet. Denn die Luftwege des Pferdes verfügen weder über Polypen noch Nasenschleimhäute.

Der Dreck, den Sie nach einer Reitstunde in Ihr Taschentuch schneuzen, wandert beim Pferd ungefiltert direkt in Richtung Lunge. Wobei zu berücksichtigen ist, daß das Pferd mit seiner Nase erheblich tiefer am Boden ist als der Reiter obendrauf.

Außerdem ist es der Vierbeiner, der unter dem Reiterpopo seine Hufe schwingt und die eigentliche Arbeit leistet. Dementsprechend viel Luft pumpt er in sich hinein. Nun ist Ihr Pferd aber kein Staubsauger. Folglich sollten Sie peinlich genau darauf achten, daß die Atemwege im Stall nicht zusätzlich belastet werden.

Möglichst lichte, luftige Unterkünfte, mit einer ausreichenden Frischluftversorgung, gelten als oberstes Gebot in der Haltung!

Denken Sie nur an die Staublunge der Bergarbeiter. Berufskrankheit. Nach etlichen Jahren im Schacht hat noch kein Kumpel auf einem olympischen Siegertreppchen gestanden.

Luft!

„Die Pferdelunge ist ein sehr leistungsfähiges Organ. In Ruhe beträgt das mittlere Luftvolumen eines Atemzuges bei Großpferden 5 Liter (Mensch: 0,5 Liter). Bei körperlicher Beanspruchung steigt dieser Wert je nach Rasse und Trainingszustand auf 15-20 Liter (Mensch: 5 Liter), die bei einem einzigen Atemzug in die Lunge und wieder hinaus strömen. In Ruhe bewegt ein Pferd pro Minute etwa 60 Liter Luft durch seine Lungen, mithin fast 100.000 Liter am Tag. Bei schwerer Arbeit werden über 1.500 Liter Luft pro Minute veratmet."

Dr. Jürgen Bartz, aus „Hilfe, mein Pferd hustet"

Der Unterschied zwischen frischer, gesunder Außenluft und schadstoffbelasteter Luft in geschlossenen Ställen ist erheblich. Wenn sie nicht korrekt und bestens belüftet werden. Aber das ist aufwendig!

Verursacher des zunehmend schlechter werdenden Klimas ist das Pferd selbst. Mit jedem Ausatmen gibt es Schadstoffe an seine Umgebungsluft ab; Ausatemluft und Hautverdunstung reichern die Luft mit ca. 300 g Wasser pro Stunde an.

In 24 Stunden sind das immerhin fast 8 Liter Flüssigkeit!

Pro Pferd!!

Stellen Sie sich die Menge in einem Eimer vor. Wie viele Pferde stehen bei Ihnen im Stall, sagten Sie? Und wie wird er belüftet? Denn die Feuchtigkeit muß ja irgendwo bleiben, wenn sie nicht entweichen kann. Tut sie auch! Sie rieselt entweder als Kondensatbächlein von Wänden und Decke oder wird von der Luft aufgenommen.

Feucht-kalte Luft begünstigt rheumatische Erkrankungen; feucht-

„Viele Pferde entwickeln im Gefolge eines zunächst problemlos ausheilenden Virushustens einen chronisch-allergischen Husten. Die Allergie richtet sich meist gegen Inhalte des Stallstaubs, vornehmlich gegen die Sporen der Schimmelpilze aus Heu und Stroh. Durch eine staubarme Haltung kann diese Gefahr verringert werden."
Dr. Jürgen Bartz, aus „Bis der Tierarzt kommt"

warme Luft ist perfekt für Bakterien und Parasiten, um sich rasend schnell zu vermehren. Nicht nur ein Thermometer, auch ein Hydrometer gehört in jeden Stall. Als ideal gilt eine relative Luftfeuchtigkeit um 65 %.

Schadgase, Staub und mikroskopisch feine Sporen von Heu und Stroh tun ein übriges, um die Qualität der Luft in geschlossenen Ställen weit unter ein vertretbares Niveau zu reduzieren:

- Schwefelwasserstoff mindert die Sauerstoffaufnahme des Blutes.
- Bei zu hohem Gehalt von Kohlendioxid kommt es zu Atemstörungen und Schädigung von Kreislauf und Stoffwechsel.
- Stroh- und Heusporen sind die Auslöser jener fatalen, nur zu gut bekannten Allergisierung.

Warum gerieten so viele Möbelhersteller in die Schlagzeilen? Weil die von ihnen verkauften Produkte gesundheitsschädigende Schadgase ausdünsteten. Kopf- und Gliederschmerzen, Allergien und chronische Krankheiten waren und sind die Folgen. Mit den Prozessen plagen sich die Gerichte ständig herum.

Ammoniak, mit seinem typisch stechenden Geruch in Pferdeställen, Spaltprodukt von Kot und Urin, ist ein Schadgas! Und was für eines! Es greift bereits in geringster Konzentration das Lungengewebe an.

Schlecht Luft zu kriegen ist schlimm. Dabei noch laufen und springen zu müssen, einfach fürchterlich. Man ist unheimlich schnell überfordert, fühlt sich matt, müde und lustlos. Die Muskeln schmerzen, weil sie schlecht durchblutet werden ... Hochleistungssportler machen nicht umsonst Sauerstoffkuren.

Temperaturschwankungen und breitflächige Luftbewegung kann das Pferd problemlos verkraften und sich dabei sehr wohlfühlen. Den Daueraufenthalt in einer verheerenden Dunstglocke ohne Schäden an Lunge und Atemwegen nicht. Ein anschaulicher Vergleich ist der bei uns mittlerweile gewohnte sommerliche Smog-Alarm in Großstädten, der Ärzten und Krankenhäusern Hochkonjunktur beschert, weil die Leute umkippen wie die Fliegen.

Frische Luft in ständig leichter Bewegung im Stall ist also notwendig, um belastende Inhaltsstoffe zu verflüchtigen. Das gilt besonders in Bodennähe, denn in Kopfhöhe von ca. 1,70 m kurz geschnuppert, läßt sich schwerlich die Schadgaskonzentration unmittelbar über der Einstreu beurteilen.

Um die Sachlage vor Ort beurteilen zu können, hockt man sich am besten hin und spielt Pferd, direkt mit der Nase über der Einstreu. Möglich, daß sich etwaige Zuschauer bezeichnend an die Stirn tippen oder vor Lachen biegen. Na und? Gelächter tut nicht weh. Nicht in diesem Fall, schließlich müssen Reiter und Pferd die Rechnung zahlen.

Wenn man Ammoniakgeruch wahrnimmt, ist der Gehalt entschieden zu hoch! Ammoniak soll schon in einer Konzentration von 0,003 Vol. % das Lungengewebe angreifen. Die dabei zerstörten Lungenbläschen werden übrigens durch Bindegewebe ersetzt und sind damit auf immer funktionsunfähig.

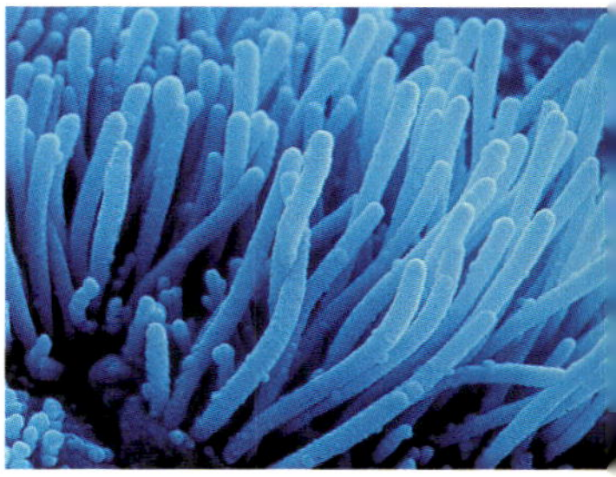

Die Zilien oder Flimmerhärchen – ein dichter Rasen als reinigende und schützende Innenauskleidung gesunder Bronchien

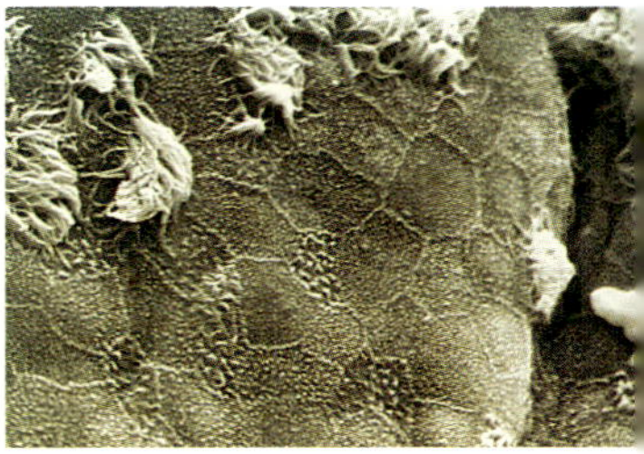

Zilien-Kahlschlag bei einer schweren Form der Bronchitis – ein unheilbarer Schaden

Fotos: Dr. h. c. Lennart Nilson, mit freundlicher Genehmigung von Boehringer Ingelheim

Lieber eine Nacht versumpfen, als im Sumpf übernachten

„Wo sich Ratten aufhalten, stimmt irgend etwas mit der Hygiene nicht.“

Dr. Eberhard Schüle

Der Mief bringt uns gleich aufs nächste übelriechende Thema. Wenn schon die Luftqualität zu wünschen übrig läßt, wie mag es erst um die Box selbst bestellt sein? Immerhin ist sie Wohn-, Schlaf- und Eßzimmer des Pferdes. Es gibt nicht umsonst ein derbes Sprichwort, daß man sich nicht ausgerechnet dort erleichtert, wo man ißt.

Warum gilt wohl für bestimmte Länder die Empfehlung, nur abgekochtes Wasser zu verwenden? Warum lernen wir von Kind an, uns nach jedem Besuch des stillen Örtchens die Hände zu waschen? Weil unhygienische Verhältnisse die übelsten Krankheiten auslösen.

Auch das Pferd würde auf seinen Kotplätzen weder ruhen noch

„Wie in jeder ... Wohnung gibt es auch im Aktionsraum freilebender Equiden mehrere Orte, die als eine Art Klo dienen, da Einhufer nicht wie die meisten anderen Pflanzenfresser überall wahllos Harn und Kot absetzen.“

Dr. Michael Schäfer, aus „Die Sprache des Pferdes“

JOCHEN SCHUMACHER
„Zweimal am Tag werden Ställe und Ausläufe gemistet, Weiden täglich abgesammelt."

Kolik-Gefahr durch Würmer?
Das ist nur eine der möglichen Folgen. Sie sehen nicht nur aus wie Monster, die Innenparasiten des Pferdes (hier ein *Strongylus vulgaris*), es sind Monster! Pferde können von einer ganzen Reihe von Würmern befallen werden. Gefährlich sind vor allem die Wanderungen dieser Parasiten in den Larvenstadien: Lungenblutungen, Atembeschwerden, Gallengang- und Darmverschluß, bis zu geplatzten Darmwänden ...
(Foto: Prof. Dr. Dietrich Barth, mit freundlicher Genehmigung der Fa. Merial)

fressen. Nicht, wenn es eine Wahlmöglichkeit hätte. Schlafen, futtern und äppeln werden säuberlich getrennt: Hüben das eine, drüben das andere. Gemächlichen Schrittes entfernt es sich beim Grasen dabei von seinen Hinterlassenschaften. Diese räumliche Trennung ist der Grund für die arbeitsaufwendige Pflege von Weiden, die ausschließlich mit Pferden besetzt sind, denn der hochaufschießende Geilwuchs an Kotstellen wird von den Tieren als Futter verschmäht.

Bei ausschließlicher Stallhaltung über den ganzen Tag wird dem natürlichen Verhalten wenig Rechnung getragen. Wenn lediglich die gröbsten Verschmutzungen oder vom Harn völlig durchtränkte Partien entfernt werden, lebt das Tier quasi auf seinen Exkrementen. Ja, es nimmt sie sogar auf, wenn es am Stroh knabbert.

Igittigitt?

Aus welchem unerfindlichen Grund sollte das Pferd gegen Viren, fiese Bazillen und Parasiten immun sein? Und ob die chemische Keule den Fäkaliensumpf unter der trockenen oberen Schicht in eine Gesundheitsprophylaxe verwandelt, scheint doch mehr als fraglich. Hier kann auch eine mehrmalige Entwurmung im Jahr eine Leistungsminderung durch Parasitenbefall nicht generell ausschließen, da eine Neuinfektion jederzeit möglich ist. Eine Gefährdung, deren Auswirkung auf Leistungsfähigkeit und Gesundheit vielfach unterschätzt wird.

Abgesehen von diesem Risiko ist die feuchte, faulige Mistwärme unter der trockenen Schicht eine perfekte Brutstätte für Insekten und krankheitserregende Keime, wie Tuberkelbakterien, Starrkrampfbazillen, Bornaviren und einiges mehr. Außerdem können sich in einem Kilo Pferdemist, nach Berechnungen von Prof. Schnitzer, bis zu 2.400 Stubenfliegen entwickeln! Fliegen, die das Tier nicht nur belästigen, sondern mit ihren unratbehafteten Beinchen in Augen, Maul und Nüstern krabbeln und Krankheiten übertragen.

Und um noch einmal auf das Schadgas Ammoniak zurückzukommen: In Verbindung mit Flüssigkeit löst es sich zu Salmiakgeist auf. Salmiakgeist wurde früher zum Abbeizen von Farbe verwandt. Ab einer bestimmten Konzentration zerstört diese Lauge biologische Substanzen, besonders Eiweiß. Hufhorn ist eine Eiweißsubstanz! Kein Wunder also, daß der Sumpf das Hufhorn angreift und Strahlfäule verursacht.

Es gibt ein recht einfaches Mittel, sich Klarheit zu verschaffen: pH-Papier oder Meßstäbchen, die in Apotheken erhältlich sind, geben schnell Auskunft über den Zustand einer Box. Bloß darf man dabei nicht schummeln und den Test unter den ersten zwei trocke-

Der Wurminfektionsdruck, dem das Pferd ausgesetzt ist, wird durch gute Haltungsbedingungen verringert:

- *peinlich saubere Einstreu, tägliches Ausmisten, keine Matratze*
- *gut belüftete, trockene Stallungen*
- *zweimal im Jahr totale Boxenräumung mit Dampfstrahlreinigung und Desinfektion*
- *häufiges Abmisten von Weiden und Ausläufen (ideal: täglich, aber nicht länger als 3–5 Tage)*
- *Weide nicht überbesetzen*
- *Wechsel der Weidenutzung*
- *Mischbeweidung mit Wiederkäuern*
- *kein Heu von Pferdeweiden an Pferde verfüttern*
- *Geilstellen rechtzeitig ausmähen*

Dr. Jürgen Bartz, in der Zeitschrift „Pegasus"

Regelmäßige Entwurmung ist Pflicht

nen Hälmchen durchführen. Ein Pferd ist schließlich keine Feder, sondern verteilt sein beträchtliches Gewicht auf vier verhältnismäßig kleine Punkte. Es stöckelt quasi auf Pfennigabsätzen in der Box herum. Wie beachtlich ein derartiger Druck ist, läßt sich jedem Pumps-mißhandelten Parkett ansehen. Folgerichtig darf davon ausgegangen werden, daß das Pferd in der Box ähnlich gründlich jede Restflüssigkeit in der Einstreu herausquetscht. Dementsprechend tief sollte man deshalb das Meßpapier einbuddeln und den Vierbeiner nach Möglichkeit noch obendrauf stellen.

Das Einfetten der Hufe, von vielen Freizeitreitern mit Robusthaltung abgelehnt, ist manchmal weniger Schönheitspflege denn Notwendigkeit, weil es aggressive Flüssigkeit vom Hufhorn fernhält. Allerdings wäre in einem solchen Morast gleich zu überlegen, ob man dem Pferd nicht vorsichtshalber auch eine Gasmaske überstülpen sollte. Ein Pferdestall ist schließlich kein Labor für biologische Kampfmittel.

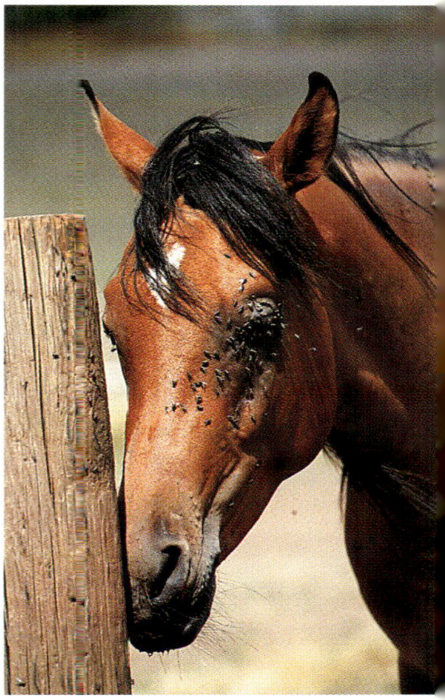

2.400 Fliegen aus einem einzigen Kilo Pferdemist x 6 kot- und bazillenbehaftete Beinchen ...?

Zwar hat sich die Situation gebessert. So wird anstelle der früher üblichen Tiefställe heute weitgehend die Wechselstreumethode praktiziert, bei der die Einstreu möglichst oft komplett ausgetauscht wird – aber im Kontext zur Hygiene ist noch einiges mehr zu beachten. Wie zum Beispiel der regelmäßig anfallende Großputz, bei dem der Stall komplett geräumt, mittels Hochdruckreiniger gesäubert und desinfiziert wird.

Wird eine solche Grundreinigung auch in Ihrem Stall regelmäßig durchgeführt?

Dinner for Champions

„Wenn ein Biotop falsch gefüttert wird, habe ich verloren."
Dr. Reiner Klimke

Der dritte Punkt, in dem viele Pferdehaltungen geradezu erschreckende Schwächen zeigen, ist die Fütterung.

Zur Zeit gefallen sich alle Krankenkassen darin, ihre Versicherten in Seminare über gesundheitsbewußte Ernährung zu schubsen. Allen Aufrufen zur Kostenersparnis zum Trotz. Schwerlich, weil sie nicht wissen, wohin mit dem Geld. Ein Schwerstarbeiter hat einen anderen Energiebedarf als eine sitzende Angestellte.

Es gibt zwar Fütterungstabellen, aber kein Einheitsrezept, anhand dessen sich Nahrungsmenge und Zusammensetzung einfach ablesen ließen. Wer ungeachtet dessen pi x Daumen füttert oder zuläßt, daß sein Schmuckstück solchermaßen abgefertigt wird, braucht sich über Leistungsabfall und Arbeitsunlust nicht zu wundern.

Horror Hufrehe!
Nicht jede Hufrehe ist fütterungsbedingt, aber oft sind Fütterungsfehler die Ursache.

Die bedarfsgerechte Fütterung eines Pferdes errechnet sich über Gewicht und Arbeitsbelastung. Zu beachten sind aber auch spezifische und rassetypische Unterschiede. Wobei erfahrungsgemäß die gefühlsmäßige Einschätzung der Besitzer meilenweit das Ziel verfehlt. Sagen Fütterungsexperten.

Werden die Parameter des Pferdes jedoch nicht korrekt angesetzt, ist auch eine leistungsgerechte Versorgung unmöglich. Dementsprechend negativ wirkt sich ein Einheitsfutterbrei nach Augenmaß und eventuell noch als Billigangebot aus.

Schimmelpilze und Bakterien, Mäusefraß und -dreck, Futtermilben räumen mit Vitaminen und Aminosäuren gründlich auf. Durch ihren Abbau kommt es zu Nährstoffmangel, über chemische Veränderungen wird das Futter schwer- bis unverdaulich, Fehlgärungsprozesse lösen Koliken aus ...

Wenn bereits die Grundernährung des Pferdes qualitativ unter jedem Borstentier ist, können Sie Ihrem Pferd soviel hochwertige und teure Leckerlein kaufen, wie Sie wollen. Bringt einfach nichts! Das wäre ungefähr so, als würde man ein Kind mit Hamburgern, Eis und Schokoriegeln undefinierbarer Herkunft traktieren und abends zur Beruhigung ein paar Vitaminpillen hinterherwerfen.

Ermüdet das Pferd schnell, zeigt es Leistungsschwächen (Leistungsdepression), schwitzt, säuft oder harnt es übermäßig, laufen die Beine an, ist oft eine Eiweißüberversorgung die Ursache. Sie bedeutet eine erhöhte Belastung für Leber, Nieren und Stoffwechsel.

Für Eiweiß gibt es, über den jeweiligen Bedarf hinaus, keine direkte Speichermöglichkeit. Es wird – so gut es eben geht – abgebaut. Über die Haut, ein wichtiges Ausscheidungsorgan des Pferdes, oder über die Harnwege. Harnsäure im Blut (die beim Menschen übrigens Gicht auslöst) ist ursächlich für eine Reihe von Krankheiten.

Kreuzverschlag (Montagskrankheit) kennen Sie bestimmt. Aber viele Reiter wissen nicht, daß das Pferd bei jeder Attacke eines Kreuzverschlags Muskelbezirke verliert, die sich nicht mehr regenerieren. Sie werden durch Narbengewebe ersetzt!

Wunschtraum vieler Kinder ist, Mars oder Milka lila Pause wüchsen auf Bäumen an jeder Straßenecke. Wie im Schlaraffenland. Bei Erwachsenen werden derartige Gelüste mehr durch Schweinshaxen, Pastetchen oder die guten Champagnertrüffelchen ersetzt. Tun sie aber alle nicht (auf Bäumen wachsen). Gott sei Dank. Zwischen Leber und Milz paßt noch ein Pils ... Leber- und Cholesterinwerte lassen grüßen.

Nun wird man ein Roß schwerlich mit einer Schweinshaxe zu beglücken suchen, aber hochkonzentriertes Eiweiß kommt in der natürlichen Umgebung des Pferdes ebensowenig oder nur zeitweilig vor. Schierer Hafer, gleich eimerweise, erst recht nicht. Die Verdauungsorgane des Pferdes sind in erster Linie auf Ballaststoffe und Rauhfutter seiner ursprünglichen Umgebung abgestimmt.

Achtung, Lebensgefahr!

„Es gibt keine harmlosen Koliken! Sie können jederzeit in einen lebensbedrohenden Darmverschluß übergehen ... Entsteht die Krankheit aus einer Störung am Magen-Darm-Trakt, liegen die Ursachen zumeist in Fütterungsfehlern: plötzliche Futterumstellung, besonders im Frühsommer auf Weidegang, zuwenig Strukturfutter (Rohfaser) und übertriebene Kraftfuttermengen, überwiegende Strohfütterung bei mangelnder Bewegung, leicht vergärbare Kohlenhydrate, verdorbene Futtermittel (verschimmelt, verheft, vergoren).“

Dr. Jürgen Bartz, aus „Bis der Tierarzt kommt“

Na gut, also mehr Heu ... Nix gut! Heu von intensiv gedüngten Weiden (und welche sind es heute nicht?) enthält nur knapp 20 % weniger Eiweiß als Hafer ... Grundsätzlich müssen die Bestandteile aller Futtermittel genau ins Kalkül gezogen werden! Was nutzt eine Diät, wenn nachts immer ein Buttercremeschnittchen hinterhergeschoben wird?

Vorgabe jeder ausgeglichenen Fütterung ist, den gesamten Bedarf in einwandfreier Qualität zu decken, ohne durch Über- oder Unterversorgung gesundheitliche Schäden zu verursachen!

Ein schlauer Fuchs, der Franke

FRANKE SLOOTHAAK

„Speziell in der Fütterung muß der Bakterienhaushalt stimmen: Blutuntersuchungen nicht vernachlässigen!
Rein rechnerisch liegt der Eiweißgehalt bei meinen Pferden zu hoch, aber der Harngehalt ist optimal. Wichtig ist auch, in welchem Darmtrakt das Futter verdaut wird; ebenso eine einwandfreie Futterqualität: Staub und Pilzbefall kosten Kraft, weil sich der Körper dagegen wehren muß – selbst wenn das Pferd noch nicht allergisch reagiert."
Er rechnet, der Franke Sloothaak. Und zerbricht sich redlich den Kopf, wo was passiert ... Außerdem überprüft er regelmäßig den Futterzustand seiner Pferde – und zwar jedes einzelnen – anhand von Blut- und Harnproben. Nur: So schlau sind seine erfolgreichen Kollegen auch. Die rechnen alle wie die Weltmeister!

In früheren Reit- oder Rennställen erhielten gute Futtermeister fast das gleiche Gehalt wie die Trainer. Warum? Weil eine gekonnte, individuell und abwechslungsreich zusammengesetzte Ernährung den halben Sieg bedeutet!

Gibt es in Ihrem Stall einen Futtermeister? Und kennt er sich mit Fütterungstabellen aus? Denn das darf erwartet werden. Oder haben Sie zumindest mal den Fütterungsplan nachrechnen lassen? Man muß ja nicht alles wissen, es reicht aus, wenn man weiß, wer's kann! Aber richtig.

Vorsicht ist besser als Nachsicht

So viel zur leistungsorientierten Haltung – aber das ist natürlich noch nicht alles. Die Boxengröße gehört auch dazu; das Mindestmaß wird nach der Formel berechnet: doppelte Widerristhöhe im Quadrat. Folglich benötigt ein Pferd von 1,70 m Stockmaß eine Boxengröße von ca. 12 m^2. Immerhin erfolgt die Tiefschlafphase des Pferdes nur in ausgestreckter Seitenlage, und aus Untersuchungen über das Schlafverhalten des Menschen wissen wir, wie wichtig gerade die Tiefschlafphase für eine totale Erholung ist. Oder der Lichteinfall im Stall ... oder, oder, oder ...

Der Gesundheit abträgliche Bedingungen fordern auf Dauer immer ihren Tribut! Hand aufs Herz: Ist uns das neu? Die steigende Anzahl der Allergien, Lebensmittelskandale mit ungeklärten Langzeitauswirkungen, berufs- und umweltbedingte Krankheiten sprechen in unserem menschlichen Umfeld doch eine deutliche Sprache.

Beim Pferd ist es nicht anders: Hinter den Erkrankungen der Bewegungsorgane zählen Erkrankungen der Atemwege und Verdauungsorgane zu den häufigsten Ausfall- oder Todesursachen. Zumindest die beiden letztgenannten lassen überwiegend auf unsachgemäße Haltung schließen.

Bei einigen Krankheiten in fortgeschrittenem Stadium ist eine Umkehrung degenerativer Prozesse nicht möglich. Die medikamentöse Behandlung des Arztes beschränkt sich auf Schadensbegrenzung. Damit hat das Tier nicht nur seinen wirtschaftlichen Wert, sondern auch sein ursprüngliches Leistungspotential verloren.

Pflege ist mehr als Putzen und Hufeauskratzen. Pflege bedeutet qualifizierte Betreuung. Bei Unzulänglichkeiten in den Haltungsbedingungen kann nur ein erhöhter Pflegeaufwand Krankheiten vermeiden. Auch solche, für die das Pferd eventuell genetisch disponiert sein könnte.

Dieses „eventuell" reicht doch schon, um wie ein Luchs aufzupassen?

Kann sich Ihr Pferd ungehindert ausstrecken?

„Weil Pferde zum vollständigen Ausruhen für ihre ausgestreckten Beine viel Raum benötigen, der auf natürlichen Schlafplätzen immer vorhanden ist, kann eine Aufstallung in Ständen oder in zu kleinen Boxen besonders bei großen Tieren den Tiefschlaf regelrecht verhindern."
Dr. Michael Schäfer, aus „Die Sprache des Pferdes"

Empfehlungen der FN zu den Mindestanforderungen einer gesunden Pferdehaltung:

- *Größe Liegefläche pro Pferd in Boxenhaltung: (Widerristhöhe × 2)²*
- *Fensterfläche pro Pferd: 1 qm mindestens*
- *Beleuchtungsstärke: mindestens 100 Lux*
- *Die Stalltemperatur soll der Außentemperatur gemäßigt folgen, nur Extreme mildern.*
- *Relative Luftfeuchtigkeit: 60–80 % (besonders schlecht ist feuchte und zugleich warme Luft)*
- *Empfehlenswerte Luftgeschwindigkeit bei 7–14 °C: 0,2 m pro Sekunde, bei höheren Temperaturen im Sommer bis 0,6 m pro Sekunde*

Sigmund Freud läßt grüßen

„Man kann auch ein Virtuose des falschen Spiels sein."
Stanislaw Jerzy Lec, „Unfrisierte Gedanken"

„Oft hindern Einflüsse im Unternehmen, die nicht unmittelbar mit der Aufgabenerfüllung zu tun haben, die Mitarbeiter daran, gute Leistungen zu erbringen. Der Einfluß dieser ... Faktoren ist dann größer als sicherlich auch vorhandene Motivatoren aus der Aufgabenstellung selbst." Und eine Seite weiter: „Treten allerdings Störungen im Arbeitsumfeld auf ..., sind negative Auswirkungen wahrscheinlich."
Aus „TEC-Management-Konzept"

Die körperlichen Bedürfnisse des Pferdes zu erfüllen ist allerdings nur eine Seite der Medaille. Das Tier kann bestens gepflegt werden, glänzen wie eine Speckschwarte – und nervlich ein Wrack sein. Denn da wäre ja noch dieser ureigene, innere Wächter des Pferdes!

Sie erinnern sich?

Der läßt sich nicht abstellen wie ein Wecker!

Aus der Psychoanalyse wissen wir, daß eine ständige Unterdrückung menschlichen Triebverhaltens zu neurotischen Erkrankungen führt. Logisch gefolgert verläuft dieser Prozeß beim Tier ähnlich: *Nicht ausgelebte Instinkte führen zu einem Triebstau, der notgedrungen in irgendeiner Form kompensiert werden muß. Die Auswirkungen im einzelnen können durchaus geringfügig sein, ein Druck baut sich auch über die Summierung verschiedener Faktoren auf.*

Werden die psychischen Bedürfnisse des Pferdes durch die Qualität der Haltungsbedingungen oder durch zusätzlichen Pflegeaufwand nicht erfüllt, kostet diese Unterlassung den Reiter Zeit, Zeit und nochmals Zeit. Frustrationen aus dem Triebstau lassen sich nicht wie eine Decke abstreifen. Das Pferd bringt seinen Frust aus dem Stall, aus seinem „Arbeitsumfeld" in die Reithalle, auf den Springplatz, ins Viereck mit ein.

In einem solchen Fall bräuchten Sie – je nach Situation – fast die gesamte Zeit, die eigentlich für das Training angesetzt ist, allein dafür, diese Blockaden zu lösen. Oder Sie ignorieren den Triebstau. Nur, wenn dieser Schuß nach hinten losgeht, dürfen Sie sich nicht beschweren.

Das Eigentor ist hausgemacht!

Dr. Reiner Klimke
„Ein Pferd, das nicht glücklich ist und nicht auf den Menschen zugeht, wird nicht motiviert arbeiten. Bevor ich anfange, muß ich erst wissen, daß das Tier physisch und psychisch in Ordnung ist."

Arbeitsumfeld und Arbeitsinhalte lassen sich nicht voneinander trennen!

Wer wollte von sich schon behaupten, daß sich privater Ärger – und obendrein als Dauerzustand – nicht negativ auf sein Arbeitsverhalten auswirke? Mit dem gleichen Problem plagen sich ja sämtliche Lehrer dieser Welt an Schulen herum: Streit, Ärger, zerrüttete Familienverhältnisse wirken sich unweigerlich auf die schulischen Leistungen aus.

Doch im Gegensatz zum Menschen hat das Tier keinerlei Chance,

Defizite intellektuell zu verarbeiten. Es reagiert einfach. Es reagiert, wie es ihm seine Natur befiehlt.

Sie merken, es wird höchste Zeit, die biologischen Instinkte des Pferdes etwas näher unter die Lupe zu nehmen.

Biologisch verankerte Triebe

Ziel jeder Spezies ist es, sich in ihrer Umwelt zu behaupten. So wie sich die Anatomie des Pferdes optimal seinem ursprünglichen Lebensraum – der Steppe oder Baumsavanne – anpaßte, wurden auch erfolgreiche Überlebensstrategien als Reaktionsmuster weitergegeben.

Diese tief verwurzelten Instinkte prägen heute noch das Pferd. Trotz seiner jahrtausendelangen Domestikation unterscheidet es sich in seinem Verhaltensrepertoire nicht wesentlich von seinen wilden Urahnen.

Ist eigentlich logisch, schließlich scheint in uns auch noch ein Rest Neandertaler zu stecken. Zumindest kann man sich des Eindrucks während der Nachrichtensendungen nicht immer erwehren.

Einblick in natürliche Verhaltensweisen des Pferdes erlaubt die praxisbezogene Verhaltensforschung (Ethologie). Zu den wichtigsten Aktionen, die die psychische Stabilität des Pferdes regulieren, zählen

- Fluchtverhalten,
- Bewegungsverhalten,
- Sicht- und Erkundungsverhalten,
- Ruhe- und Sicherungsverhalten,
- Sozialverhalten sowie
- Ernährungsverhalten.

Von untergeordneter Bedeutung, im Kontext zur Leistung, ist der Sexualtrieb der Hengste. Natürlich ziehen sie eine prachtvolle Schau ab. Doch in freier Natur werden ihrem sexuellen Trieb durch Alter, Rivalität und Familienstruktur deutliche Beschränkungen auferlegt. Das Arbeitsverhalten der Stuten wird durch ihre Rosse stärker beeinflußt als das der Hengste.

Allerdings stellen Hengste, sowohl in der Haltung wie in der täglichen Arbeit, besonders hohe Ansprüche an ihre menschliche Betreuung. Bei ungenügender Qualifikation drehen sie den Spieß um und übernehmen die Führungsrolle – ein Rollentausch, der nur eines bedeutet: Ärger an allen Fronten.

„Ganz ohne Zweifel ist es der Pferdezucht gelungen, dem Reiter von heute hervorragende Produkte in die Hand zu geben, die ihm helfen können, sich manchen Schweißtropfen zu ersparen. Aber es bleiben nach wie vor Pferde, die ihrem Artverhalten, ihrer Triebbezogenheit und ihrem Lebensrhythmus verhaftet bleiben."
Kurt Albrecht, aus „Meilensteine auf dem Weg zur hohen Schule"

Fluchtverhalten

Obwohl Pferde, in die Enge getrieben, durchaus wehrhaft sind, entziehen sie sich Gefahren vornehmlich durch Flucht. In freier Wildbahn konnte nur überleben, wer dem Signal „Angst" ohne nachzudenken blitzschnell folgte. Angst ist dem Einfluß des Willens weitgehend entzogen. Denn um als Selbstschutz wirksam werden zu können, muß die Muskelreaktion reflexartig, automatisch ablaufen. Das heißt, daß das Pferd zuerst scheut, ausschlägt oder davonstürmt, bevor es sich nach der Gefahrenquelle umsieht. Auf dieses Fluchtverhalten ist der gesamte, hochspezialisierte Organismus des Pferdes auch heute noch abgestimmt.

Bewegungsverhalten

Um in Sekundenbruchteilen ein Maximum an Kraft und Schnelligkeit ohne Schädigung entfalten zu können, benötigt das Pferd nicht nur einen durchtrainierten Körper, sondern auch stets vorgewärmte Sehnen, Bänder und Muskeln.
Aus dieser Notwendigkeit resultiert das hohe Bewegungsbedürfnis des Pferdes. Andererseits leben Tiere effizient, das heißt, sie vergeuden nicht unnötig Kräfte, die im Ernstfall ihr Überleben bedeuten könnten. Das langsame Grasen im Schritt über viele Stunden des Tages, nur selten durch schnellere Reprisen unterbrochen, erfüllt die Vorgabe perfekt.

Sicht- und Erkundungsverhalten

Mittels Augen, Ohren, Nüstern, Geschmacks- und Tastsinn wird die nahe und die ferne Umgebung erkundet.
Die seitliche Anordnung der Augen erlaubt bei gesenktem Kopf einen fast vollständigen Rundumblick, auch wenn zu beiden Seiten Konturen nur unscharf abgebildet werden. Dafür ist die Bewegungssehschärfe exzellent: Selbst kleinste huschende Bewegungen werden sofort wahrgenommen.
Eine zweckmäßige Begabung, denn sie erschwert potentiellen Beutejägern eine schleichende Annäherung. Ist natürlich aber auch Ursache für die enorme Schreckhaftigkeit des Pferdes.

Ruhe- und Sicherungsverhalten

Die Ruhezeiten erwachsener Pferde von ca. 7–9 Stunden verteilen sich auf unterschiedlich lange Pausen über den ganzen Tag.
Dem Sicherungsbedürfnis während der Ruhezeiten wird durch die Zugehörigkeit zu einem Herdenverband Rechnung getragen. Die Aufgabenverteilung innerhalb der Gruppe, bei der immer zumindest ein Tier als Wachtposten fungiert und wechselnd abgelöst wird, garantiert weitgehend eine risikoarme Entspannung. Das ist selbst bei Einzelhaltung innerhalb eines Stallkomplexes zu beobachten: Ein Tier bleibt so lange stehen, bis sich ein anderes wieder erhebt; selten, daß alle Pferde auf einmal liegen.

Sozialverhalten

Als Herdentier ist für das Pferd die Bedeutung der sozialen Kommunikation entsprechend hoch.
Sie erfolgt über Gesichts- und Geruchskontakte, Körpersprache und eine Vielzahl unterschiedlicher Laute. Gegenseitige Fliegenabwehr oder Fellkraulen geschieht meist zwischen zwei befreundeten Pferden. Innerhalb der Herde regiert eine strikte Rangordnung: Intelligenz, Reaktionsschnelligkeit, Kraft und Erfahrung des einzelnen Pferdes dominieren Schwächere. Dieser Führung ordnen sich die Tiere, entsprechend ihrem Rang, bedingungslos unter. Selbst bei nur zwei Pferden wird innerhalb kurzer Zeit eine starre Hierarchie hergestellt.

Ernährungsverhalten

Der Magen des Pferdes faßt nur 15–20 l und ist im Vergleich zu seinem Darm sehr klein. Je nach Angebot und Nährstoffgehalt frißt das Pferd ca. 12, bei Bedarf sogar bis zu 16 Stunden pro Tag. Als reiner Pflanzenfresser benötigte es auf seiner ursprünglichen Weide diese lange Zeitspanne. Das ballaststoffreiche, krautige, teilweise verholzte Strukturfutter lieferte erst in großen Mengen den erforderlichen Nährwert. Gewöhnlich splitten sich die Freßphasen, bei freier Einteilung des Pferdes, in zwei längere und zwei kürzere Perioden auf, doch vergeht selten eine Stunde, in der nicht zumindest einige Bissen aufgenommen werden.

Der innere Wächter

„Stallpferde ohne Geruchs-, Hör- und vor allem Sichtkontakt zu anderen entspannen sich deshalb nie vollständig und regenerieren weniger als die, denen die Möglichkeit dazu zumindest in begrenztem Ausmaß gegeben ist."
Dr. Michael Schäfer, aus „Die Sprache des Pferdes"

DR. REINER KLIMKE
„Abwechslung ist sehr wichtig und daß die Pferde viel gucken können. Wenn sie im Stall stehen, sind zumindest tagsüber die Klappen geöffnet, damit sie miteinander kommunizieren können."

KLAUS BALKENHOL
„Wir haben nur Außenboxen."

Kann das Pferd seinen Bedürfnissen ungehindert nachgehen, bestimmen häufig wechselnde Ruhe-, Freß- und Bewegungsphasen den Tagesrhythmus. Ursache dieser hohen natürlichen Aktivität sind tief verankerte Fluchtmechanismen.

In reiner Stallhaltung hat das Tier keine Möglichkeit, sie auszuleben. Eine permanente Streßsituation bedeutet vor allem die Unterbindung des Orientierungs- und Kommunikationsbedarfs.

Die Isolierung kann manchmal sogar durchaus überlegt erfolgen. In Verkaufsställen, zum Beispiel, mit einer hohen Fluktuation. Hochgezogene, undurchsichtige Seitenwände und enge Gitter sollen einer fortgesetzten Unruhe, möglicher Infektionsgefahr und Verletzungen vorbeugen. Oder ein Reiter will seinem Pferd eine besonders ruhige und ungestörte Entspannung ermöglichen. Aber der Denkansatz ist falsch: Denn diese Pferde fühlen sich nie wirklich sicher, nie wirklich geborgen. Das können sie gar nicht, weil ihre gesamte genetische Programmierung auf eine derartige Isolation einfach nicht geeicht ist. Die sagt dem Flucht- und Herdentier nämlich etwas ganz anderes:

„Du bist allein. Und das ist sehr gefährlich, denn niemand paßt auf dich auf, wenn du schläfst. Wer weiß, was gleich passiert? Sei also auf der Hut, mein Freund. Sei immer auf der Hut ...“

Das Pferd bekommt – ob es will oder nicht – stets denselben Impuls: Paß auf! Paß auf! Paß auf ... Es ist wie eine alte Langspielplatte mit Sprung, bei der die Nadel in einer Rille hängengeblieben ist. In dieser Not kann das Pferd nicht abspannen. Es wird gewiß irgendwann resignieren, aber von Erholung ist dieser dumpfe Zustand meilenweit entfernt. (Denken Sie an die erlernte Hilflosigkeit?)

Früher oder später ist dieser Sprung nicht nur in seiner inneren Langspielplatte, sondern auch in seinem Kopf. Das ist der Punkt, an dem das Pferd entweder neurotisch wird – oder körperlich krank.

Die Umwandlung seelischer Prozesse in körperliche Veränderungen ist als „Somatisierung“ bekannt, und daraus entstehende Erkrankungen als „psychosomatische Krankheiten“. Beim Menschen, zum Beispiel, sind es Magengeschwüre, Ausschläge, Asthma oder Herzkrankheiten. Ähnliche Symptome finden sich auch beim Pferd.

Streß dämpft Abwehrkräfte.

Unerklärliche, stets wiederkehrende Koliken wären ein Beispiel dafür. Als sicher gilt – so eine weitere Aussage von Dr. Schüle auf dem 1. hippologischen Seminar –, daß Erkrankungen der Atemwege ebenfalls meist ein Streßfaktor als Auslöser zugrunde liegt.

Angenommen wird, daß die Zahl der psychosomatischen Störungen weitaus höher liegt als festgestellt.

Steter Tropfen höhlt den Stein

Als chinesische Wassertropfen-Folter hat sich der Mensch seine gute Absicht mit der ungestörten Erholung gewiß nicht vorgestellt.

Aber so funktioniert er nun mal, dieser biologische Wächter.

Um bei der Entspannung zu bleiben: Auf Dauer regenerieren Pferde selbst im dicksten Getümmel besser als in der Abgeschiedenheit einer Luxus-Suite. Wenn sie sich nur darüber vergewissern dürfen, daß jemand aus ihrer Herde Wache schiebt, solange sie schlafen!

Ein anderes Beispiel: Viele Pferde nehmen in Boxenhaltung selbst stark verschmutzte Einstreu auf. Ja, sie fressen sogar ihren eigenen Kot. Das soll zwar unappetitlich, aber ansonsten belanglos sein?

Freßlust

„Das innere Verlangen, eine ziemlich fest eingeplante Stundenzahl am Tage zu fressen, ist in den Pferdeartigen derart tief verwurzelt, daß sie ihm vielfach auch unter unphysiologischen und unnatürlichen Verhältnissen nachzukommen bestrebt sind ... Selbst Rennpferden gesteht man eine kleine Portion Heu zur Aufrechterhaltung einer normalen Verdauung zu, doch aus ihrem manchmal kaum zu unterbindenden Drang, sogar verschmutztes Stroh zu fressen, geht hervor, daß ihr Rohfaserbedarf damit häufig nicht voll gedeckt ist."

Dr. Michael Schäfer, aus „Die Sprache des Pferdes"

Auf der Weide grasen Pferde konsequent um jeden Kothaufen herum. Und plötzlich ist es normal, wenn diese in ihrem Futter sonst so heiklen Tiere auf einmal gar nicht mehr pingelig sind? Na, also ...

Die Ursache ist häufig zu hochkonzentriertes Kraftfutter und zu wenig qualitativ hochwertige Rauhfaser. Das Pferd will nicht nur seinen Nährstoffbedarf decken, *es will auch das Gefühl der Sättigung verspüren!*

Und dazu gehört für ein Pferd eben fressen. Fressen über viele Stunden des Tages. Dieses Relikt seiner Hardware läßt sich nicht einfach abschalten. Das ungestillte Bedürfnis nach Kautätigkeit ist der noch stärkere Drang als der natürliche Widerwille vor den eigenen Ausscheidungen.

Binden Sie einem Menschen die Hände zusammen – und Sie kriegen jeden neurotisch. Über kurz oder lang.

Verbieten Sie einem Pferd das Maul – und Sie kriegen auch jedes neurotisch. Über kurz oder lang.

Es gibt keine Stalluntugenden!

„Kopperriemen sind heute eigentlich nicht mehr vertretbar. Die gesamte Haltungssituation muß sich ändern."
Dr. Eberhard Schüle

Verabschieden Sie sich bitte von dieser bequemen Ausrede.

Koppen, Weben, Belecken von Krippe und Wänden und was Ihnen sonst an Stereotypien einfällt, sind Verhaltensstörungen und müssen als das gewertet werden, was sie sind:

Ein Hilferuf des Pferdes, daß etwas in seiner Umgebung nicht stimmt!

Vielleicht ist es möglich, dem Vierbeiner mit ausgeklügelten Hilfsmitteln diese „dummen Angewohnheiten" auszutreiben, nur: Die Ursache bleibt bestehen, folglich auch der unterdrückte Triebstau, der lediglich einen anderen Weg sucht, um sich zu lösen.

Es kommt also in der Haltung nicht nur darauf an, was gemacht wird, sondern wie es gemacht wird.

Das Zünglein an der Waage: soziale Umweltfaktoren

NICOLE UPHOFF **antwortete auf die Frage nach dem täglichen Arbeitsaufwand: „Sehr hoch: Die Pferde werden zweimal am Tag bewegt und kommen zusätzlich auf die Weide oder in den Paddock. Bei den älteren Pferden wechseln wir ab, aber speziell die jungen Pferde verbringen sehr viel Zeit auf der Weide."**

Es reicht nicht, mit glühenden Ohren Futtertabellen zu studieren und jedem Pferdeappel hinterherzuhechten. Das Pferd will und muß in der Haltung rundum befriedigt werden.

Beispiele für pferdegerechte Haltungs- oder Verfahrenstechniken sind:

- möglichst häufige Fütterung in kleinen Mengen: mindestens 3, besser 4 Mahlzeiten pro Tag und mehr,
- ausreichend qualitativ hochwertiges Rauhfutter, um lange Futteraufnahmezeiten zu erreichen (das Pferd braucht für 1 kg Heu/Stroh ca. 45 Minuten, für 1 kg Hafer oder Pellets lediglich 10 Minuten),
- möglichst viel unbeschwerte Bewegung neben der konzentrierten Arbeitsphase, um Spannungen zu lösen (Raumangebot neben der Box in Paddock oder Weide),
- vielfältige Sichtanreize, die Neugierde und Interesse des Pferdes fesseln und es vergessen lassen, welch lange Zeit es untätig verbringt (Außenboxen, Aufenthalt in Paddock oder Weide),
- eine Sicherstellung der Geruchs-, Sicht- und Hörkontakte des Pferdes zu seiner „Herde" im Stall (keine Isolationshaft durch hochgezogene Mauern oder Bretterverschläge) und

- eine Erfüllung der Sozialkontakte über Berührung mit anderen Pferden, sonst ausgeglichen durch ausgiebige tägliche Pflege und Betreuung durch „seinen" Menschen als Herdenersatz.

Die Versorgung muß dem natürlichen Gebaren des Tieres folgen, damit die Psyche befriedigt wird. Erst diese ganzheitliche Betrachtung ist das ausschlaggebende Merkmal einer leistungsorientierten Haltung. Denn so ist Gesundheit zu verstehen: als physisch-psychische Unversehrtheit!

Dieser gesamte Bereich erfordert eine enorm hohe Qualifikation des Stallhalters/Pflegers. Hier liegt der Ausgangspunkt jeder erfolgreichen Motivation Ihres Pferdes.

Unterschätzen Sie nicht das Arbeitsumfeld!

FREDY KNIE
„Das Schlimmste für ein Pferd ist die Langeweile, 23 Stunden am Tag in einen dunklen, stinkigen Stall gesperrt zu sein."
Aus „Fredy Knie – Die sanfte Art, mit Pferden umzugehen"

Holzauge, sei wachsam!

Lassen Sie sich nicht einwickeln, auch wenn das Casino noch so gemütlich sein mag. Im Stall, im Paddock, auf der Weide regeneriert das Pferd – oder sollte es. Inkompetenz und Schluderei können Sie dort in keiner Form gebrauchen. Es sei denn, Sie hätten ein Unterstützungsprogramm für notleidende Veterinäre im Sinn.

Statt sich also an der leckeren Schorle festzuhalten und sich in Fachsimpeleien über Passage-Touren oder Sprungdistanzen zu verlieren, sollten Sie zuerst kritischen Blickes Haltung, Umfeld und alles, was für Ihren Liebling da so drum und dran hängt, unter die Lupe nehmen.

Die Fachsimpeleien laufen Ihnen nicht weg. Im Gegensatz zu der Lebensfreude Ihres Pferdes, die sich just auf genau die Heide verzieht, die ihm vorenthalten wird.

Wenn sich die Deutsche Reiterliche Vereinigung FN derart intensiv in haltungsbedingten Fragen engagiert, wie das zur Zeit der Fall ist, dann gewiß nicht, weil eitel Sonnenschein herrscht. Die Mißstände sind weder neu noch unbekannt. Sie werden nur seit Jahren mit freundlicher Gelassenheit ignoriert. Auch wenn sich in den letzten Jahren vieles gebessert hat, es gibt noch viel zu tun.

Trotzdem: Bevor Sie jemand anklagend den Zeigefinger in den Bauch pieksen – machen Sie sich schlau! Es könnte nämlich sein, daß der zurückpiekst. Irgendwo hört auch die Verantwortung selbst des besten Stallhalters oder Pflegers auf.

Zu den gesundheitserhaltenden und -unterstützenden Maßnahmen zählt nämlich ebenfalls die Bewegung des Pferdes. Und die ist im Pensionspreis der Boxe nicht enthalten.

URSULA BRUNS
**Als Vorreiterin für artgerechte Haltung nahm sie im FS-Testzentrum Reken als erste Theorie und Praxis artgerechter Pferdehaltung in den Lehrplan auf:
„Gut erzogene Pferde, die im Auslauf und auf der Weide, beim Spielen und Laufen Aggressionen untereinander austoben können, benehmen sich unter dem Reiter absolut friedlich und zeigen sich arbeitsbereit."**

1. Hippologisches Forum zum Thema Sportpferdehaltung

Mit diesem Haltungs-Seminar betrat die FN 1995 Neuland. Es war eine Bestandsaufnahme zu der bestehenden Boxenhaltung mit Verbesserungsvorschlägen. Auszüge aus den Referaten:

DR. KIRSTEN WACKENHUT

Basis des Vortrags bildete ihre Doktorarbeit über die Haltung von Hochleistungssportpferden:
12 % der untersuchten Ställe wurden als sehr gut und 86 % als gut eingestuft. Trotz gravierender Mängel in Einzelbereichen wie Luft, Licht oder Boxenfläche konnten Schwachstellen durch hohen Pflege- oder Zeitaufwand wettgemacht werden. Wechselstreumethode mit einer hohen Einstreumenge wurde bevorzugt. In vielen Ställen wird mehrstündiger Weide- oder Paddock-Aufenthalt geboten. Nur drei Betriebe hatten einen Stehtag. Die Pflege war überdurchschnittlich gut: mindestens 3 Fütterungseinheiten pro Tag, Hufpflege sehr intensiv, Hufbeschlagsdauer regelmäßig 4-6 Wochen, im Schnitt 2 × tägliches, ausgiebiges Putzen von je mindestens 15 Minuten Dauer.

DR. EBERHARD SCHÜLE

Der Leiter einer Pferdefachklinik in Dortmund ging auf haltungsbedingte Erkrankungen von Sportpferden ein:
75 % aller Pferdelungen gelten als mehr oder weniger geschädigt. Bronchialerkrankungen bei Pferden sind in erster Linie Haltungsschäden. Jeder Nasenausfluß ist eine Abwehr der Schleimhäute und muß als Warnzeichen erkannt werden. Viren und Bakterien sind zwar meist die Infektionserreger, schlechte hygienische Bedingungen von Einstreu und Luft im Stall steigern jedoch den Infektionsdruck. Allergien werden häufig als „heustaubempfindlich" bagatellisiert. Diese chronischen Bronchitiker sind Dauerpatienten, weil die „normale" Stallhaltung keine Heilung ermöglicht. Verdauungsprobleme durch zu große Futtermengen, verunreinigtes oder verdorbenes Futter sind weitere Schwachstellen. Parasiten sind eine weitere große Gruppe der haltungsbedingten Erkrankungen. Tiefstreu und mangelhafte Weidepflege führen zu irreparablen Schäden: Wiederkehrende Koliken, schlechte Futterverwertung etc. sind nicht abzustellende Zeichen innerer Schäden.

Prof. Dr. Ulrich Schnitzer

Der Architekt und Altmeister in Sachen Reitanlagen und Stallbau referierte über Raumprobleme und Bauphysik:
Mängel in Bauphysik, Stallklima und Stallüftung sind weit verbreitet. Tier- und Bauschäden sind gleichermaßen die Folge. In großen Ställen muß vor allem die Einzelhaltung verbessert werden. Durch harmonisches Zusammenstellen befreundeter Tiere lassen sich Absperrungen transparenter gestalten; einzelne, zu kleine Boxen zusammenlegen. Platzreserven enthält fast jede Anlage. Schon 9 Quadratmeter kleine, den Boxen angeschlossene Paddocks bieten den Pferden zumindest tagsüber Bewegungsspielraum. Ursache vieler Unfälle ist häufig die schlechte Qualität der Materialien. So müssen nicht nur die Gitterabstände zwischen den Boxen stimmen, sondern die Gitter müssen auch stabil genug sein, um der Wucht eines Pferdehufes gewachsen zu sein, ohne auszubrechen, zu splittern oder zu verbiegen.

Ludger Beerbaum

Aus praktischer Sicht beschrieb der Springreiter den Aufwand erfolgreicher Haltung:
Die Rahmenbedingungen in Haltung, Pflege und Bewegung müssen stimmen. Stehtage lehne ich rigoros ab; sie entbinden meiner Meinung nach lediglich den Menschen von der Aufgabe, nach dem Pferd zu sehen. 3-4 Stunden Bewegung täglich sollten sein: ob Paddock, Weide, Führmaschine oder Gelände neben der eigentlichen Arbeitsphase. Ebenso wichtig ist eine leistungsgerechte Fütterung in häufigen, kleinen Mengen. Speziell vor der Nachtruhe wird noch einmal Rauhfutter vorgelegt, um dem Pferd in der langen Zeit qualitativ hochwertiges Strukturfutter zu bieten. Weiterhin werden die Pferde 2 × täglich geputzt, nicht nur wegen des Massageeffektes, sondern auch wegen des guten Kontaktes zum Pfleger. Schließlich muß dieser enge Kontakt Defizite im natürlichen Sozialverhalten der Pferde ausgleichen. Mehrmals tägliches Misten ist selbstverständlich; ich halte nichts davon, nur eben überzustreuen. Wichtig ist auch ein regelmäßiger Hufbeschlag im Abstand von maximal 6 Wochen.

Hengst Gonchar, von Mascot Arabians in der Schweiz, hat seine helle Freude am Spiel mit der Plastiktonne im Auslauf – unter Aufsicht natürlich.

Oder Impftermine, Wurmkuren und pünktlichst eingehaltene Korrekturintervalle des Hufes. Auch hier ist der Pferdebesitzer gefordert: Er muß es zahlen. Versucht er in diesem Bereich zu sparen, lügt er sich in die eigene Tasche. Die Quittung kommt in Form von Tierarztrechnungen doppelt und dreifach.

Den Beweis kriegen Sie nachgeliefert. Zumindest für Bewegungsbedarf, Hufe und so ... Denn Impftermine und Wurmkuren sollten nun wirklich kein Thema mehr sein.

Im nächsten Kapitel.

In der Leistungsfähigkeit.

Auf einen Blick

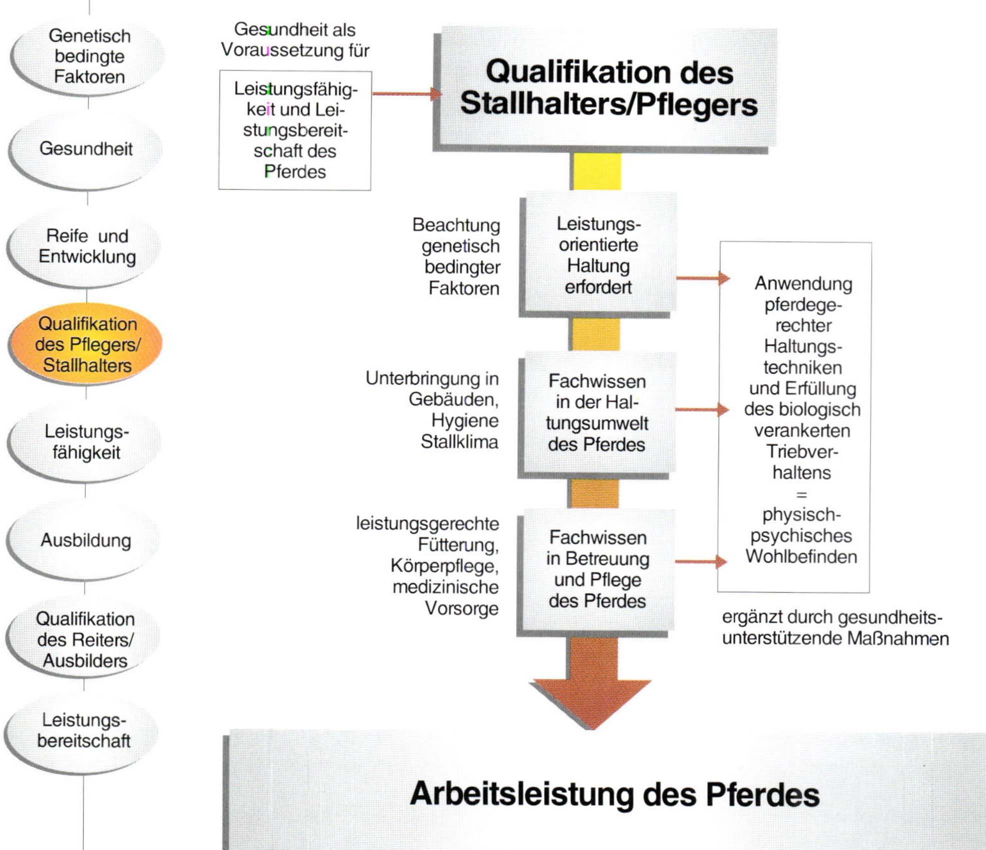

Punkt 5: Die Leistungsfähigkeit des Pferdes

Zum Begriff Gesundheit unseres Vierbeiners konnten wir festhalten, daß sie als physisch-psychische Unversehrtheit im Gesamten zu verstehen ist. Wie sieht es mit der Leistungsfähigkeit aus?

ELLEN GRAEPEL

„ ...dazu gehört auch die Überlegung: Wofür eignet sich das Pferd? Von seinem Körperbau, von seiner Psyche. Ist das Pferd reif genug für diese Übungen? Bin ich als Reiter reif genug, mit dem Pferd diese Übungen zu machen? Hier fangen viele Schwierigkeiten an. Die Reiter sehen irgendwelche Dinge, kommen mit diesem Bild nach Hause und versuchen das nachzumachen, ohne daß sie oder ihre Pferde jedoch die Voraussetzungen dafür mitbringen. Dann beginnt das Pferd sich zu wehren, und es heißt, es sei bösartig oder unrittig."

Ralph-Michael Rash in der Sportlehre der Deutschen Reiterlichen Vereinigung über den Reiter:

„ ...Um eine sportliche Leistung zu erbringen, muß der Reiter sowohl über die konditionellen und technischen als auch über die entsprechenden psychischen Voraussetzungen verfügen."

Nun trägt das Pferd ja nicht gerade unwesentlich zur Zielsetzung des Reiters bei. Und tatsächlich: Ebenso wie die des Reiters enthält die Leistungsfähigkeit des Pferdes eine physische und eine psychische Komponente. Die physische Leistungsfähigkeit wird durch motorische, also körperliche Fähigkeiten und Faktoren bestimmt, die psychische Leistungsfähigkeit dagegen durch geistige und seelische Faktoren und Fähigkeiten.

Auch hier erweist sich Gesundheit bzw. das Gegenteil, Krankheit und Schmerz oder Überforderung, nicht nur als leistungs-, sondern als motivationsbestimmend. In beiden Bereichen.

Haben Sie sich die Seiten

Wer rastet, der rostet

„Die Erkenntnis, daß zunächst eine allgemeine, sehr breite konditionelle Grundlage gelegt werden muß, ist wohl allen Ausbildern klar."
Claus Chmiel, aus „Lernen, Lehren und Trainieren im Pferdesport"

Der Aufbau des Trainings, welche motorischen Fähigkeiten vorrangig geschult werden, hängt vom Einsatzbereich des Pferdes ab. Zumindest nach der Grundausbildung, denn die sollte jedes Pferd durchlaufen.

Unterschwellige Anreize bleiben wirkungslos. Zu hoch über der Reizschwelle liegende oder unsachgemäß eingesetzte Reize führen zu Überforderung und Schmerzen. Das ist eine ganz schmale Gratwanderung: Der Organismus muß zwar gefordert, darf aber nicht überlastet werden.

Zu den konditionellen Fähigkeiten zählen Kraft, Ausdauer, Schnelligkeit und Mischformen daraus, wie Schnellkraft, Ausdauer-Schnelligkeit usw. Parallel dazu wird die Beweglichkeit der Gelenke sowie die aktive/passive Dehnfähigkeit von Muskeln und Bändern verbessert. Selbst Knochen sind begrenzt trainierbar.

Muskelpower für jeden Zweck

Gut trainierte Pferde sind ausdauernd, stark und schnell. Je nach Anforderung werden dabei unterschiedliche Muskelfasern aktiviert. Bei ruhigen Ausdauerleistungen sind Typ I-Fasern gefragt: Sie sind stark durchblutet, kontrahieren langsam und arbeiten weitgehend im Sauerstoffüberschußbereich (aerob). Typ IIa-Fasern sind nicht so ausdauernd, kontrahieren aber schneller und können bei längerer Belastung die benötigte Energie ohne Sauerstoff herstellen (anaerober Stoffwechsel). Bei schnellen Bewegungen kommen Typ IIb-Fasern zum Einsatz: Diese „Sprintfasern" ermüden leicht und arbeiten fast ausschließlich anaerob. Weil sie kaum Sauerstoff benötigen, sind sie deshalb auch wenig durchblutet.

Gezielte Übungen lockern und kräftigen entsprechende Körperpartien des Pferdes. Gleichzeitig lernt es, seine Bewegungen besser zu koordinieren; sie werden flüssig und rund. Die stärkere Durchblutung, als Auswirkung der Arbeit, führt zum Aufbau neuer Muskelsubstanz und gleichzeitig zu einer Leistungsverbesserung von Herz, Kreislauf, Stoffwechsel und Lunge.

Ein Pferdemuskel benötigt ca. 3-4mal soviel Sauerstoff wie ein menschlicher Muskel gleichen Gewichts. Für dieselbe Tätigkeit. Die Rechnung ist simpel: kein Sauerstoff – keine Leistung!

Dieser Transport in das Gewebe und Rücktransport der Abfallstoffe erfolgt über rote Blutkörperchen, das Hämoglobin. Es ist leider nur kurzlebig und wird im Knochenmark laufend nachgebildet.

Dabei ist die Anzahl der roten Blutkörperchen nicht konstant; sie schwankt: abhängig von Rasse, Alter, Geschlecht, Arbeitsleistung und Trainingszustand des Pferdes, aber auch von Ernährung, Luftqualität und Stoffwechselleistung!

- Regelmäßiges Training steigert die Produktionsbildung der roten Blutkörperchen und erhöht die Leistungsfähigkeit des Pferdes, da die gesamte Muskulatur besser mit Sauerstoff versorgt wird. Das ist gut.
- Kältereize, die den Stoffwechsel des Pferdes ankurbeln, erhöhen ebenfalls den Hämoglobingehalt. Das ist auch gut.
- Konstant warme Haltung, eine schadstoffbelastete Umgebungsluft und Lichtmangel bewirken genau das Gegenteil. Die Anzahl der roten Blutkörperchen sinkt, laut Dr. Schüle, bei ungünstigen Verhältnissen sogar bis zu 23 %!

Der letzte Punkt ist schlecht. Sehr schlecht! Denn damit kann fast ein Viertel des Trainingseffektes allein durch die Haltungsbedingungen wieder zunichte gemacht werden!

In diesem Zusammenhang ist mir ein Artikel aufgefallen, der recht aufschlußreich ist, aber den kriegen Sie erst am Ende des Kapitels.

Erfolgreiche Athleten anderer Sportarten trainieren mindestens zweimal täglich. Es hat sich herausgestellt, daß die Leistungskurve dann besonders steil nach oben zeigt, wenn das Tagespensum in mehrere Abschnitte geteilt wird."
Reinhard Meier, aus „Selbständig Reiten"

Die Levade, eine Lektion der hohen Schule, in der das Pferd möglichst tief am Boden die Bewegung einfriert, ist eine ungeheure Kraftanstrengung, die einen vollendet gymnastizierten Körper verlangt. Das läßt sich nur noch mit der Kunst der Kraftmenschen vergleichen.

Damit Sie ihn auch richtig zu würdigen wissen. Beginnen wir mit unserem Training erst einmal von vorne. So wie es sich gehört.

Kinder, Kinder ...

„Ob ein Pferd früh- oder spätreif ist, ist eher eine marktwirtschaftliche als eine biologisch-medizinische Feststellung."

Dr. Wilfried Bellinghausen, in der „Freizeit im Sattel"

Ausschlaggebend für den Zeitpunkt des Anreitens ist der Entwicklungsstand des Tieres.

Sehnen und Bänder junger Pferde sind weich und würden bei zu früher Belastung geschwächt oder ausgeleiert. Auch das Skelett muß sich festigen. Sonst ist ein schneller Verschleiß vorprogrammiert.

Hans Günter Winkler

„Bei uns fängt das Leben erst mit 5 Jahren an; die Pferde werden mit 4 Jahren gekauft und Ende des vierten Jahres angeritten. Bis dahin wachsen sie hoffentlich irgendwo auf einer Weide auf. Wie alles, was man übereilt, beinhaltet die forcierte Ausbildung des Pferdes einen kurzen Erfolg. Der Langzeiterfolg kann nur in einer anderen Arbeitsweise erzielt werden. Und vor allen Dingen: je später Sie anfangen, um so länger haben Sie auch Ihren Kameraden Pferd als vollwertigen Partner."

„Papier ist geduldig. Die besten Richtlinien nützen nicht viel, wenn sie nicht mit Leben erfüllt werden ... Leider wird die forcierte Vorbereitung junger Pferde, die oft mit Überforderung einhergeht, als Praxis in der weiteren Nutzung des Pferdes übernommen und spiegelt sich in der Benotung der Richter wider."
Christoph Hess, Abteilung Ausbildung, FN

Einige Rassen entwickeln sich früher, andere später. Isländer, Araber oder Lipizzaner gelten zum Beispiel als Spätzünder. Genetisch bedingte Faktoren müssen also auch hier individuell berücksichtigt werden.

Das Skelett gilt als begrenzt belastbar, wenn mit Abschluß des Längenwachstums der Knochen die Wachstumsfugen (Epiphysenfugen) verknöchert sind. Eine grobe Richtlinie bietet die Fuge am Vorderfußwurzelgelenk, die sich als Kerbe leicht ertasten läßt. Ehe diese nicht geschlossen ist, ist der Youngster noch nicht reif genug. Je nach Rasse sollte das Pferd zwischen dem 3. und 5. Lebensjahr angeritten werden ...

Sie stutzen?

Nein, in diese Nesseln setze ich mich nicht. Ich halte nur ein paar Tatsachen fest und überlasse Sie Ihren eigenen Schlußfolgerungen.

Tatsache ist, daß

- früher nicht nur beim Militär Remonten erst mit vier Jahren angeritten wurden. Unter anderem deswegen, weil die Jungpferde nicht gepusht wurden, was den langsamer wachsenden Strukturen wie Sehnen, Bändern und Gelenken zugute kam;
- heute bereits Dreijährige ganz erstaunlich weit entwickelt und mit einem erstaunlich hohen Ausbildungsstand vorgestellt werden;
- es ein offenes Geheimnis ist, daß Pferde zum Beispiel für Auktionen anders trainiert und vorbereitet werden als für den eigenen Gebrauch;
- viele gute Reiter ihre Pferde zwar dreijährig anreiten, sie allerdings anschließend noch einmal ein halbes Jahr auf die Weide stellen, um eine gesunde Entwicklung zu fördern. Und die Anforderungen nur sehr behutsam über einen langen Zeitraum steigern;
- ein Pferd erst mit 5–6 Jahren ausgewachsen ist. Erst in diesem Alter haben die Knochen ihren endgültigen Umfang und Sehnen, Bänder sowie Gelenke ihre volle Stabilität erreicht (übrigens der Grund, warum Distanzpferde erst mit sechs Jahren auf mittleren und mit acht Jahren auf langen Strecken eingesetzt werden dürfen).

Tatsache ist aber auch, daß die Schuld für eine frühe Überforderung nicht allein den Aufzüchtern und Ausbildern zugeschoben werden kann. Denn es bestimmt immer noch die Nachfrage das Angebot. So ist eben das Gesetz der freien Marktwirtschaft. Und solange möglichst vollendet vorgestellte Dreijährige die höchsten Preise erzielen, wird sich an diesem Sachverhalt kaum etwas ändern.

Eine gut entwickelte Muskulatur allein ist kein Indiz für die Belastbarkeit des jungen Pferdes. Knochen, Sehnen, Bänder und Gelenke des Fohlens sind weich und stabilisieren sich erst allmählich.

Haben Sie übrigens mitgekriegt, daß vor einiger Zeit ein ärztlicher Kongreß zu Erkrankungen leistungssportgeschädigter Kinder durchgeführt wurde? Neben psychischen Defekten lösen die zu frühe Be- und Überlastung der Sehnen und Bänder Rücken- und Gelenkprobleme als langanhaltende Folgeerkrankungen und Spätschäden aus.

Zumindest ging es so durch die Medien.

Sie finden, daß sei ein ganz hinterhältiger Seitenhieb?

Aber hier ist doch von Kindern die Rede?

... bis die Sehne knallt!

Eine Kette ist nur so stark wie ihr schwächstes Glied. Im Gegensatz zu Muskeln, Herz und Lunge, die sich relativ schnell und leicht trainieren lassen, nimmt das Training von Sehnen, Bändern und Gelenken dafür um so mehr Zeit in Anspruch.

Ohne gebührende Erfahrung werden Schäden häufig erst in einem Stadium registriert, wenn Entzündungsvorgänge eine oftmals langwierige Behandlung erfordern. Dabei besitzt das Pferd mit die stärksten Sehnen im gesamten Tierreich. *„Kein vergleichbares Tier hat Sehnen dieser Stärke, auch nicht der Elefant, jedoch der Strauß ...“*, so Prof. Hertsch in seiner „Anatomie des Pferdes“.

Das ist eigentlich kaum zu fassen: vom Strauß abgesehen, hat kein anderes Tier so starke Sehnen wie das Pferd! Und dann die vielen Sehnenschäden?

Prof. Dr. Ulrich Schnitzer

Der langjährige Schüler von Egon von Neindorff:
„Am schnellsten läßt sich die Muskulatur aufbauen, bei den übrigen Geweben des Bewegungsapparates dauert es wesentlich länger. Ein zu rasches Vorgehen bei der Ausbildung kann daher blenden, indem das Pferd in Exterieur und Leistung einen Trainingszustand anzeigt, dem jedoch Sehnen und Bänder noch nicht entsprechen. Diese Konstellation, wie sie zum Beispiel durch die Vorbereitung von Pferden für Auktionen oder Jungpferdeprüfungen eintreten kann, birgt die Gefahr von Spätschäden, weil die tatsächliche Leistungsfähigkeit dieser Pferde nur zu leicht überschätzt wird.“

Klaus Balkenhol

„Wir wissen alle, wenn ein Pferd einen Sehnenschaden hat, dann kommen nicht nur die Tierarztkosten. Die sind ja schon nicht billig. Die nehmen ja richtig Geld. Das sind die unangesehensten Leute, die es gibt ... Denn ich muß für ein Pferd, das Schaden erlitten hat, alles übrig haben, um es wieder genesen zu lassen – und nicht flott spritzen oder sonst irgendwas.“

Ein Grund dafür ist die eingeschränkte Versorgung über Blutgefäße. Das erklärt sowohl das langsame Wachstum als auch die schwere Trainierbarkeit, die Anfälligkeit und den langwierigen Heilungsprozeß bei Verletzungen. Die Nährstoffe müssen vergleichsweise lange Wege zurücklegen.

Außerdem besitzen Sehnen zwar eine hohe Zugfestigkeit, aber nur eine minimale Dehnbarkeit – sie beträgt gerade 4 %. Mehr nicht! Es gibt keine Überdehnung: Bei Überlastung reißen entweder einzelne Fasern, das Faserbündel oder die gesamte Sehne.

Und das einzige, was sich trainieren läßt, ist die Zugfestigkeit. Allerdings braucht es rund zwei Jahre, um eine schwache Sehne zu stabilisieren – kontinuierliches Training vorausgesetzt, natürlich.

Das heißt im Klartext: gehen, gehen und nochmals gehen!

Dagegen ist Muskelaufbau ein Kinderspiel und erfordert nur einen Bruchteil der Zeit. Gucken Sie sich doch nur mal die dreijährigen Überflieger mit ihren Muskelpaketen an! Aber dicke Muckis können einen langfristigen Trainingsplan nicht ersetzen. Da hilft es auch nicht viel, sie künstlich mit Anabolika anzufüttern.

Dazu fällt mir übrigens etwas ein. Sie kennen doch den Spruch „1000 Volt im Arm, aber oben kein Licht“? Beim Pferd könnte man sagen: 1000 Volt in der Hinterhand, aber weit und breit kein Kabel (in diesem Fall Sehnen). Zumindest kein entsprechendes.

Das Problem ist, daß es das Pferd dem Reiter zu leicht macht.

Denn die gleichen Fixationseinrichtungen aus Sehnen und Bändern an den Beinen des Pferdes, die erlauben, daß es sich im Stehen regeneriert, gestatten auch, daß der Reiter das Pferd so lange überfordern kann, bis eben ... ja, bis die Sehne knallt!

Dann ist das Elend zwar groß, aber passiert ist passiert!

Und die Ausheilung eines mittelprächtigen Sehnenschadens dauert nicht nur endlos lange, nein: Das neu gebildete Gewebe wird immer schwächer und besonders anfällig bleiben. Bingo!

Eine ähnliche Problematik zeigen die Gelenke des Pferdes:

Der Gelenkknorpel wird nicht durch den Knochen, mit dem er verwachsen ist, ernährt, sondern über die Gelenkflüssigkeit!

Dummerweise saugen sich die Gelenkknorpel aber erst bei Bewegung des Pferdes prall voll und entfalten ihre Druckelastizität. Im Ruhezustand erschlaffen sie wieder. Alle Nährstoffe, die die Knorpelzelle braucht, um elastisch und funktionsfähig zu bleiben, kann sie folglich nur in einem ständigen Wechsel von Be- und Entlastung aufnehmen.

Falls in Ihren Augen jetzt gleichermaßen Ärger wie Verständnis aufglimmt, freut mich das aufrichtig, denn: ohne Bewegung keine Ernährung der Gelenkknorpel! Und auch keine Regeneration!

Jede noch so kostspielige und qualitativ hochwertige Zusatzfütterung gelangt erst bei ausreichender Bewegung des Pferdes dahin, wo sie wundersame Wirkung verspricht. Erst dann könnte sie ihren Zweck erfüllen.

Ist es nicht seltsam, daß dieser Hinweis in den meisten Prospekten fehlt? Obwohl gerade akute und chronische Gelenkerkrankungen in jeder Statistik ganz laut Hurra schreien: innerhalb der Bewegungserkrankungen liegen Gelenkschäden mit ca. 38 % weit vorne!

Und erneut heißt das einzige Rezept, um Schäden vorzubeugen: gehen, gehen und nochmals gehen!

Merken Sie, wie perfekt sich Bewegungs- und Ernährungsverhalten des Pferdes mit dem vielstündigen Grasen im Schritt in bezug auf seine Leistungsfähigkeit ergänzen?

Diese Vorgabe ist ganz schön lästig, aber noch nicht alles: Denn nicht nur, daß die Versorgung über diesen Umweg erfolgt, *der Knorpel des erwachsenen Pferdes hat auch keine nervliche Anbindung.*

Es gibt keine frühzeitigen Warnsignale in Form von Schmerz, die eine Fehl- oder Überbelastung signalisieren. Wenn das Pferd schmerz-

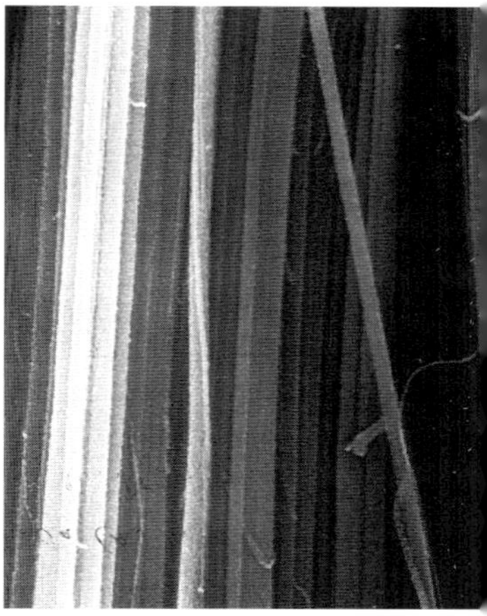

Längsschnitt durch die gesunde Beugesehne eines Pferdes unter dem Elektronenmikroskop. Die parallele Anordnung der Kollagenfibrillen in der Sehnenlängsrichtung ist deutlich zu erkennen.

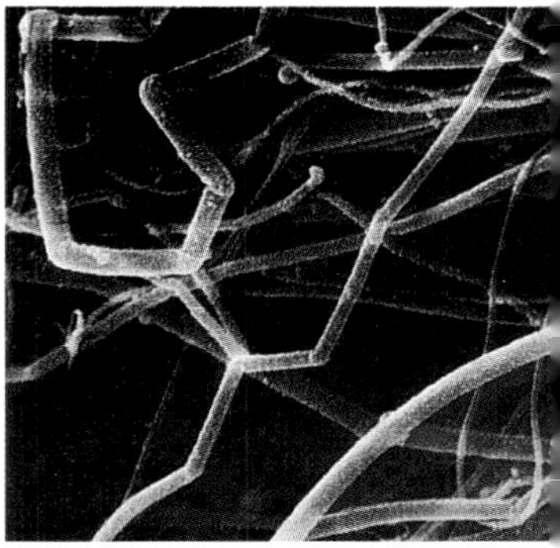

Das Bild einer Sehnennarbe unter dem Elektronenmikroskop. Die Kollagenfasern verlaufen kreuz und quer und sind zum Teil geknickt. Die Elastizität und Zugfestigkeit ist an dieser Stelle stark beeinträchtigt. Der Zustand wie in der obigen Abbildung kann nie mehr erreicht werden.
(Fotos: Prof. Dr. Dr. Drommer, Tierärztliche Hochschule Hannover)

Innerhalb der Bewegungsorgane nehmen Gelenkschäden mit rund 38 % die Spitzenposition ein.

haft reagiert, ist das Gelenk mit seiner so wichtigen Pufferfunktion zu diesem Zeitpunkt auch schon halb ruiniert.

Gerade jungen Pferden, die sich bereitwillig anbieten, wird ihr Talent – bei mangelnder Disziplin oder Unwissenheit des Reiters – sehr schnell zum Verhängnis.

Und ob!

Der Vierbeiner muß es nämlich ausbaden – nicht der Reiter.

Und da wir schon einmal bei den Beinen sind, nehmen wir den Rest, sprich Huf, gleich mit.

DR. UWE SCHULTEN-BAUMER SEN.

mehrfacher „Trainer des Jahres" und Besitzer der früher von Isabell Werth vorgestellten Pferde:

„ ...Mit einigen Lektionen fangen wir spät an: Traversalen und Galopp-Pirouetten erst mit sechs bis sieben Jahren, um die Gelenke der Pferde zu schonen. Zu frühes Üben würde sie überlasten und langfristig schädigen. Wenn man bedenkt, wie viele Jahre man als Reiter an einem gut veranlagten und ausgebildeten Dressurpferd Freude haben kann, sollte bereits diese Überlegung die Anforderungen an das Tier in einem vertretbaren Rahmen halten."

Ohne Huf kein Pferd ...

Hatte Goliath eine Achillesferse? Nein, nein, ich bringe nichts durcheinander. Mir geht's auch nicht um die Historie, sondern um etwas ganz anderes. Er hatte nämlich, der Goliath – die Achillesferse, meine ich, also seine Schwachstelle. Schon aufgrund seiner Größe.

Bei kleinen Pferden sind viele orthopädische Probleme wie Hufrollenentzündung, Schale oder Spat fast ein Fremdwort. Mit der Selektion auf ein Stockmaß von 170 cm und mehr und dem entsprechend hohen Gewicht sieht die Angelegenheit jedoch gleich ganz anders aus. Die daraus resultierenden Mehrbelastungen steigen nicht etwa linear, sondern in der 2. oder 3. Potenz.

In derartigen Berechnungen ist das Institut für Biomechanik der Ruhr-Universität Bochum ganz groß: Unter der Leitung von Prof. Preuschoft ergaben Untersuchungen an Pferden, daß bei einem Größenzuwachs mit gleichbleibenden Proportionen die absolute Stärke der Knochen, Sehnen und Muskeln bei weitem nicht mithalten kann.

Dieser Gefahrenquelle bei ihren imposanten Riesenrössern sind sich die meisten Reiter überhaupt nicht bewußt. *Dabei können die Vorderhufe beim Springen oder im Renngalopp mit bis zu 8000 kp (!!!) belastet werden!* Bei einem durchschnittlichen Lebendgewicht von 500 kg gerechnet.

Ist das eine Zahl?

Die Druckbelastung errechnet sich aus Masse (Gewicht) x Meter pro Sekunde. Mit zunehmender Geschwindigkeit oder entsprechender Höhe erreichen die Zahlen schnell schwindelnde Größenordnungen.

Das muß ja irgendwie aufgefangen werden, sonst wären die Knochen bereits beim ersten Anprall hinüber. Ein Teil der Abfederung wird von Sehnen, Bändern und Gelenken übernommen – und der Rest landet in der Hufkapsel.

Es kann sich wohl jeder vorstellen, wie leistungsstark der Puffermechanismus in diesem kleinen Gebilde ausgelegt sein muß. Und wie empfindlich ein derartiges High-Tech-au-nature auf Störungen durch unsachgemäße Behandlung reagiert? Oder was passiert, wenn der natürliche Hufmechanismus blockiert wird?

Das ist nicht nur möglich, sondern kommt häufiger vor, als man glauben möchte. Stellen Sie sich einmal vor, Sie müßten in zu engen und zu kurzen Eisenschuhen, dafür aber mit zu langen Fußnägeln einen Spitzentanz aufführen. Oder Hürdenläufe absolvieren ... Muß man sich bei dieser Vorstellung noch über Arbeitsmotivation unterhalten? Quetschungen der empfindlichen und stark durchbluteten Huflederhaut schmerzen das Pferd auch. Obendrein ist unter solchen Beanspruchungen wie vorhin beschrieben jede Fehlstellung von Gliedmaßen oder Hufen ein Risikofaktor allererster Güte. Weil zwangsläufig eine andere Region verstärkt belastet wird.

Vielleicht über Gebühr belastet? Und was passiert dann? Denn die einwirkenden Kräfte verringern sich ja nicht nur der Unvernunft des Menschen zuliebe.

Ist Ihnen „Hufrolle“ ein Begriff?

MARTIN PLEWA
Der Pädagoge, Ausbildung in allen Disziplinen bis Klasse S, war über ein Jahrzehnt Bundestrainer der deutschen Vielseitigkeitsreiter:
„Die Teilnehmer kommen manchmal mit Hufbeschlägen in die Lehrgänge ... das ist fast kriminell. Ein Huf, der nicht hundertprozentig plan auffußt, muß früher oder später Schäden an Sehnen, Bändern und Gelenken verursachen.“

Querschnitt durch den Fuß des Pferdes

Schematische Darstellung

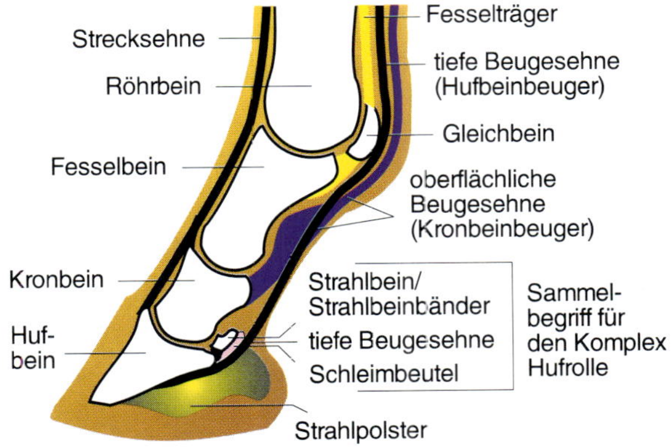

Was ist die Hufrolle?

Die Bezeichnung „Strahlbeinlahmheit" weist auf den Bereich hin, in dem der Defekt auftritt.
An der unteren Seite dieses Knöchleins liegt die tiefe Beugesehne. Sie ändert unter dem Strahlbein ihre ursprüngliche Verlaufsrichtung und strebt zum Hufbein, an dem sie breitflächig festgewachsen ist. Da das Strahlbein hierbei praktisch als „Umkehrrolle" für die tiefe Beugesehne dient, nennt man den gesamten Bereich kurzerhand die Hufrolle ...
Je länger die Zehe des Hufes ist und je niedriger die Trachten sind, desto spitzer wird der Winkel, den die Beugesehne mit dem Boden bildet. Mit jedem Winkelgrad weniger aber erhöhen sich die auf das Strahlbein einwirkenden Kräfte beträchtlich.
Armin Kasper, aus „Hufkurs für Reiter"

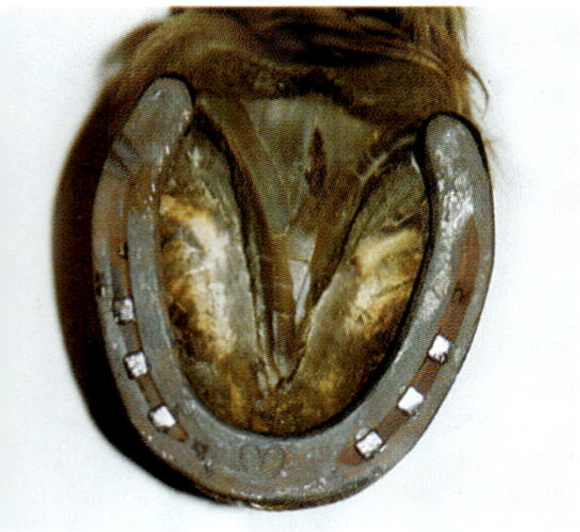

Hinter der breitesten Stelle des Hufes hat kein Nagel mehr etwas zu suchen. Als Richtlinie gilt: bei der Strahlspitze ist Schluß! Bei Belastung des Fußes werden Sohle und Strahl nach unten gedrückt. Das führt zu einer Spreizung der Hufkapsel. Die Ausdehnung setzt sich fließend bis zum Trachtenbereich fort, wo sie am stärksten ist.

Nun ist Hufrollenerkrankung, Strahlbeinlahmheit oder Podotrochlose – wie der Mediziner sie zungenbrecherisch nennt – nicht gleich Podotrochlose.

Sie kann eine Umformung des Strahlbeins betreffen, eine Veränderung der Sehnengleitfläche der tiefen Beugesehne oder Erkrankungen der Strahlbeinbänder. Die Erkrankungen spielen sich zwar in eng benachbarten Regionen ab, müssen aber differenziert betrachtet werden.

Bei einer Umformung des Strahlbeins ist der Ofen ganz aus. Das läßt sich nicht mehr rückgängig machen. Doch die restlichen Schäden stehen dem nicht sehr viel nach. So oder so: Neben zu früher, zu einseitiger, zu starker Belastung zählen überlange Beschlagperioden zu den typischen Verursachern dieser Krankheit.

Werden die Hufe nicht pünktlich korrigiert, wird durch die auswachsende Zehe und die Selbstkürzung der Trachten die Statik verändert. Das gilt ganz besonders für den beschlagenen Huf, bei dem ein natürlicher Abrieb ausgeschlossen ist.

Alle 4–6 Wochen, max. 8 Wochen ist der Hufschmied Pflicht!

Wird dieses Limit übertreten, kippt der Huf nach hinten ab. Damit wird das Gewicht vermehrt auf die hintere Region verlagert und übt bereits im Stand verstärkt Druck auf Strahlbein, Schleimbeutel und tiefe Beugesehne aus, also auf den Hufrollenkomplex. Und in der Arbeit summiert sich der Druck gewaltig. Oder Trachtenzwang, Kronenzwang: lauter nette Möglichkeiten, seinem Pferd die Arbeitsfreude gründlich zu vermiesen ...

Sparmaßnahmen am Huf wären ein typischer Fall von Milchmädchenrechnung. Eine der möglichen Quittungen: 200 Mark am Hufschmied gespart und einen Tausender für die Behandlung hingeblättert.

Erinnern Sie sich noch daran, daß bei der Untersuchung von Dr. Wackenhut zu Hochleistungspferden die Beschlagintervalle von allen befragten Reitern penibel eingehalten wurden?

Jetzt wissen Sie, warum!

Ach übrigens, auch der Huf läßt sich trainieren. Wie? Na, Sie wissen es doch ... Richtig: *gehen, gehen und nochmals gehen!*

„Die Selbstkürzung der Trachten führt zu einem Kippen des Hufs nach hinten, damit zu einer vermehrten Anspannung der tiefen Beugesehne, die ihrerseits einen verstärkten Druck auf ihr Schmierlager (Schleimbeutel) und ihre Gleitrolle (Strahlbein) ausübt."
Armin Kasper, aus „Hufkurs für Reiter"

Huf- und Fesselstand

Eigenartig, wie viele Reiter gutgläubig und vertrauensvoll ihr Pferd jedem Hufschmied ausliefern. Gewiß, ein guter Hufschmied sitzt ganz nah beim lieben Gott. Aber ein schlechter vermag das Pferd so zu verhunzen, daß es beim Laufen Schmerzen hat. Auch da nutzt die schönste Motivation nichts. Vertrauen ist gut, Fachwissen ist besser:

Denn wenn es weh tut, will das Pferd nicht mehr.

Das wiederum mißfällt dem Reiter sehr!

Er soll (und darf) nicht die Arbeit des Hufschmieds übernehmen, aber jeder Reiter sollte in der Lage sein, Erkrankungen und Fehlstellungen der Hufe zu erkennen. Ein Tip zur Auswahl des „richtigen Schmiedes": Viele Schmiede arbeiten eng mit einem Tierarzt zusammen und besuchen mit ihm gemeinsam die regelmäßig stattfindenden Hufbeschlagstagungen. Bei diesen Schmieden kann man ziemlich sicher gehen, daß sie technisch und medizinisch auf dem neuesten Stand sind.

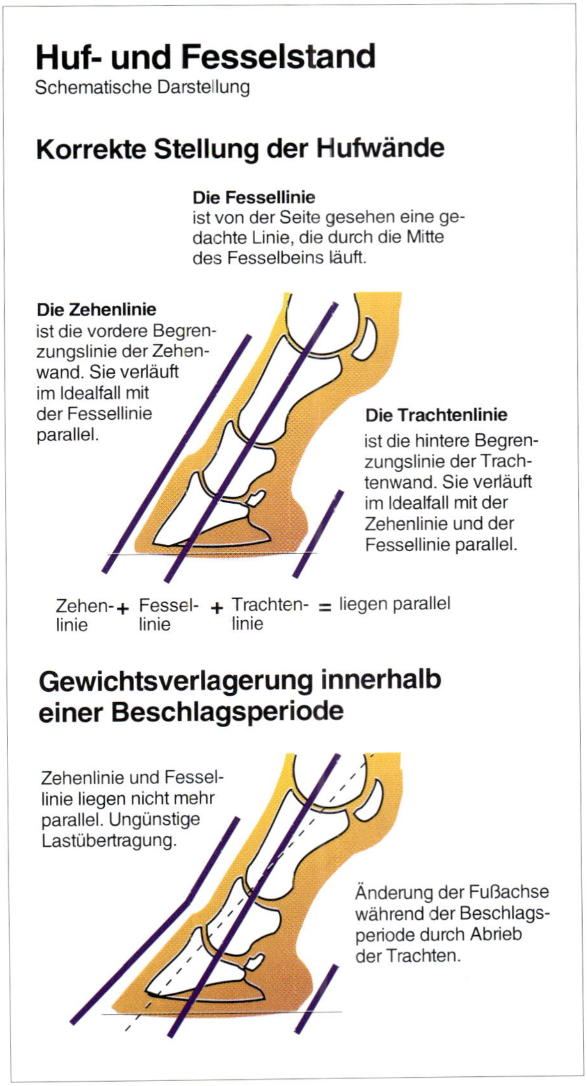

Die meisten Pferde stehen sich kaputt

JOCHEN SCHUMACHER
„Bei allen Zugeständnissen an die Haltung, die aus der Nutzung des Pferdes entstehen können, ist eines aber richtig, und davon lasse ich mich nicht abbringen: Ein Pferd, das 23 Stunden in der Boxe steht und nur eine Stunde am Tag bewegt wird – das ist Tierquälerei!"

Das war kein schönes Kapitel, ich weiß. Denn es gibt niemanden, der sich liebenswürdigerweise als Sündenbock zur Verfügung stellt. Doch ob unbequem oder nicht: Tatsächlich entbehrt das Verhalten vieler Reiter im Training ihres sonst so geliebten und verhätschelten Vierbeiners jeder Logik. Es ist schlichtweg paradox!

Ja, ich begründe das gerne:

a) Wir erwarten von jedem Sportlehrer, daß er über Anatomie und Belastungsgrenzen des menschlichen Körpers fundierte Kenntnisse hat. Das wird als selbstverständlich vorausgesetzt.
Weil wir wissen, daß sein Training unter Umständen sonst mehr Schaden als Nutzen bringt. Bereits bei Sportstudenten reicht ein Stichwort. Die rasseln Fakten und Daten nur so runter ...

b) Die Mehrzahl der Reiter nimmt aber ebenso selbstverständlich an, daß sie persönlich auf fundierte Kenntnisse über Trainingsmethodik und Anatomie des Pferdes verzichten können.
Warum denn das?
Weil das Pferd ohnehin ein Lauftier ist?
Hm! Ja, wo laufen sie denn?
Wo laufen sie denn hin?
Auf einem Standardmaß von 3 × 3 Metern?

NICOLE UPHOFF

„Genügend Bewegung und Abwechslung sind sehr wichtig: Die Pferde werden longiert, an der Hand gearbeitet, ich gehe mit ihnen ins Gelände oder auf die Rennbahn. Obwohl die eigentliche Arbeit – Schrittphasen nicht mit eingerechnet – nur ca. 30 Minuten dauert, werden die Pferde zweimal am Tag bewegt und kommen zusätzlich auf die Weide oder in den Paddock. Wir benutzen auch viel ein Laufband, das außerhalb des Stalles steht. Das ist sehr gut gegen schlechten Schritt und fördert die Rückenmuskulatur."

Im Ruhezustand wird der Körper nur auf Sparflamme versorgt. Paradebeispiel dafür ist das lange Zeit so begehrte „weiße" Kalbfleisch, das durch extremen Bewegungsmangel erzielt wurde.

Doch ein Reiter will sein Pferd ja nicht als Steak auf dem Teller, sondern leistungsfähig unter dem Sattel. Nehme ich mal an. Also muß er dem Körper des Tieres auch die Möglichkeit geben, sich so anzupassen, daß es die Anforderungen ohne Schmerzen erfüllen kann.

Das, was das Pferd bräuchte, kriegt es überwiegend zuwenig: viel ruhige Bewegung in frischer Luft. Ausdauersportler, wie etwa Marathonläufer, erhalten ihre Leistungsfähigkeit bis ins hohe Alter. Bei Distanzritten sind erfolgreiche Pferde, die Strecken von 100 km und mehr in einem Alter von weit über 20 Jahren absolvieren, auch keine Seltenheit.

Frisch und munter, wohlgemerkt.

Und eine Stunde Reiten pro Tag ruiniert so viele Pferde?

Trainingsunterstützende Maßnahmen wie

- ruhige Geländeritte, mit langen Schrittreprisen
- Longieren
- Ausdauertraining in großen Führanlagen oder auf Laufbändern
- Weidegang/Paddock

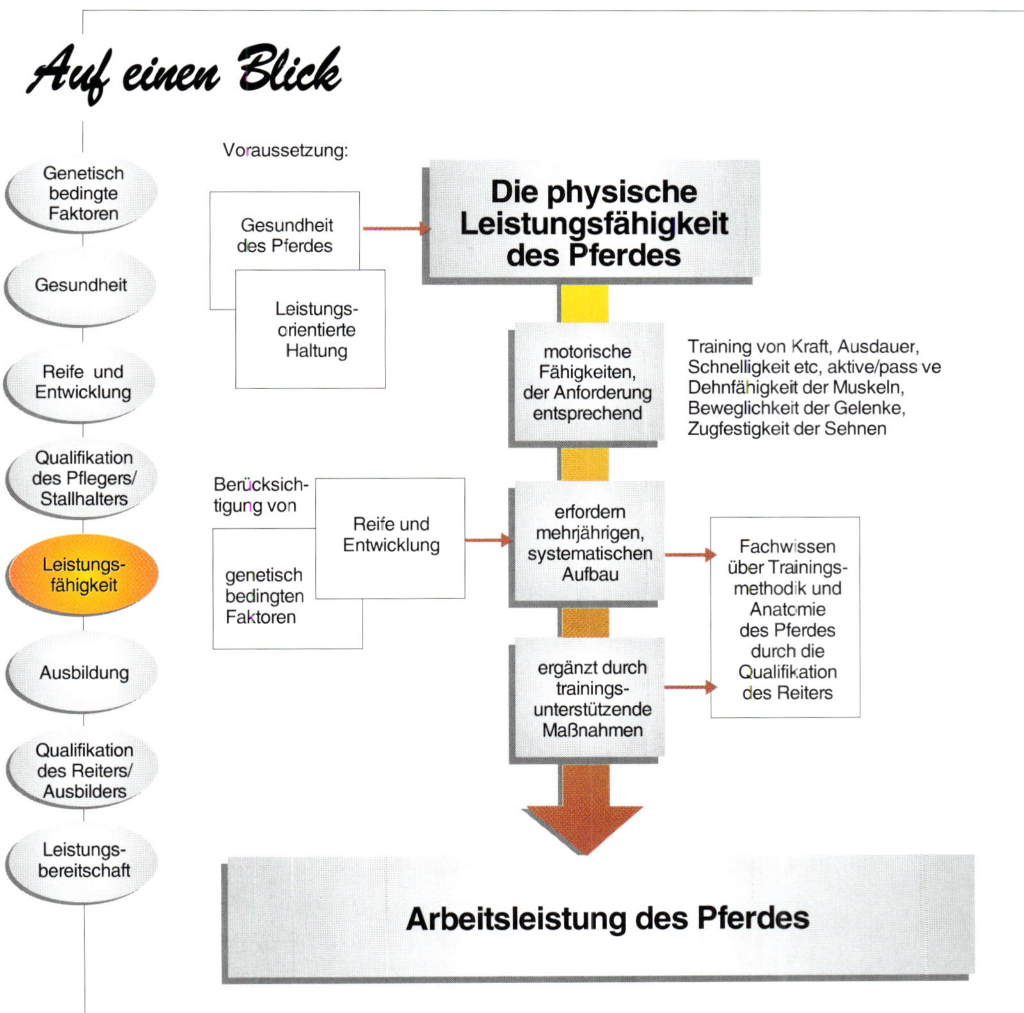

sind mindestens so wichtig wie konzentrierte Arbeitsphasen unter dem Sattel. Sie beugen nicht nur einer möglichen Überanstrengung vor, sondern erleichtern es dem Organismus, Stoffwechselschlacken abzubauen.

Die Zeit dafür muß einkalkuliert werden – und zwar um so mehr, je weniger Bewegungsspielraum das Pferd in den Haltungsbedingungen hat. Es bringt nichts, die Augen zu schließen und zu hoffen, daß dieser Kelch vorübergehe.

Tut er nämlich nicht. Nur daß – wie bereits mehrfach gesagt – nicht etwa der Reiter, sondern das Pferd ihn bis zur bitteren Neige leert. Gezwungenermaßen.

Die einzige trainingsunterstützende Maßnahme, die in vielen Ställen genutzt wird, sind Solarien. Die Dinger sind gut; überhaupt kein

Auf der Rollbahn

Zu Beginn hatte ich Ihnen doch einen Artikel versprochen, der mir zwischen die Finger geriet? Hier ist er: Ein Bericht aus Gestüt Zangersheide (wo man inzwischen natürlich die Konsequenzen gezogen hat), im „St. Georg". Und damit schließen wir das Kapitel ab:
Bei Jährlingen und Zweijährigen – die verletzungsbedingt mehrere Wochen Stallruhe verordnet bekamen – wurde in Gestüt Zangersheide festgestellt, daß Veränderungen bei der Blutdurchströmung auftraten, sich die Lungen dieser Pferde kaum weiterentwickelten und in Einzelfällen sogar degenerierten.
Um diesen Befund zu überprüfen, wurden in Zangersheide einige hundert Beine von Jungpferden geröntgt. In die Venen wurde eine Kontrast-Flüssigkeit gespritzt, um die Blutdurchströmung auf dem Röntgenbild zu verdeutlichen. Bereits nach sechswöchiger Arbeit auf einem Laufband, bei einer Laufgeschwindigkeit von 6–6,5 km/h, konnte eine beachtliche Verbesserung erzielt werden: „Das Lungenvolumen hatte in einigen Fällen um die Hälfte zugenommen, die Blutdurchströmungen hatten sich nahezu verdoppelt. Die ursprünglichen marginalen (verminderten) Kapillargefäße erweiterten sich und dehnten sich über eine viel größere Fläche aus als ehemals. Bewiesen durch wiederholte röntgenologische Untersuchungen …"
Übrigens wurde die Ursache der Lungendegeneration, neben der Bewegungseinschränkung, auf eine unzulängliche Belüftung der Ställe zurückgeführt, die dem tatsächlich erforderlichen Sauerstoffbedarf der Pferde nicht entsprach.

Thema. Über ihre Vorzüge brauchen wir uns hier nicht zu unterhalten. Bloß eines kann auch die beste Solaranlage nicht: ein Defizit an sauerstoffreicher Außenluft ausgleichen, in der Lunge und Atemwege ventilieren können.

Denken Sie ganzheitlich. Damit kommen Sie weiter.

Apropos Motivation

Eine kurze Verschnaufpause: Das waren eine Menge Fakten, die ich Ihnen zugemutet habe – obwohl bereits auf ein Minimum reduziert. Und überall kam Krankheit heraus, Schmerz, Frustration.

Sie sehen, es gehört einiges mehr dazu, die Leistung des Pferdes abzufragen, als stolzen Hauptes aufzusitzen. Das ist exakt der Punkt, den Ihnen selbst der beste Reitlehrer so schnell nicht beibringen kann. Weder in zehn, noch in zwanzig Reitstunden.

Apropos Motivation: Haben Sie jemals über Ihre Rolle als Reiter nachgedacht? Warum Sie sich so viel Zeit für Ihr Pferd nehmen? Warum Sie dieses Buch überhaupt lesen? Ganz interessant: Sie beschäftigen sich mit dieser Thematik nicht nur dem Pferde zuliebe ...

Wir Menschen sind die rücksichtsloseste, egoistischste Bande im gesamten Tierreich (Beschwerden bitte an Herrn Darwin und Herrn Freud weiterzuleiten). Das Pferd ist für jeden Reiter erst einmal Mittel zum Zweck! Das hört sich rüde an – ist aber so.

Alle unsere Emotionen, unser Liebhaben des Tieres, unser sportlicher Ehrgeiz und jegliche Anstrengung, sich reiterlich zu verbessern, dient letztendlich unserer eigenen Belohnung. Reiten ist genauso eine Form von ureigenem Egoismus wie jede andere Aktivität auch.

Der Wunsch nach Kindern ist eine Form von Egoismus; sich Kinder zu versagen aber ebenso. Auch Florence Nightingale und Albert Schweitzer frönten auf ihre Weise ihren höchstpersönlichen Bedürfnissen, was ihre Leistung in keiner Weise schmälert.

Es gibt beim Reiten nur ein Problem. Der polnische Philosoph Stanislaw Jerzy Lec hat es bissig auf den Punkt gebracht: *„Ein Pferd ohne Reiter ist immer ein Pferd. Ein Reiter ohne Pferd nur ein Mensch."*

Tja, war schon wieder nix mit Glanz und Gloria und der hübschen Wattewolke unter den Füßen. Vordergründig steht zwar die Arbeitsmotivation des Vierbeiners – aber sie deckt ein Bedürfnis des Reiters!

Selbstverständlich habe ich dieses Buch meiner Bedürfnisse wegen geschrieben. Was für eine Frage!

Halten Sie noch ein Kapitel durch? Danach sortieren wir uns ein wenig und ziehen eine kleine Zwischenbilanz. Einverstanden?

Psychische Faktoren und Fähigkeiten

Hoppla! „My Lord" stellt Nadine Capellmanns Sattelfestigkeit auf die Probe.

„Mit und nicht gegen den Reiter arbeitet ein Pferd nur, wenn es psychisch ausgeglichen ist."

Richard Hinrichs

Leistung beginnt im Kopf. Bei jedem Sportler. Nicht nur körperlich, auch geistig muß sich das Pferd den Anforderungen gewachsen zeigen.

Doch Konzentration will gelernt sein. Die Fähigkeit, sich auf seine Aufgabe zu konzentrieren, ohne sich durch äußere Einflüsse ablenken zu lassen, ist alles andere als selbstverständlich. Ganz im Gegenteil: Bereits Nervosität erweist sich häufig als so überwältigender Druck, daß ihm weder Pferd noch Reiter standhalten.

Aufgaben, die in vertrauter Umgebung traumhaft sicher abgespult werden, bewirken unter dem Streß einer veränderten, unruhigen Umgebung, daß ein Parcours in eine Trümmerlandschaft zerlegt wird oder im Dressurviereck zirzensische Einlagen geboten werden.

Unfreiwillig, versteht sich.

Vor dieser Posse sind selbst höchste Klassen nicht gefeit. Ob in einer plötzlichen Levade oder mit herzhaft herausgepfefferter Hinterhand – binnen einer Saison finden sich nicht wenige Elitereiter aller Sparten in dieser Rubrik. Besonders reger Beliebtheit in der Presse erfreuen sich dabei Entgleisungen des sonst so gehorsam gehenden Dressurpferdes. Da lacht des Fotografen Auge, und die Kamera wird flugs gezückt.

Wenn die Nerven versagen, ist Widerstand vorprogrammiert: Ein steter Quell der Freude für alle Kiebitze und Fotografen, fordert der nervige „Biotop" Dr. Reiner Klimke einiges an Geduld ab. Sein Reiter nimmt's gelassen: „Ich mußte lernen, daß ich mit Biotop länger brauche als mit einem ‚normalen' Pferd ..."

Goldpferd Rembrandt, der kapriziöse Dressurheros unter Nicole Uphoff, war für seine brillanten Piaffe- und Passagetouren ebenso bekannt wie für seine zahlreichen Ausraster. Dem russischen Trakehner Prints wurde gar Genie und Wahnsinn gleichermaßen unterstellt, und Dr. Reiner Klimkes Biotop hieß unter Insidern „Bio tobt". Ein Name, um den sich der Hengst zeitweilig recht intensiv bemühte. Aber auch die Spanische Reitschule in Wien trennt sich immer mal wieder, wenn auch schweren Herzens, von einigen Tieren, weil sie sich dem zeitlich strengen Reglement psychisch nicht gewachsen zeigten ....

Charakterstärke und Selbstbewußtsein stehen bei vielen Pferden leider in keinem Widerspruch zu einem übersensiblen Nervenkostüm.

Eine Eigenschaft, die Pferde mit Künstlern zu teilen scheinen, und eine Eigenschaft, die sich weder auf den Turniersport noch auf eine bestimmte Rasse beschränken läßt. Denn um zu der Feststellung zu gelangen, daß unter extremer Anspannung selbst minimale Auslöser Anlaß genug bieten, die Freude unseres Herzens regelrecht „ausflip-

über das biologisch bedingte Triebverhalten des Pferdes gut durchgelesen? Ganz sicher? Das kann uns in diesem Kapitel nämlich ganz böse Fallen stellen. Und die Erbanlagen lugen natürlich auch wieder um die Ecke. Diesmal zusammen mit den reife- und entwicklungsbedingten Faktoren.

Ihnen bleibt wirklich nichts erspart.

„Die Perversion des Zeitgeistes zeigt sich auch darin, daß Leiden als bloße negative Funktionsstörung diffamiert wird. Von dieser Zeitkrankheit sind nicht nur viele Pferdebesitzer befallen, sondern auch mehr und mehr der Tierarzt."
Dr. Peter Cronau, in der „Pferdewelt"

Zwischen Unter- und Überforderung

„ ...Fehlerhaftes Verhalten der Besitzer bei der Nutzung ist der Hauptgrund für die Entstehung chronischer Lahmheiten beim Pferd."
Prof. Dr. Bodo Hertsch, aus „Anatomie des Pferdes"

Jede körperliche Anstrengung erfordert die ihr entsprechende körperliche Konstitution. Ohne Fleiß kein Preis, sonst sind die begehrten Lorbeerblätter allenfalls als Suppengrün auszumachen. So viel steht fest.

Leider auch etwas anderes: Durch unsachgemäßes Training werden ebenfalls Krankheiten ausgelöst, infolgedessen Schmerz ... na ja, und der ganze restliche, mittlerweile sattsam bekannte Rattenschwanz.

Sie denken an die „nutzungsbedingten Krankheiten"?

Mit rund 60 % stellen Erkrankungen der Bewegungsorgane mit Abstand den Spitzenreiter! 60%! Diese Zahl kann man sich als Reiter gar nicht oft genug vor Augen halten. Alles, was hier versiebt wird, darf sich der Reiter oder Ausbilder des Pferdes höchstpersönlich an die Brust heften, zumindest fast. Das Resultat bleibt dennoch gleich: ein krankes und leistungsschwaches Tier. Vor allen Dingen eines, das von Tag zu Tag mehr die Freude an seiner Arbeit verliert.

Wie in der Haltung kratzen wir auch hier nur ein wenig die Oberfläche an. Wahrscheinlich reicht Ihnen das ohnehin: Entweder sind Sie danach genauso frustriert wie Ihr Pferd – oder Sie klopfen sich anerkennend auf die Schulter.

Sollte letzteres der Fall sein, haben Sie es sich redlich verdient. Ich drücke Ihnen die Daumen! Oder besser Ihrem Pferd, das hat mehr davon. Sollte der erste Fall zum Tragen kommen und Sie den Wunsch verspüren, mir einen kräftigen Nasenstüber zu verabreichen, darf ich Sie mit Ihrem Frust an Prof. Hertsch verweisen. Der war nämlich so nett, den gesamten medizinischen Teil abzusegnen.

Dafür bin ich ihm auch herzlich dankbar.

Falls Sie also jemanden zum Streiten suchen, wenden Sie sich doch bitte an diesen höchst kompetenten Herrn.

„Ich habe viele meiner Schüler gewarnt, habe ihnen immer wieder vor Augen gehalten, daß sie mit den Gaben ihrer Pferde maßhalten müssen. Ich habe Schüler aus der Ausbildung geschickt, wenn sie nicht hören wollten, und konnte dann feststellen, daß ihre Pferde nach ein oder zwei Saisons schon auf dem Abstieg waren oder daß sie, trotz bester Veranlagung, nie in eine höhere Klasse aufstiegen."
Anthony Paalman, aus „Springreiten"

pen“ zu lassen, braucht man gar nicht in die vorgenannten hohen reiterlichen Weihen zu steigen.

Einen Nervenkitzel ganz erlesener Güte versprechen viele Pferde bereits beim ersten Ausritt im Frühjahr, nach einer langen Wintersaison. Nicht nur Frühlingsgefühle, auch die Überfülle an Anreizen verwandeln selbst ein lammfrommes Tier plötzlich in einen überaus unsicheren Kandidaten. Spiegelnde Reflektionen auf Glas, Metall, Lack oder Wasser, aufwirbelndes Laub, eine Plastiktüte am Wegrand ... Die Nerven liegen blank.

Bei jedem Knacken zeigt das feurig' Roß deutliche Tendenz, sich auf den nächsten Baum zu flüchten. Um jede Pfütze wuselt es wie ein Tausendfüßler herum, nicht von der Überzeugung abzubringen, daß darin ein Alligator hause. Was der Bursche in der Dressur zeigen soll, macht er jetzt. Das Heck geht hinten runter wie bei einem Rennwagen. Das Dumme ist nur, daß er auch versucht durchzustarten. Ein Hase hüpft, das Roß hüpft auch ... Langsam wird es ungemütlich.

Scharfe Einwirkungen über Gebiß oder Sporen helfen wenig. Zu der Reizüberflutung gesellen sich Schmerz und Angst – und die bislang noch mühsam aufrechterhaltene Selbstbeherrschung geht vollends flöten.

Derartige Exkursionen vermitteln dem Reiter das beruhigende Gefühl, er säße auf einem Pulverfaß mit brennender Lunte. Nein, eher wie auf einer Feuerwerksrakete: Man weiß nicht, wann genau sie losgeht, geschweige denn, wo sie wieder runterkommt. Bei unserem hiesigen dichten Straßennetz genau das richtige Stimulans, um einem den Angstschweiß auf die Stirne zu treiben. Hell und strömend.

Resultat dieser Horrortrips: Die Ausflüge erfolgen immer seltener – und die Reizschwelle des Pferdes wird immer niedriger. Hier beißt sich die Katze in den Schwanz. (Wie war das mit dem stärksten Motiv?)

Gegen Angst ist der Reiter machtlos.

Das Pferd aber auch, denn Sicherheit steht in seiner Bedürfnishierarchie ganz weit oben.

Bessere Chancen hat, wer neben seiner Qualifikation über robuste Nerven verfügt. Gut gebrüllt, Löwe! Nur, woher nehmen, wenn nicht stehlen? Wenn das Pferd doch so ein Seelchen ist?

Ist es das wirklich?

Die Seele auf Sieg trainieren

Ein anderes Thema: Auch im Reitsport hat moderne Sportpsychologie längst Fuß gefaßt. Mentales Training ist hochaktuell; der Stabi-

Ludger Beerbaum
„Das Pferd muß daran glauben, daß es die Aufgabe schafft. Nichts Dummes abfragen; Rush-On rutscht heute noch das Herz in die Hose, wenn ich ihn unüberlegt in eine fragliche Situation hineinmanövriere.“

Ursula Bruns
„Pferde erziehen heißt auch, sich Gedanken darüber machen, wie man ein Pferd dazu bringt, fremde Gegenstände anzusehen und mitdenkend zu überwinden. Das ist von Pferd zu Pferd verschieden.“

Nicole Uphoff lachte bloß auf die Frage, ob sie regelmäßig ins Gelände ginge: „Fast schon zu oft. Manchmal muß ich mich geradezu ermahnen, mehr ans Arbeiten zu denken."

MARTIN PLEWA
„Wichtig ist, daß die Umwelt des Pferdes in Ordnung ist und daß das Vertrauensverhältnis zum Menschen stimmt, also zum Pfleger, Reiter, letztlich auch zum Trainer. Man muß das Gefühl haben, daß das Pferd mit dem Reiter arbeitet und mit den Personen, mit denen es zu tun hat – und keine Aversionen gegen sie hegt oder gegen seine Arbeit."

lisierung der psychischen Leistungsfähigkeit wird zunehmend Beachtung geschenkt. Bücher über mentales Training für Reiter erfreuen sich steigender Verkaufszahlen. Speziell für Reiter angebotene Kurse sollen und können Nervenstärke und Konzentrationsvermögen auf „Abruf" stärken und stehen auf dem Ausbildungsplan für Berufsreiter in Warendorf.

Die eigene Gelassenheit spiegelt sich in der Losgelassenheit des Pferdes wider. Das ist das Credo der Unterweisungen.

Kaum zu widerlegen: Die Konzentration des Pferdes wird durch den Reiter beeinflußt. Kann er sich schon nicht auf seine Aufgabe konzentrieren, wie will er das von dem Pferd erwarten? Für derartige Schwächen wird denn auch prompt die Quittung serviert. Davon unberührt, sind die individuelle Persönlichkeit des Pferdes und dessen geistige Verfassung jedoch nicht zu unterschätzen.

So wirbt eine bekannte Hengststation für ihre Deckhengste mit dem Slogan: *„Elite mit Köpfchen: die Leistung steht im Vordergrund, darüber hinaus sind sie klaren Geistes ..."*

Natürlich sind Intelligenz und Interieur des Pferdes ein wichtiges Zuchtkriterium, gar keine Frage. Doch Streßbewältigung und die Verarbeitung von Emotionen wird nur bedingt vom Intellekt gesteuert und ist dementsprechend auch nur begrenzt vererbbar.

Tatsache ist, daß der hohe Pflege- und Zeitaufwand erfolgreicher Reiter, das behutsame Heranführen des Pferdes an seine Aufgabe, das Vermitteln vieler verschiedener Eindrücke nicht zuletzt dem Ziel dient, die psychische Belastbarkeit des Pferdes zu stabilisieren. Ausritte im Gelände, Bummeln am langen Zügel, Spazierengehen oder Grasen an der Hand, Aufenthalt in Paddock oder Weide – jede Möglichkeit zur Abwechslung und psychischen Entspannung wird genutzt und ist wichtiger Bestandteil des Tagesablaufs. Die Seele baumeln lassen ...

- *„Zuallererst die Gehlust des Pferdes erhalten. Die tägliche Arbeit dauert höchstens 30-45 Minuten. Alles andere ist Bewegungstherapie"*, sagte Klaus Balkenhol zu mir.
- Fredy Knie: *„ ... wir arbeiten so oft es geht mit einem aufblasbaren Manegenring im Freien und nutzen jede Möglichkeit auszureiten."*
- Franke Sloothaak: *„Viel Abwechslung. Wir gehen so oft wie möglich ins Gelände."*

Ähnliches gilt für Ludger Beerbaum, Richard Hinrichs oder Ellen Graepel. Es liegt absolut im Interesse des Reiters, dafür zu sorgen, daß sich sein Pferd rundum wohlfühlt und sich seelisch fallenläßt. Nur so läßt sich Streßbewältigung aufbauen; auf dieser Basis funktioniert jede psychoregulative Technik:

Entspannung ist die Vorstufe für Gelassenheit, und Gelassenheit ist Voraussetzung für psychische Belastbarkeit und Konzentration!

Erinnern Sie sich an den Blumentopf? Ich meine an den, den Sie nicht kriegen, wenn der Kopf Ihres Pferdes nicht mitspielt? Um den enormen Aufwand der zitierten Reiter gedanklich nachzuvollziehen, reicht ein einfaches Beispiel:

Stellt man ein Kind 23 Stunden pro Tag ruhig und nimmt es für eine Stunde in den Unterricht, muß man als Lehrer schon sehr gut sein, um das Kind überhaupt für den Lehrstoff zu interessieren. Weil zu viele Emotionen überwiegen und ablenken.

Verlegt man obendrein eine wichtige Lektion (beim Pferd beispielsweise eine Turnierprüfung oder einen Ausritt) ausgerechnet auf einen unbekannten Abenteuerspielplatz, dann darf man nicht nur gut, dann muß man erstklassig sein. Und selbst dann ist der Erfolg fraglich!

Warum?

Weil weder Kinder noch Pferde Maschinen sind.

Übertriebenes Scheuen, Schreckhaftigkeit, Übermut und Ungehorsam – Ursachen für viele Reitunfälle – sind meist auf die Reizarmut eines langen Stalltages zurückzuführen, die das Pferd gegen alle Umwelteindrücke außerhalb des monotonen Stalles in anomaler Weise empfindlich macht."
P. u. W. Hölzel/M. Plewa, aus „Profitips für Reiter"

... und jeder Schreck purgiert mich von Natur

Heinrich v. Kleist, „Der zerbrochene Krug"

Konzentration zehrt. Ist die Grenze der nervlichen Belastbarkeit erreicht, leidet nicht nur die Konzentrationsfähigkeit. Die Durchblutung vermindert sich, Muskel- und Gehirnzellen arbeiten nur eingeschränkt – manchmal bricht der gesamte Bewegungsablauf zusammen. Zurück bleiben Erschöpfung und negative Einstellung, oft gekoppelt mit Angst.

Schweißausbrüche, Durchfall und als Folge von Dauerbelastung Magengeschwüre ... alles Managerkrankheiten? Wir reden hier nicht über Humanmedizin: Dummerweise reagiert auch das Pferd in der Arbeit geradezu ernüchternd menschlich. Aber vielleicht ist es eher umgekehrt.

So oder so: Übertrieben hohe Anforderungen des Reiters, Widerwille gegen oder gar Furcht vor bestimmten Situationen lösen beim Tier vergleichbare Symptome aus, in extremen Fällen psychosomatische Krankheiten. Genau wie in der Haltung. Nein, es gibt keinen Grund, dem Stallhalter den Zeigefinger in den Bauch zu pieksen, wenn man als Reiter die Belastungsgrenzen seines Pferdes nicht zu berücksichtigen weiß.

Bereits zwei Lipizzaner mit einwandfrei diagnostiziertem Herzfehler kaufte Fredy Knie gegen den Rat der untersuchenden Ärzte. Nach jeweils einem Jahr unter seiner Ägide, in denen sich die Sorgenkinder zu Musterschülern mauserten, war bei beiden die Krankheit spurlos verschwunden.
Aus „Fredy Knie – Die sanfte Art, mit Pferden umzugehen"

Bei seelischer Überforderung hilft nur eines: Die Anforderungen drastisch reduzieren. Gang raus. Einen Nullpunkt setzen. Und Schritt für Schritt die psychische Belastbarkeit des Pferdes aufbauen.

Ob ein Pferd im Rahmen seiner Grenzen psychisch belastbar ist, ob es Streß bewältigen lernt (das ist ein Lernprozeß und kein Geschenk vom Heiligen Geist), hängt von drei grundlegenden Faktoren ab:

- Erfüllung des biologisch bedingten Triebverhaltens,
- individueller Erfahrungshintergrund und
- Vertrauen des Pferdes in seinen Reiter.

Dabei sind genetisch bedingte Faktoren, persönliche Reife und Entwicklung des Pferdes noch nicht einmal berücksichtigt. Und alles zusammen ist so prachtvoll ineinander verknäuelt, daß es sich gar nicht isoliert betrachten läßt.

Die FN zu Auswirkungen und Ursachen der Angst

„Angst ist ein Gefühl, welches in der Auseinandersetzung mit schwierig, riskant, gefahrvoll oder nicht lösbar erscheinenden und unbekannten Aufgabenstellungen und Anforderungen entsteht und eine natürliche Warn- und Schutzfunktion im menschlichen Handeln erfüllt ... Angstgefühle bewirken im Organismus eine verstärkte Ausschüttung von Hormonen ... Dieses wiederum kann dann ein breites Spektrum von Symptomen hervorbringen, die der Ausbilder als solche erkennen muß:

- *Vegetative Störungen: zum Beispiel Nervosität, Atemnot, häufiges Wasserlassen, gesteigerte Darmtätigkeit und Schweißausbrüche*
- *Motorische Störungen: Koordinationsstörungen und Irritationen im Bewegungsablauf führen dazu, daß technische Ausführungen, die sonst sicher beherrscht werden, jetzt nicht mehr oder weniger sicher vollzogen werden können. Der Reiter ist physisch verspannt und verkrampft."*

Ralph Michael Rash, aus „Lernen, Lehren und Trainieren im Pferdesport"

Ob das nur für den Reiter gilt?

„Stärker als die Furcht ist nur die Neugierde, zusammen mit dem Vertrauen zum Reiter." Ist das nicht ein schöner Satz? Gesagt hat ihn Oliver Schmidt-Nechl, Meisterschüler von Rolf Becher, auf einem Seminar über Aufbau und Training von Springpferden nach der Chiron-Methode.

Bevor wir weitermachen wird aber zuerst die versprochene Pause eingelegt, um die bisher gezogenen Erkenntnisse zu sortieren.

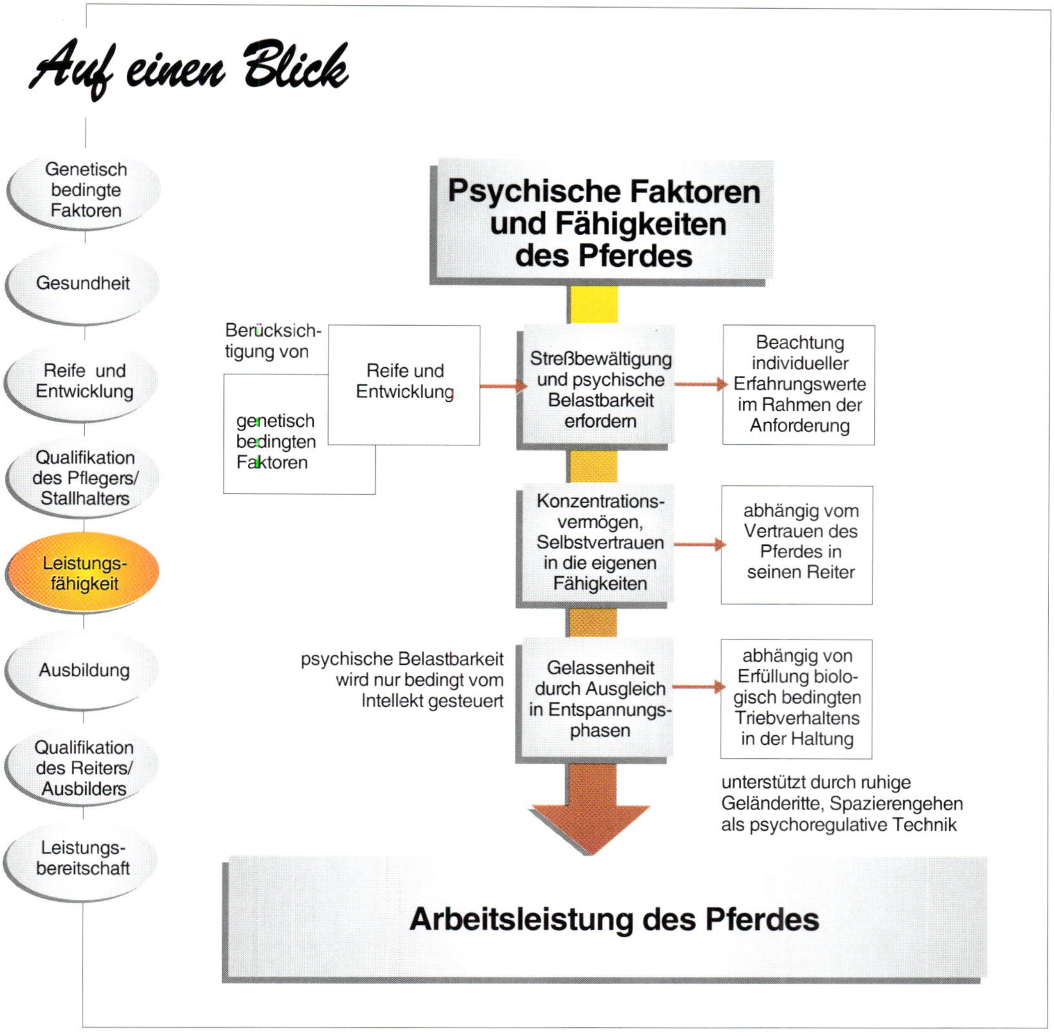

Zwischenbilanz: Wo bleibt sie denn nur, die Motivation?

„Die Pferde wollen ja mit aufs Turnier, weil sich da noch mehr als sonst um sie gekümmert wird."

Franke Sloothaak

Bisher war von allen möglichen Dingen die Rede, nur nicht von Motivation? Falsch! Wir stecken längst bis über beide Ohren mittendrin.

Ehe wir daran denken können, das Pferd in seiner Arbeit selbst zu motivieren, müssen erst einmal die Voraussetzungen geschaffen wer-

LUDGER BEERBAUM
„Das Herumstehen im Stall und Langeweile sind mit Sicherheit Leistungskiller! Ratina geht so oft und solange raus, wie es sich einrichten läßt. Ist sehr gut für ihre Nerven. Im Sommer ist sie von 4–9 Uhr auf der Weide, dann allerdings kommt sie wegen der Insekten wieder zurück zum Stall. Früher machte sie auf Turnieren immer Schwierigkeiten, fraß schlecht, war unruhig. Wenn ihre Pflegerin dabei ist und sich um sie kümmert, fühlt sie sich überall wohl, frißt gut und arbeitet motiviert."

den. Motivationspsychologie als Führungsinstrument zielt ja immer auf die Erfüllung unbefriedigter Bedürfnisse ab! Darin liegt ihr Erfolg. Und unbestritten melden sich die Bedürfnisse des Pferdes nicht erst mit dem Satteln.

Die Motivation des Pferdes beginnt weder im Dressurviereck noch auf dem Springplatz. Sie beginnt im Stall. Sie beginnt mit der Pflege. Sie beginnt mit der Vorbereitung des Pferdes auf seine Arbeit.

Hier werden bereits die meisten Bedürfnisse gedeckt. Über diese Schiene wird das Pferd fast unmerklich in seine Aufgabe gelockt. Fehler in der Haltung, Versäumnisse in bezug auf das physisch-psychische Triebverhalten des Pferdes müssen über die negative Vorbelastung logischerweise zu negativen Auswirkungen in der Arbeit führen:

- Wenn das Pferd zuwenig Luft bekommt, weil die Atemorgane angegriffen sind, ist Luftkriegen das absolut Wichtigste auf der ganzen Welt – und nicht etwa die reiterliche Hilfe.
- Wenn es Schmerzen hat, weil die kontinuierliche, ruhige Bewegung als Anpassung auf die Arbeitsanforderung nicht gedeckt ist, kann und wird es sich auf seine Arbeit nicht voll konzentrieren. Dabei ist unerheblich, ob die Gelenke weh tun oder die Hufe oder ein anderer Körperteil. Die Aufmerksamkeit ist zumindest geteilt. Es ist nur eine Frage der Zeit, wann der Schmerz überwiegt.
- Wenn das Pferd frustriert ist, weil ihm so viele Aktionen, die in seiner Natur liegen, über den größten Teil des Tages verweigert werden, wird es sich psychisch auch der Arbeit verweigern, weil es seelisch verkümmert ...

Haltung, gesundheits- und trainingsunterstützende Maßnahmen lassen sich eben nicht vom „Reiten als Beruf, Sport oder Vergnügen" abspalten. Das ist einer der Kardinalfehler, der vielen Reitern unterläuft. Warum die Bedeutung des Arbeitsumfeldes so schwer unterschätzt wird, ist eine andere Geschichte. Auf jeden Fall ist dieser vorbereitende Teil des Motivationsprozesses für das Tier mindestens so wichtig wie die Motivation in der eigentlichen Arbeitsphase!

Zwar stoßen mittlerweile selbst saubere, luftige und helle Pferdeständer auf Ablehnung, aber eine in der Gesamtsumme oft ungleich schlechtere Boxenhaltung in dunklen, muffigen, staubigen Ställen wird kurioserweise anstandslos akzeptiert. Dazu kommt, daß Pferde in großen Reitanlagen überwiegend einzeln gehalten werden.

Das Problem ist nicht die tatsächlich oft unvermeidbare Einzelhaltung, nicht die zweireihige 08/15 Innenboxe, noch nicht einmal die verrufenen Ständer müßten es sein – vorausgesetzt, die jeweilige Haltung würde richtig gehandhabt.

Nur machen sich die wenigsten Reiter bewußt, daß eine Haltung in geschlossenen Ställen ohnehin grundsätzlich ein „Mehr" an Kosten bzw. Pflege bedeutet. Daß sie aber mit der konventionellen Einzelaufstallung obendrein die arbeitsaufwendigste, die absolut teuerste Haltungsform praktizieren, die sich in bezug auf Motivation und Leistungsfähigkeit des Pferdes nur denken läßt.

Mit Einzelhaltung verbundene Vorzüge wie Sicherheit, individuelle Versorgung und ständige Verfügbarkeit des Tieres sind Luxus – und Luxus kostet Geld. Unter dieser Vorgabe ist keine müde Mark zu sparen.

Es gibt eine grobe Faustformel, die es nicht nur zu wissen, sondern auch zu berücksichtigen gilt:

Je kleiner, je unattraktiver (langweiliger) die dem Pferd zur Verfügung stehende Fläche ist, um so höher ist der tägliche personelle Aufwand!

Blättern Sie geistig zu dem Kapitel „Sigmund Freud läßt grüßen" zurück: Kann das Pferd seinen Bedürfnissen ungehindert nachgehen, bestimmen häufig wechselnde Ruhe-, Freß- und Bewegungsphasen den Tagesrhythmus ...

Wie sieht er denn aus, der Tagesablauf der Pferde von bekannten Reitern und Ausbildern? Wie unterscheidet sich der eines Springpferdes von dem eines Dressurpferdes oder dem eines Zirkuspferdes? Was machen diese Reiter anders?

Und zwar offensichtlich erfolgreich!

Die eigentliche Arbeitsphase liegt bei 20–45 Minuten maximal. Den Vogel schoß übrigens Fredy Knie ab, bei dem eine Lernsequenz auch in 10 Minuten abgeschlossen sein kann. Aber die Bewegung pro Tag oder „Bewegungstherapie", um die schöne Wortwahl Klaus Balkenhols aufzugreifen, dauert im Schnitt 2–2,5 Stunden.

Rechnen wir nur die Zeit von 6.00–20.00 Uhr. Das sind 14 Stunden. In dieser Zeit liegen 3–4 Fütterungseinheiten und mehr, mindestens 2 Bewegungseinheiten – eine morgens, eine nachmittags, zusätzlich Paddock und/ oder Weide, zweimal täglich ausgiebiges Putzen ...

Lediglich die Art und Weise, wie den Bedürfnissen des Pferdes entsprochen wird, unterscheidet sich und hängt mit den Anforderungen an das Pferd zusammen:

So wird bei den Springreitern über Führmaschine und/oder Laufband ein Teil der Kondition aufgebaut. Bei den Dressurreitern dagegen wird das Pferd eher geführt. Bummeln im Gelände und Ausritte stehen bei beiden auf dem Programm. Die Springreiter zeigen sich eher bereit, ihre Pferde auf die Weide zu stellen, wenngleich oft in voller

DR. REINER KLIMKE
„Bei mir braucht keine Pflegerin mehr als vier Pferde zu machen. Das ist teuer, aber ich will bis ins Detail saubere Arbeit haben. Ich will, wenn ich in den Stall komme und frage: ‚Ist mit dem Pferd etwas?' nicht hören: ‚Weiß ich nicht', sondern eine konkrete Antwort, also ‚Es ist das und das' oder ein ‚Alles-in-Ordnung', weil das Pferd unter ständiger Beobachtung steht."

ISABELL WERTH
„Ich glaube, daß ein Pferd Ehrgeiz auch in Prüfungen entwickelt. Auf dem Turnier sind zwei Pferde mit, manchmal drei; alles dreht sich den ganzen Tag nur um sie, und sie fühlen sich natürlich furchtbar wichtig. Dazu die stets neue Atmosphäre – sie benehmen sich wie Kinder, die mit großen Augen gucken."

Der nachstehende Kasten zeigt, wie hoch der Pflegeaufwand bei Hochleistungspferden und in guten Ställen bereits Mitte der 90er Jahre war. Ein Aufwand, der gut zehn Jahre später noch gestiegen ist.

Pflegeaufwand und Bewegung pro Tag

Reiter	Innenbox/Außenbox	Anzahl Fütterung	Pflegeaufwand	Paddock/
Klaus Balkenhol *Dressur*	*nur Außenboxen*	*3 Kraftfutter, 2 Rauhfutter*	*mehrmals täglich*	*wenn an gewöhnt, ja*
Ludger Beerbaum *Springen*	*nur 2/3 Außenboxen, leider, Pferde langweilen sich weniger*	*3–4 Kraftfutter, 2 Rauhfutter*	*3–4mal, Bezug zum Pfleger sehr wichtig*	*wetterab- täglich und*
Ursula Bruns/ Jochen Schumacher *FS-Testzentrum Reken, Schulbetrieb*	*nur Auslaufhaltung; einzeln oder in der Gruppe*	*bis zu 4mal Kraftfutter, wenn notwendig; Futterstroh ständig separat verfügbar*	*2mal Misten von Ställen/ Ausläufen, Weide wird täglich abgesammelt*	*ständig Auslauf, Weidegang*
Richard Hinrichs *Klassische Hohe Schule*	*nur Außenboxen*	*3 Kraftfutter, 2 Rauhfutter*	*keine Angaben*	*wetterab- 1 Std. tägli*
Dr. Reiner Klimke *Dressur, Military (Tochter Ingrid)*	*4 Außen-, 16 Innenboxen; im Stall sind tagsüber die Klappen geöffnet (Sicht- und Sozialkontakte)*	*mindestens 4, viele kleine Mengen, damit die Pferde immer beschäftigt sind*	*sehr intensiv, jeweils 1 Pflegerin für 4 Pferde*	*wenn mögli zugt kleine, einander Paddocks*
Fredy Knie *Freiheitsdressur, Klassische Hohe Schule*	*Boxen in hellen, luftigen Stallzelten, Winterquartier ungeheizt, offene Fenster*	*4 Kraftfutter, 2 Rauhfutter*	*mehrmals täglich, schon durch die Auftritte sehr intensiv (1 Wärter für 5 Pferde)*	*Paddock Winter-*
Martin Plewa *Vielseitigkeit*	*Anlage 25 Außenboxen, 10 Innenboxen, eigene Pferde 2*	*4 Kraftfutter, 2 Rauhfutter*	*2mal täglich putzen, 3mal täglich misten*	*Paddock ca. Reiten, Wei täglich*
Franke Sloothaak *Springen*	*Innenboxen, leider, dafür kommen Pferde möglichst oft raus*	*3 Kraftfutter, 2 Rauhfutter*	*3–4mal*	*kaum Weid täglich im*
Nicole Uphoff *Dressur*	*Innenboxen, 4 × 4,5 m, große Fenster auf einer Seite, vergittertes Schiebetor (Sicht/Stallklima)*	*3 Kraftfutter, 2 Rauhfutter*	*sehr hoch, mindestens 30–45 Min. allein Putzen pro Tag*	*speziell jun auf der Wei älteren wird Weide*
Isabell Werth *Dressur*	*überwiegend Außenboxen*	*3 Kraftfutter, 4 Rauhfutter*	*sehr hoch, praktisch dreht sich alles nur um das Pferd*	*wenn mögli Aufenthalt abhängig, wegen Ver-*

Stand: 95–97

Weide	Führmaschine/Laufband	Ausritte	Lern-/Arbeitsphase	Bewegung gesamt
Paddock	*nein, aber tägliche Spaziergänge im Gelände*	*täglich eine Stunde ins Gelände*	*30–45 Min.*	*ca. 2,5 Std. täglich, auf mehrere Einheiten verteilt, junge Pferde auch Weidegang*
hängig, 2 Std. mehr	*regelmäßig, ob Laufband oder Führmaschine vom Pferd abhängig*	*regelmäßig ein Tag in der Woche nur Gelände*	*30–45 Min.*	*mindestens 2,5 Std. täglich, auf mehrere Einheiten verteilt*
zugänglicher regelmäßig	*nein*	*Die gesamte Arbeit erfolgt naturverbunden*	*unterschiedlich je nach Kurs, auf mehrere Einheiten verteilt*	*ganztägig*
hängig; ca. Weidegang	*nicht vorhanden*	*ein- bis zweimal pro Woche*	*30–45 Min.*	*ca. 2 Std. täglich*
ja, bevor- neben- liegende	*nein, statt dessen täglich im Gelände spazieren-gehen*	*täglich*	*ca. 30 Min.*	*mindestens 2 Std. täglich, Militarypferde mehr; auf mehrere Einheiten verteilt*
im quartier	*nein*	*so oft es geht, aber auch jede andere Möglichkeit zur Abwechslung wird genutzt*	*10–20 Min.*	*ca. 1,5 Std. täglich, auf drei Einheiten verteilt*
1 Std. nach ca. 2 Std.	*täglich während des Einstreuens, um Staub-belastung zu vermeiden*	*täglich*	*max. 30 Min.*	*mindestens 2–2,5 Std., bei vollem Training ca. 4–5 Std. täglich*
einige Std. Paddock	*ca. 1/2 Std. täglich*	*regelmäßig, so oft wie möglich*	*30–45 Min.*	*2,5–3 Std. täglich, auf mehrere Einheiten verteilt*
Pferde viel bei den Paddock/ abgewechselt	*von Zeit zu Zeit*	*regelmäßig im Gelände oder auf der Rennbahn*	*ca. 30 Min.*	*ca. 1,5 Std. täglich, auf mehrere Einheiten ver-teilt, zusätzlich Paddock/ Weide*
Paddock, vom Pferd letzungsgefahr	*nicht vorhanden*	*wenig Möglichkeiten, regelmäßig kleine Runden in angrenzende Wiesen*	*20–30 Min.*	*ca. 2 Std. täglich, auf mehrere Einheiten ver-teilt*

Schutzmontur, um Verletzungen der kostbaren Pferdebeine auszuschließen. Bei den Dressurreitern läßt man das Pferd eben an der Hand grasen oder geht mit dem Pferd an der Hand spazieren.

Ähnlich sieht es zumindest im Zirkus Knie aus: Wo weder Weiden noch Paddocks noch Führmaschine vorhanden sind, wird notfalls das gesamte Personal zusammengetrommelt und jede, aber auch jede Möglichkeit genutzt, um den Tieren Abwechslung zu bieten.

Training auf den Anlagen befreundeter Reiter (derer haben die Knies sehr viele), Ausritte im Gelände, Ausnutzen von Schwemmen, Grasen an der Hand bis zum gemeinschaftlichen Schwimmen mit den Pferden, wenn es sich im Sommer anbietet. Interessant fand ich auch, daß Fredy Knie das hohe tägliche Besucheraufkommen in den Ställen nicht etwa als Störfaktor, sondern als Unterhaltungsprogramm für seine Pferde wertet. Aber das nur nebenbei bemerkt.

Ihren Dackel sperren Sie auch nicht 23 Stunden am Tag in vier Bierkästen. Warum dann Ihr Pferd?

Tja, und dann soll es noch

- *arme Säckel geben, die Tag für Tag 23 Stunden auf Sägespänen in einer eng vergitterten Innenbox aufgestallt sind?*
- *Bei zwei, maximal drei hochkonzentrierten Kraftfuttermahlzeiten, die in kürzester Zeit verputzt sind?*
- *Ohne ausreichende Sozialkontakte?*
- *Die sogar ein 1 bis 2 Tage nacheinander ihre Box überhaupt nicht verlassen und nicht bewegt werden? Weil die Pflege – vom Füttern und Misten abgesehen – nicht im Pensionspreis enthalten ist und der Besitzer keine Zeit findet?*

Wen wundert es, wenn selbst das willigste Pferd bei einem derartigen Dauerzustand die Schotten dicht macht?
Ein besonders anschauliches Poster dazu hat sich die Laufstall-Arbeitsgemeinschaft einfallen lassen (links).
Wissen Sie, was das Blöde an diesem Plakat ist?
Die Relation stimmt in etwa!

Ortswechsel und eine fremde, aufregende Atmosphäre werden nicht als Streß, sondern als interessante Abwechslung empfunden: als noch mehr Kurzweil, noch mehr Hätscheln. Die Miniherde, sprich Pfleger und Reiter, ist ja immer dabei, vermittelt Sicherheit und Geborgenheit.

Franke Sloothaak bestätigte mir das, Ludger Beerbaum, Isabell Werth ... Dr. Reiner Klimke erzählte, daß er ohne Ahlerichs Pflegerin, die den Wallach die ganzen Jahre betreut hat, nie auf ein Turnier gegangen wäre. Diesen Arbeitseifer seiner Tiere bezeugt auch Fredy Knie: Trotz des täglichen Trainings, trotz des Pflegeaufwandes im Winterquartier scheinen alle Zirkustiere regelrecht aufzuatmen, wenn es endlich wieder auf Tournee geht.

Fazit: Das Pferd ist beschäftigt. Für Langeweile bleibt wenig Zeit. Es gibt genügend Abwechslung, es gibt genügend zu gucken, es darf sich bewegen, der Restaurations-Service stimmt und die Sozialkontakte über die ausgiebige Pflege auch. Das Programm kann sich sehen lassen, das gefällt unserem Pferd ... und Lunge, Bronchien, Sehnen, Bänder und Gelenke bedanken sich gleichfalls.

Umsonst wird dieser hohe Aufwand in Arbeitsumfeld und Arbeitsvorbereitung schwerlich betrieben.

Dafür ist das Resultat aber auch beachtlich: ein leistungsstarkes und leistungswilliges Pferd. Geistig wach und vor Kraft schier platzend – aber ohne zu spinnen. Das Pferd ist ausgeglichen, weil es zufrieden ist. Die eigentliche Arbeitsphase ist nur eine höchst willkommene Abwechslung obendrein.

Wenn ein Pferd mit dieser Einstellung ins Training oder in die Ausbildung kommt, ist das schon die halbe Miete.

Einem rundum zufriedenen Tier die Freude an seiner Arbeit zu vermitteln, ist für einen geübten Reiter relativ einfach, wenn er es halbwegs geschickt anfängt und sich und seinem Vierbeiner die Trauben nicht zu hoch hängt.

Denn nur zufriedene Pferde arbeiten gut – und gerne.

Also: Mach dein Pferd glücklich.

Paddocks und Weidegang, sogar Weideurlaub, sind für die Whitaker-Brüder eine Prophylaxe zur Leistungsbereitschaft des Pferdes.
„Es ist wichtig, daß die Pferde völlig ausspannen."
Michael Whitaker in einer Reportage im „St. Georg"

Noch einmal im Zusammenhang das Interview mit Dr. Reiner Klimke. Wie eng Arbeit und Pflege miteinander verknüpft sind:

Befragt zur Arbeitsmotivation allgemein:

„Zunächst einmal gehört dazu, daß das Pferd genügend Kondition hat, um überhaupt anzusprechen. Ein Pferd, das zuwenig Bewegung hat, ein Pferd, das nicht glücklich ist und nicht auf den Menschen zugeht, wird nicht motiviert arbeiten. Bevor ich anfange zu reiten, muß ich erst wissen, daß das Tier physisch und psychisch in Ordnung ist.
Abwechslung ist sehr wichtig. Wir haben viele Möglichkeiten, weil der Stall direkt am Wald liegt. Da sind die Rennbahn, der Springplatz und Wege im Wald. So können wir immer wechseln. Das einzige, was gleich bleibt, ist das Dressurviereck, auf dem ich arbeite. Alles andere variiert.
Wenn ich morgens durch den Stall gehe, sehe ich mir zuerst meine Pferde an. Die wissen natürlich genau, der Chef kommt – alles guckt. Allerdings provoziere ich das, weil ich immer ein Leckerli dabei habe. Ist Spinnerei von mir, weiß ich auch. Aber ich liebe nun mal meine Pferde, und wenn einer nicht kommt, mache ich mir Sorgen.
Ich rede dann mit ihm, obwohl er ja nur meinen Tonfall verstehen kann, aber trotzdem ... Manchmal merke ich sogar, woran es liegt. Einer hatte festgelegen, ein anderer brütete etwas aus oder er war nur müde, weil man am Tag zuvor etwas zuviel gemacht und er Muskelkater hatte. Danach richte ich meine Reitstunde ein. Und wenn ich nichts anderes finde, dann gehen wir halt ´ne Stunde Schritt, ein Mädchen führt ihn, und schon ist alles wieder da.“

... zur Bewegungsdauer pro Tag:

„Meine Dressurpferde gehen mindestens zwei Stunden pro Tag; die Militarypferde natürlich mehr. Dabei arbeite ich höchstens 30 Minuten. Morgens wird der Biotop erst eine halbe Stunde im Schritt auf der Rennbahn geritten. Dann reite ich von halb acht bis

Neue Ställe braucht das Land

„Sie können doch ein Tier mit so großen Augen und Nüstern nicht 23 Stunden pro Tag mit dem Kopf vor eine Wand stellen.“
Ursula Bruns

Nun können aber – im Gegensatz zu erfolgreichen Profiställen –

acht und gebe das Pferd wieder dem Mädchen, das ihn trockenreitet. So, und dann geht das Pferd abends oder am späten Nachmittag noch einmal spazieren. Und wenn es regnet eben führen, führen, führen ... es nutzt alles nichts."

... zur Haltung:

„Der Stall muß groß genug sein, er muß luftig genug sein. Wichtig ist, daß die Pferde viel sehen. Wenn sie im Stall stehen, sind zumindest tagsüber die Klappen geöffnet, damit sie miteinander kommunizieren können. Ich halte es auch für wichtig, daß die Pferde die Möglichkeiten haben, in Paddocks zu laufen. Wir lassen sie natürlich nicht auf riesige Weiden, weil das zu gefährlich ist. Unsere Paddocks sind relativ klein, damit sie nicht rennen. Da stehen meinetwegen sechs Pferde nebeneinander, die sich kennen. Das ist besser als ein großer, auf dem alle zusammen drauf sind."

... zur Fütterung:

„Die Fütterung wird von meinen Pflegerinnen für jedes Pferd individuell zusammengestellt. Wenn ein Biotop falsch gefüttert wird, habe ich verloren. Der kriegt auch morgens zum Beispiel Heu. Gerade so einen Hering, der auf einem Turnier meist 10 kg verliert, muß man zu Hause wieder aufbauen. Wir füttern in vielen Abständen, aber wenig. Also praktisch, daß sie immer beschäftigt sind. Auf jeden Fall nicht morgens, mittags, abends – die Zeiten sind vorbei."

... zur Pflege:

„Der Bezug des Pflegers zum Pferd gibt den Tieren Sicherheit. Ich habe erstklassige Pflegerinnen. Die haben so viel Idealismus, daß sie erst nach Hause gehen, wenn die Arbeit fertig ist. Und obwohl sie nur vier Pferde zu versorgen haben, arbeiten sie meistens länger als acht Stunden."

Und zum Abschluß sagte er noch etwas sehr Schönes:

„Wenn ich gewinne, ist das nicht mein Sieg, sondern der Sieg unseres Stalles. Der Pfleger ist am Sieg beteiligt, ich bin natürlich am Sieg beteiligt, meine Frau, die mir hilft ... Wir sind ein Team. Wir feiern auch immer unseren gemeinsamen Sieg."

die wenigsten Reiter ihren gesamten Tagesablauf auf das Pferd abstimmen. Immerhin will das Geld für Lebensunterhalt von Roß und Reiter zuerst verdient werden. Und als Fremdleistung ist das kaum bezahlbar. Trotzdem ist es keine Lösung, den Pflegeaufwand hinsichtlich Putzen, Auslauf, Beritt – ungeachtet der Haltungsform – schlicht auf das Maß zu reduzieren, wie es der einzelne Reiter individuell für vertretbar hält.

„Niemals zuvor standen so viele Pferde wie heute untätig in ihren Ställen; Arbeitsleistung wird lediglich während der knappen Freizeit ihrer Besitzer verlangt ... Dieser einschneidende Funktionswandel vom täglich genutzten Arbeitstier zum nur sporadisch eingesetzten Luxusobjekt hat so entscheidenden Einfluß auf die Lebensumstände des Pferdes, daß viele tradierte Anschauungen über ‚richtige' Aufstallung, Haltung, Fütterung überprüft und teilweise korrigiert werden müssen."
Jens Marten/Armin Salewski, aus „Handbuch der modernen Pferdehaltung"

Es ist nicht möglich, an Pflege- und Zeitaufwand sowie Haltungsqualität gleichermaßen zu sparen!

Der Reiter zahlt auf jeden Fall. Er kann es sich lediglich aussuchen, wo er seinen Obulus investiert: in hochwertige Haltungsbedingungen – die ihm einen gewissen Freiraum erlauben –, in erhöhte Pflege oder in Tierarztrechnungen.

Das erste Problem heißt also Zeit. Und Zeit ist Geld.

Das zweite Problem: Es wird nicht genügend differenziert; wenn – dann ... Wenn ein Dr. Reiner Klimke, ein Franke Sloothaak seine Pferde in Boxen hält, kann es so schlecht gar nicht sein. Absolut korrekt! Nur muß man dann den unbequemen Teil auch in Kauf nehmen.

Bei der ganzen, seit Jahren so vehement wie polemisch geführten Diskussion um artgerechte Haltung kontra Boxenhaltung wird gerne übersehen, daß die gehätschelten Hochleistungsathleten der wirklich guten, über Jahre erfolgreichen Reiter auf dem Balkon eines Hochhauses stehen könnten, ohne Schaden zu nehmen. Schließlich haben diese Vierbeiner ihr eigenes Kindermädchen, das sich vollberuflich ausschließlich um ihr Wohlergehen sorgt, wie Sie gesehen haben.

Dieser Weg ist für die meisten Reiter aber eine Sackgasse.

Genau genommen ist es die gesamte Haltungssituation.

Tatsache ist, daß fast alle älteren Ställe den Bedürfnissen des Pferdes in seiner heutigen Nutzung als Sport- oder Freizeitpferd in keiner Weise mehr entsprechen, selbst wenn die Rahmenbedingungen wie Fütterung, Luftqualität, Sauberkeit und Licht stimmen. Haltungstechnisch sind die üblichen Boxenställe als überholt zu werten, weil sie das Pferd zur Untätigkeit verdammen!

Auf der schönen, parkähnlich gepflegten Anlage in Reken werden verschiedene einfache Formen der Auslaufhaltung vorgestellt: pfiffiges Know-how rund um artgerechte Pferdehaltung – auch für kleine Geldbeutel.

Zwar erfreuen sich Außenboxen – die den Pferden neben gesunder Außenluft und Licht auch Sichtanreize bieten – zunehmender Beliebtheit; zwar werden mittlerweile von fast allen Ställen Weiden und Paddocks angeboten, aber es ist keine Lösung, die das ursächliche Problem „Zeit" in den Griff bringt. Denn diese meist nachträglich angelegten, separaten Auslaufflächen verfügen so gut wie nie über schützende Unterstände – und sie haben keine Anbindung zum Stall!

Das heißt, das Pferd braucht immer noch ein Kindermädchen, das es hinausbringt, das es wieder hereinholt. Resultat: Das Pferd steht nach wie vor die meiste Zeit untätig im Stall herum.

Man kann es drehen und wenden, wie man will – der erforderliche hohe Pflegeaufwand über menschliche Betreuung läßt sich in konventioneller Boxenhaltung nur sehr geringfügig reduzieren. Da aber das Gros der Besitzer wiederum meist nur einmal täglich Zeit fürs Pferd findet, müssen folglich die Haltungsbedingungen geändert werden. Und zwar so, daß sämtliche Bedürfnisse des Pferdes gedeckt sind und gleichzeitig der Arbeitsaufwand für Reiter und Stallhalter/Pfleger in einem überschaubaren (und damit finanzierbaren) Rahmen bleibt.

Die Zukunft der Pferdehaltung liegt nicht in der Boxen-, sondern in der Auslaufhaltung.

Moderne Konzepte bieten eine Fülle von Möglichkeiten, die jedem Anspruch, jeder Nutzung und jeder Pferderasse gerecht werden.

Der Trend zur Synthese mit dem derzeit geübten Pflegeaufwand ist auch oder gerade für Hochleistungspferde, unter Vorgabe nutzungs-, wert- oder geschlechtsbedingter Einzelhaltung (z.B. Deckhengste im aktiven Sport), unübersehbar.

Das FS-Testzentrum Reken von Ursula Bruns und Jochen Schumacher gilt als Parademodell für artgerechte Haltung. Die Schule wurde als einer der ersten Betriebe für pferdefreundliche Haltung ausgezeichnet. Von den 800-1000 Kursteilnehmern pro Jahr bringen rund 40 % ihre Pferde mit, die neben den schuleigenen Tieren ebenfalls artgerecht untergebracht werden wollen.
Jochen Schumacher in einem Interview:

Verbinden Sie „artgerecht" automatisch mit „Gruppenhaltung"?

„Selbstverständlich nicht. Obwohl unsere eigenen Pferde in Gruppen gehalten werden, ist es auch da von Zeit zu Zeit notwendig, davon abzuweichen. Zum Beispiel, wenn die Stuten allzu rossig sind oder sich ein alter Wallach plötzlich zum Deckhengst berufen fühlt ..."

Das gibt dann ein Monogramm im Fell?

„Eben! Also trennen wir die Pferde für kurze Zeit und führen sie später wieder zusammen. Davon abgesehen, Gastpferde müssen zwangsläufig überwiegend einzeln gehalten werden. Sie können häufig wechselnde Neuankömmlinge unmöglich in die bestehenden Gruppen integrieren. Das würde ständige Rangkämpfe auslösen."

Also eine Situation wie in Verkaufs- oder Ausbildungsställen?

„Beispielsweise, obwohl es noch andere Gründe gibt, die eine Einzelaufstallung erfordern. Nur ermöglichen wir auch diesen Pferden soziale Kontakte, bieten Sichtanreize. So haben unsere Boxen angeschlossene Ausläufe, und neben den großen Weiden verfügen wir über kleine Gastkoppeln für einzelne Pferde. Überhaupt läßt artgerechte Haltung eine Reihe von Modifikationen zu: Schutz für empfindliche Pferde, ja, aber nicht auf Kosten der Gesundheit! Gut gehaltene Pferde sind zufrieden, gelassen, und sie arbeiten kooperativ mit."

„Unser Stall soll besser werden"
Auf große Resonanz stößt die Gemeinschaftsaktion von Reiter Revue und Deutscher Reiterlichen Vereinigung.

Meines Erachtens wäre das Wort „Konditionshaltung" anstelle von „Auslaufhaltung" als Oberbegriff für die einzelnen Varianten sogar entschieden vorzuziehen. Denn daß eine gute Kondition des Vierbeiners auch für den Reiter von Vorteil ist, leuchtet noch jedem ein – mit dem Begriff „Auslaufhaltung" werden meist andere Assoziationen verknüpft. Sinnigerweise bezeichnet übrigens das Wort „Kondition", laut Duden, nicht nur die körperliche Leistungsfähigkeit eines Sportlers, sondern ebenso dessen körperlich-seelische Gesamtverfassung. Eine Erweiterung, die sich – obgleich selten bewußt registriert – vom rein physischen Potential erheblich unterscheidet.

Kondition setzt sich zusammen aus physischer Leistungsfähigkeit, psychischer Leistungsfähigkeit und Leistungsbereitschaft.

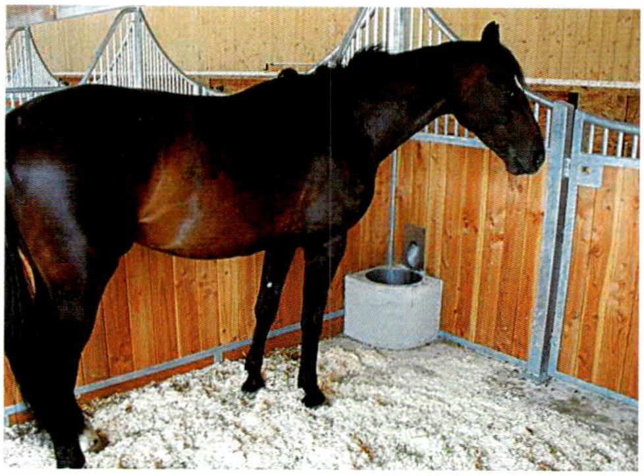

Auf genau diese ganzheitliche Betrachtung zielt die Kombination von Stall und angeschlossenem Auslauf nämlich ab. Dem Pferd erlauben, seine Instinkte auch selbständig auszuleben, unabhängig von ständiger menschlicher Betreuung. Das heißt, statt passiver Langeweile und Frustration aktive Bedürfnisbefriedigung.

Moderne Komfortsuiten in Einzelhaltung: Kraftfutterdosiergeräte und Sparraufen garantieren eine optimale Fütterung in vielen kleinen Rationen.

Ein der Boxe vorgelagerter Auslauf fördert die Aktivität des Tieres durch den vergrößerten Bewegungsspielraum, bietet Sichtanreize und Sozialkontakte in frischer Außenluft.

Fit for Fun!

Nach diesem Prinzip arbeiten moderne „Erlebnis-Zoos" längst: Bedürfnisbefriedigung als Belohnung für Springen, Klettern und Laufen. Beim Pferd funktioniert es ähnlich.

Geschickte Plazierung von Rauhfutter, Tränke, Kraftfutter und andere, pfiffig durchdachte Mechanismen koppeln gesundheits- wie trainingsunterstützende Maßnahmen an das Triebverhalten des Pferdes. Speziell bei Einsatz moderner Technik ergeben sich verblüffende Möglichkeiten, die Aktivitäten des Tieres in der Zielsetzung des Reiters zu steuern. Noch deutlicher als in Einzelaufstallung, wird es bei nach diesem Schema aufgebauten Gruppenhaltungen. Aufgrund der größeren Gesamtfläche läßt sich das Areal gleich in ein regelrechtes Fitneßcenter verwandeln; entsprechendes Knowhow vorausgesetzt, um Unfälle auszuschließen

Hier liegt ein ungeheures Potential verborgen, das für den Reiter mit mindestens ebenso großen Vorteilen verbunden ist wie für das Pferd. Natürlich erfordert diese Umstrukturierung eine einmalige und leider nicht unbeträchtliche Investition. Trotzdem dürfte auf Dauer kein Stallhalter zumindest an der einfachen Form der Auslaufhaltung vorbeikommen, will er konkurrenzfähig bleiben. Dazu sind die Vorzüge für Roß und Reiter viel zu groß – eine Erkenntnis, die sich inzwischen durchgesetzt und das Haltungsangebot nachhaltig verändert hat. Kräftig angekurbelt durch Berichte in regionalen wie überregionalen Zeitschriften und werbeträchtigen Aktionen, steigt das Interesse zusehends.

Die Nachfrage bestimmt das Angebot – und Kunde ist nun mal der Pferdebesitzer. Schließlich wurden aus genau diesem Grund die früher üblichen Ständer durch Boxen ersetzt und der ungeschützte Reitplatz um die mittlerweile längst zum Standard gehörige Reithalle erweitert.

Für jeden Reiter, dem die freudige Mitarbeit seines Pferdes am Herzen liegt, wird es Zeit, noch einen Schritt weiterzugehen. Schließlich sind seine Forderungen berechtigt: bei optimalen Haltungsbedingungen hat er einen Riesenschritt in Richtung Arbeitsmotivation bewältigt. Danach liegt es nur noch an ihm, ob er es

Auslaufhaltung rechnet sich

Ohne großen technischen Aufwand

Nur einige Vorzüge, die bei angeschlossenen und winterfest angelegten Ausläufen am Stall selbst ohne großen technischen Aufwand zum Tragen kommen:

- *Bei freiem Zugang zum Paddock hat das Pferd jederzeit eine Schutzmöglichkeit.*
- *Die gefährliche Staub- und Schadgasbelastung im Stall wird erheblich reduziert.*
- *Zumindest tagsüber wird die zur Verfügung stehende Fläche vergrößert.*
- *Durch die erhöhte Bewegung wird die Versorgung der problematischen Sehnen, Bänder und Gelenke mit Nährstoffen unterstützt.*
- *Die Muskulatur wird besser durchblutet, Schlacken und Rückstände aus dem Training können leichter abtransportiert werden.*
- *Die Selbstreinigung der Atemwege wird unterstützt, die Lunge ventiliert.*
- *Der Hämoglobingehalt des Blutes bleibt konstant oder wird erhöht (es kann mehr Sauerstoff transportieren, Trainingseffekt).*
- *Stärkung des körpereigenen Immunsystems*
- *Anpassung an Außenreize; das Pferd läßt sich nicht mehr so schnell ablenken, ist weniger schreckhaft und konzentrationsfähiger.*

Und alle trainings- und gesundheitsunterstützenden Maßnahmen greifen ohne menschliche Betreuung. Es muß lediglich die Boxe morgens auf- und abends zugesperrt werden, wenn erhöhte Sicherheit angebracht ist.

schafft, seinem Pferd diese Lebensfreude auch unter dem Sattel zu vermitteln.

So, jetzt machen wir aber weiter mit unserem Puzzle, damit wir vorwärtskommen. Es sind nur noch zwei große Blöcke. Dann sehen Sie das Gesamtbild und verstehen die Zusammenhänge. Dann wissen Sie auch, wie die Motivation des Pferdes funktioniert.

Aktivställe neuester Generation lassen aus Sicht des Pferdes keine Wünsche offen: Großzügig angelegte Gebäude mit mehreren Eingängen reduzieren Auseinandersetzungen, interessant gegliederte Ausläufe sorgen für Abwechslung, und Kraftfutterstationen erlauben eine individuelle Fütterung ohne Streß und Futterneid. Bildschön ist auch die lichtdurchflutete Liegehalle mit Freßgitter an der Längsseite.

Die Arbeitsinhalte

Der Zweck der Reitkunst ist der, das Pferd zum Gehorsam zu bringen, sich mit ihm vertraut zu machen; die Kunst des Reiters besteht darin, ihm diesen Gehorsam so leicht als möglich zu machen, also nur Leistungen von ihm zu verlangen, die mit seinen Mitteln vereinbar sind.

Ducroc de Chabannes, nach Bertold Schirg, aus „Die Reitkunst im Spiegel ihrer Meister"

Punkt 6: Die Ausbildung des Pferdes

„Beim Menschen heißt Dressur Erziehung"
Graffiti

Natürlich hängt jede sportliche Leistung (und nicht nur diese) von einer entsprechend sorgfältigen Schulung ab. Fehlt diese Lehrzeit, ist das größte Potential verschwendet. Jedes durchschnittlich begabte, aber korrekt ausgebildete Tier leistet bessere Arbeit als das ungeschulte Ausnahmepferd.

Doch ob genial oder normal: An einer sorgfältigen Erziehung, an einem langjährigen, geduldigen Training kommt kein Pferd vorbei. Genetisch bedingte Faktoren wollen berücksichtigt werden (natürlich), Reife und Entwicklung... viele Faktoren fließen in die Ausbildung des Pferdes ein. Lohn dieser Kontinuität ist eine immer flüssigere Verständigung und eine so leichtfüßige wie kraftvolle Körperbeherrschung.

Dabei ist es zunächst zweitrangig, für welche Beschäftigung mit dem Pferd das Herz des Reiters schlägt: Dressurviereck, Springparcours oder Gelände.

In der Military gehört Dressur ohnehin zum Pflichtprogramm, aber auch beim Springpferd ist sie das A und O. Wenn im Stechen die Reiter dem „Deubel ein Ohr abreiten", in knappsten Wendungen um Sekundenbruchteile feilschen, klappt dieses Husarenstückchen nur, wenn der Vierbeiner unter dem Sattel jede Hilfe des Reiters präzise und prompt umsetzt – sonst klappern die Stangen. Für Freizeitreiter gilt die Vorgabe eines gut ausgebildeten Pferdes erst recht.

Ein unerzogenes Pferd ist keine Nachlässigkeit – es ist lebensgefährlich. Obendrein hält sich der Genuß für Reiter wie Pferd in Grenzen, selbst wenn die täglichen Auseinandersetzungen mit mehr oder weniger Blessuren überstanden werden.

Reiten ist doch keine Kampfsportart zwischen Mensch und Tier!

Dressur, als Erziehung verstanden, heißt aber nicht, das Tier stupide abzurichten, links, rechts oder geradeaus zu laufen, sondern seine Talente so zu fördern, daß es Verständnis für seine Tätigkeit entwickelt.

„*... Es geht darum*", wie Fredy Knie sagt, „*den Gehorsam begreiflich zu machen, damit das Pferd genug Zeit hat, mitzudenken und zu überlegen, was wir von ihm verlangen ... wenn sie es begriffen haben, brauchen sie keine Angst zu haben, sich also auch nicht zu verkrampfen und nicht zu wehren.*"

Das Pferd soll nicht blindlings herumzappeln, aus Angst vor Sank-

Ursula Bruns
„Wenn sich im Laufe der Zeit etwas bei Pferdebesitzern und Reitern immer mehr als nachteilig herausgestellt hat, so die Tatsache, daß unsere Pferde keine Manieren mehr haben. Das liegt daran, daß die Besitzer und Pfleger sie ihnen nicht beibringen können, weil sie es kaum irgendwo lernen."

Martin Plewa
„Man kann mit einem Pferd überhaupt nichts machen, was es nicht kann. Die Übungen müssen so entwickelt werden, daß mir die Ziellektion, die ich erreichen will, zum Schluß wie eine reife Frucht in den Schoß fällt. Der Aufbau muß methodisch auf den Dingen erfolgen, die das Pferd kann, damit es das, was es vorher nicht konnte, anschließend tatsächlich beherrscht."

HANS GÜNTER WINKLER
„Ein gutes Pferd denkt mit. Nur ein Pferd, das mitdenkt, ist ein Partner im Hochleistungssport. Durch die gemeinsame Arbeit des Reiters mit dem Pferd wird erst die Zusammenarbeit gebildet. Das erfordert vom Pferd zwar Gehorsam, aber auch ein Mitdenken. Wenn das Pferd aufhört mitzudenken, haben Sie ja keinen Partner mehr."

tionen. Es soll in seine Aufgabe hineinwachsen und Freude daran finden. Nur über diesen Weg reift der Vierbeiner zu dem Partner, den wir uns wünschen. Nur so kriegt das Pferd so viel Selbstvertrauen, daß es locker und selbstbewußt alles anpackt, es zumindest versucht, was der Reiter von ihm verlangt. Erst dann strengt es sich wirklich an und wird ehrgeizig. Weil der Lohn die Anstrengung wert ist.

Die Zufriedenheit aus diesen Erfolgserlebnissen, sie ist der Motor, der ein Pferd dazu bringt, seine ganze Geschicklichkeit und sein Können in die Waagschale zu werfen. Erst dann betrachtet es Ausbildung oder Training als sein höchstpersönliches Unterhaltungsprogramm.

Mühe und Last in Lust für seine Arbeit zu verwandeln.

Das ist Dressur. Oder Ausbildung. Oder praktizierte Motivation.

Dazu fällt mir etwas Wichtiges ein: Sprechen Sie eigentlich Kisuaheli? Sie finden die Frage seltsam? Aber ist es nicht noch seltsamer, wie viele Reiter beim Pferd eine Fähigkeit voraussetzen, die es gar nicht haben kann: Verständnis für eine Sprache, die dem Tier von Natur aus absolut unverständlich sein muß?

Ich versteh' immer nur Bahnhof!

„Geduld haben heißt warten können, bis das Pferd verstanden hat."
aus „Rolf Bechers Springschule – Das Chiron-System"

RICHARD HINRICHS
„Es genügt nicht, das Pferd in eine Körperhaltung zu pressen. Ein Pferd, das eine Lektion erlernen soll, muß zunächst einmal verstehen, was von ihm verlangt wird."

Jeder Unterricht lebt von Kommunikation. Angesprochen in der Ausbildung sind zunächst die Intelligenz des Pferdes und dessen erkenntnismäßige Fähigkeiten. Was ist das gemeinsame Element zwischen Lehrer und Schüler? Sie benötigen einen gemeinsamen Wortschatz, sonst ergeben die schönsten Belehrungen keinen Sinn.

Mit dem Problem haben heutzutage nicht selten Grundschullehrer ihre liebe Not: Wenn ihre Klassen einen hohen Anteil an ausländischen Kindern aufweisen, vielleicht sogar unterschiedlicher Nationalitäten. Erinnert ein bißchen an den Turmbau zu Babel. Die Qualität des Unterrichts leidet auf jeden Fall darunter.

Logisch: Wie soll ein Schüler lernen, wenn er nur Bahnhof versteht? Wie soll er Freude und Spaß am Unterricht entwickeln, wenn er nicht begreift, worüber gesprochen wird? Und wenn er, zum Beispiel, endlich das Wort „Fenster" kennt, und der Lehrer sagt statt dessen „Scheibe", steckt er wieder in der gleichen Misere.

Scheibenkleister, nicht? Um das Wort „Scheibe" aufzugreifen. Er grübelt also nach, was das Wort bedeuten könnte, und währenddessen ist der Rest des Satzes ungehört an ihm vorbeigezogen. Verweht wie

Schall und Rauch. Und der arme Tor ist genauso schlau als wie zuvor.

Mit exakt diesem Dilemma hat das Pferd zu kämpfen:

Kein Pferd wird mit dem Verständnis für die Bedeutung von Schenkel- oder Zügelhilfen geboren. Reiterliche Einwirkungen sind für den Vierbeiner erst einmal eine Fremdsprache. Kisuaheli eben.

Oh, in der Herde war das alles ganz anders. Viel schöner!

Wenn da die immer mißmutige Tante die Ohren ins Genick legte und ein Hinterbein hob, wußte man gleich, was Sache ist: „Zieh Leine, aber blitzartig". Man verstand jedes Ohrenzucken und jedes Kräuseln der Nüstern. Und wenn man selbst den Schweif lupfte, die Ohren steil nach vorne spitzte und ansatzweise Piaffe oder Passage zeigte, wußten die anderen, daß gleich die Post abging.

Der Zweibeiner ist zwar auch nett, weil er immer so leckere Sachen dabei hat, nur unterhalten kann man sich nicht mit ihm! Er bewegt sich nicht wie Pferd, er riecht nicht wie Pferd, und dann redet er mit seinem ganzen Körper nicht nur ein fürchterliches Kauderwelsch – nein, er verlangt sogar, daß Pferd ihn versteht. Ist der doof! Und wenn man nicht kapiert, was er will, tut es weh. Das soll Spaß machen?

Ganz recht: Das soll Spaß machen ...?

Ebensowenig wie wir imstande sind, sämtliche Nuancen einer Fremdsprache innerhalb von vier Wochen aufzunehmen, kann es unser Vierbeiner. Zuerst braucht er Zeit, um seine Vokabeln zu lernen. Dann braucht er Zeit, damit das Gelernte sacken kann. Bis es richtig sitzt. Es dürfen auch nicht zu viele Sachen auf einmal sein, weil unser Roß sonst das eine mit dem anderen verwechselt und es in seinem armen Kopf wie Kraut und Rüben durcheinanderpurzelt.

Unverdorbene Pferde lernen wie Kinder im Vorschulalter. Sie geben sich Mühe, sind lieb und willig – wenn der Lehrer was taugt. Aber sie sind wie Kinder schnell überfordert und lassen sich schnell ablenken.

Und auch Tiere haben ein unterschiedliches Lerntempo. Das eine begreift schneller, das andere langsamer. Beides hat Vor- und Nachteile, denn der Schnelldenker lernt leider jeden Blödsinn genauso fix wie seine Lektionen. Dafür sitzt es bei dem Langsamen, wenn er es endlich „gefressen" hat, meist gleich 200prozentig.

Die individuelle Auffassungsgabe eines Pferdes muß jeder Ausbilder respektieren, ob es ihm nun paßt oder nicht. Sonst richtet er bestenfalls im negativen Sinne ab. Ungeduld über Begriffsstutzigkeit und Jähzorn bringt nichts, aber auch gar nichts. Außer, daß er sich als Lehrer disqualifiziert. Und zwar gründlich. Sein Schüler wird unsicher, verkrampft sich und stolpert nachgerade erst recht über seine eigenen Beine.

Fredy Knie
„Ich habe in meinem Leben über 500 Pferde gehabt und bin von ihnen noch nie enttäuscht worden, aber ich habe auch noch nie zwei Pferde mit demselben Charakter gesehen. Jedes Pferd hat einen anderen Charakter, und auf den müssen Sie eingehen. Das ist wie in einer Schule: Wenn Sie einen guten Lehrer haben, haben Sie 20 gute Schüler; ist es ein schlechter Lehrer, sind es 20 schlechte Schüler."

„Treten bei der Informationsaufnahme bereits Fehler auf, ziehen sie unweigerlich falsche Bewegungsausführungen nach sich."
aus „Lernen, Lehren und Trainieren im Pferdesport"

„Mit gebotenem Einfühlungsvermögen muß man versuchen, beim Reiten sämtliche Hilfen klar und eindeutig zu geben. Gelingt das, wird das Pferd allmählich willig nachgeben. Bei sportlich begabteren Pferden erreicht man das früher als bei denen, die sich aufgrund ihres nicht so vorteilhaften Gebäudes und dem daraus resultierenden eingeschränkten Bewegungsablauf in der Ausbildung schwerer tun. Es gilt, die Veranlagungen der einzelnen Pferde zu erkennen und demnach jedem Pferd eine individuell verschieden lange Ausbildungszeit einzuräumen."

Jean Bemelmans in der „Reiter Revue"

Wäre ja schön, wenn es den „Nürnberger Trichter" wirklich gäbe. Es gibt aber keinen: weder für Mensch noch Tier. Außerdem sollte doch Vertrauen die Grundlage für jede Arbeit mit dem Pferd sein. Wann vertraut ein Pferd seinem Reiter? Eine interessante Frage, auf die kommen wir später zu sprechen.

Und wie krieg' ich den Knoten aus den Beinen wieder raus?

Nun ist es mit Verständnis allein nicht getan. Etwas zu verstehen und dieses Wissen umzusetzen sind zwei Paar Stiefel. Das gilt nicht nur im Sport, sondern für jedes Bewegungslernen. Man weiß es, man will es auch – und dann gibt es ein grandioses Fiasko.

Bei meinem ersten Einparken eines Hängers im Rückwärtsgang blieb eine hoffnungsvolle junge Eiche auf der Strecke. Beim ersten Fahren in besagtem Gang, mit besagtem Hänger, jagte ich gar in Schlangenlinien eine harmlose Mülltonne. Dabei war mir durchaus klar, was zu tun sei! Aber dann, mit dem hinten Gucken und vorne Lenken, und weil die Tonne so fürchterlich schnell angesaust kam, kurbelte ich wie wild mal links, mal rechts, vergaß darob das Gaspedal und trat es kräftig durch ... Ich habe sie übrigens erlegt. Die Tonne. Und er war natürlich leer. Der Hänger.

Ähnliche Erfahrungen kennt wohl jeder von sich selbst.

Oder haben Sie mal einen japanischen Koch beim Gemüseschneiden beobachtet? Während er die Finger gerade eben vor der blitzartig klackernden, höllisch scharfen Messerschneide zurückzieht, erklärt er einem nebenbei noch gemütlich eine Teezeremonie. Würde man den gleichen Versuch in dem gleichen Tempo starten, gäbe es wahrscheinlich eine kleine Fleischbeilage in Form von Fingerkuppen als Garnierung.

Bewegungslernen

„Eine Eigenart des Bewegungslernens – etwa im Vergleich zum verstandesmäßigen Lernen – ist die, daß das Lernen sehr, sehr aufwendig ist (aufwendig in Bezug auf Zeit, Energie und Unterricht). Ist ein Bewegungsmuster dann aber erlernt und automatisiert, so ist es ungemein stabil ... Dies ist ein großer Vorteil des Bewegungslernens. Der Nachteil besteht darin, daß fehlerhafte Bewegungsmuster ebenso stabil sind."

Aus Petra u. Wolfgang Hölzel, „Mentales Training für Reiter"

Jeder neue Bewegungsablauf wird zunächst bewußt vollzogen.

Zuerst läuft das Gehirn an: Klickedi-klickedi-klick. Dann erfolgt der Zugriff: Aha! Der Befehl wird an die entsprechende Nervenzelle losgejagt, die stößt den von ihr versorgten Muskel an – und dann erst, dann wird die Bewegung ausgeführt.

Je mehr einzelne Order überprüft werden müssen, um so länger dauert es bis zur Ausführung. Und zu Beginn klappt das mit der Koordination auch nicht so gut, weil das eine oder andere wegen Überlastung aus dem Gehirnspeicher fliegt oder mit Verzögerung nachgehoppelt kommt.

Mit wachsender Routine schenken sich die Reflexbahnen den Umweg Gehirn und reagieren einfach auf die augenblickliche Situation. Die Bewegung wird automatisiert. So werden die grauen Gehirnzellen entlastet und können anderweitig beschäftigt werden. Sobald der Impuls kommt, spult das Programm ab. Zack!

Erst dann kann die Feinmotorik verbessert werden, und die Bewegung wird exakt, fließend und rund.

Bei einem Pferd verläuft dieser Übungsprozeß nicht anders. Bereits der Remonte wird ja nicht gerade wenig abverlangt:

- Gleichgewicht
- Rhythmus (Takt)
- Gewandtheit, Geschicklichkeit
- Reaktionsvermögen
- Anpassungs- und Umstellungsfähigkeit
- zeitliche Abstimmung
- Simultan- oder Mehrfachhandeln

und einiges mehr.

Bis das Pferd bei diesem Programm seine Beine sortiert hat, das dauert seine Zeit: Sind die Beine in Ordnung, fällt ihm ein, daß es den Hals strecken soll. Mümmelt das Mäulchen eifrig auf dem Gebiß herum, haben die Hinterbeine vergessen, daß es auch noch zwei Vorderbeine gibt. Und das Ganze noch einmal ... Bitt'schön, Herr Kapellmeister!

So ähnlich sieht es mit jeder Ausbildungsstufe aus. Außer, daß sich unser Pferd immer geschickter anstellt, je weiter die Ausbildung fortschreitet, weil es seinen Körper besser zu kontrollieren weiß. Deswegen muß aber trotzdem jede Ausbildungsstufe solide abgeschlossen werden, ehe die nächste in Angriff genommen wird.

Das Pferd muß lernen, wie es seinen Körper in der geforderten Lektion richtig einzusetzen hat!

Und das so lange üben, bis ihm Bewegung und Körperhaltung auf die reiterlichen Hilfen in Fleisch und Blut übergehen. Die Übungen

Vorsicht vor Überforderung

„Diese Warnung kann man gar nicht oft genug aussprechen. In unserer schnellebigen Zeit trifft man immer häufiger auf Trainer und Reiter, die vorzeitig Resultate sehen wollen; darin sind sich alle Länder gleich. Es wird immer wieder versucht, ein zum Beispiel zweijähriges Ausbildungsprogramm in einem halben Jahr abzuwickeln. Das geht zeitlich natürlich nur, wenn man wichtige Teile der Ausbildung einfach wegläßt und übergeht. Jeder Tag der zweijährigen Grundausbildung ist aber sinnvoll, das Pferd muß ja Schritt für Schritt in seine Aufgabe hineinwachsen und das Gelernte auch verdauen ... Man kann von keinem Pferd verlangen, daß es Springleistungen vollbringt, bevor es laufen gelernt hat."

Anthony Paalman, aus „Springreiten"

ISABELL WERTH

„Jedes Pferd auf seine Art, mit seiner Persönlichkeit zum Strahlen zu bringen – das ist die Faszination."

Noch einmal im Zusammenhang die schönsten Passagen aus dem Interview mit Isabell Werth.

Befragt zur Motivation des Pferdes allgemein:

„Die Vertrauensbasis muß stimmen! Es geht nicht alles nur über das Reiten. Wenn das nicht stimmt, sattle ich das Pferd auch selbst oder pflege es. Die Psyche muß mitspielen. Auf Biegen und Brechen, ohne Arbeitsfreude, Lektionen durchzuziehen, ist das Schlimmste, was man machen kann. Wenn ein Pferd seine Arbeit nur als Job empfindet, wird das Fließbandarbeit. Das ist für mich kein Dressursport. Das Pferd kann mal aus dem Viereck springen oder sagen, ich will nicht mehr – aber es muß Eigendynamik zeigen. Diese Phasen, in denen es nicht ganz glatt geht, muß man durchstehen und die individuelle Charakterstärke des Pferdes so für sich umbauen können, daß das Pferd Spaß an seiner Arbeit bekommt.
Einem unserer Pferde hätte ich diese Entwicklung gar nicht zugetraut; eigentlich war es mir zu phlegmatisch. Innerhalb eines Jahres änderte sich seine Einstellung zur Arbeit total. Es wurde so eifrig, daß ich mich manchmal kaum bewegen kann, weil es gleich versucht, alles umzusetzen, und dadurch fünf verschiedene Lektionen in einer absolviert."

... zum Aufbau der Arbeit:

„Wichtig ist, daß die Pferde vorher ausdauernd Schritt gegangen sind, damit die Gelenke geschmiert sind. Die eigentliche Arbeit wickelt sich in 20-30 Minuten ab – danach wird wieder Schritt geritten.
Im Großen und Ganzen muß man versuchen, die Arbeit so aufzu-

müssen vor allem so aufgebaut werden, daß das Pferd Zeit hat, die erforderliche Kraft und Muskulatur aufzubauen.

„Losgelassenheit", einer der wichtigsten Punkte in der Ausbildung des Pferdes, heißt, daß das Pferd nur die Muskulatur aktiviert, die für die geforderte Bewegung tatsächlich notwendig ist. Und zwar wirklich nur diese!

Weil aber die großen Muskelgruppen untereinander gekoppelt sind,

bauen, daß einzelne Übungen bereits in die Lösungsphase mit eingebaut werden. Ich denke, wenn ein Pferd in einer lockeren Art, fast spielerisch seine Lektionen lernt – das ist wie bei einem Kind im Kindergarten. Alles geht leichter von der Hand, und dann kommt die Eleganz – wie ich sie mir vorstelle – ganz von alleine.
Die Persönlichkeit des Pferdes berücksichtigen. Finden Pferde erst Spaß an ihrer Arbeit, werden sie so eifrig, daß man die Leichtigkeit, die im Dressursport gewünscht wird, fast geschenkt bekommt. Man braucht mit ihnen keine Lektionen zu pauken, die fallen einem letztendlich in den Schoß.
Die erfahrenen Pferde werden ohnehin mehr gymnastiziert, denn die Ausbildungsphase ist überwunden, es ist ja alles da. Man versucht also, Abwechslung in die Arbeit zu bringen, macht mehr Feinarbeit und arbeitet Phasen wie Piaffe oder Passage eher in kurzen Reprisen."

... zu Lob und Strafe:

„Das Pferd muß wissen, wofür es gestraft oder gelobt wird. Beim Doktor (Ausbilder und Besitzer der Pferde: Dr. Uwe Schulten-Baumer sen.) steht in der Halle immer eine rote Leckerli-Dose. Wenn ich die Pferde nach der Arbeit noch einmal abschließend gelobt habe, drehen sie sich hinterher am langen Zügel selbständig um, gehen zu der Dose und holen sich dort ihre Belohnung ab, weil sie wissen, daß sie richtig gehandelt haben.
Sicher kommt immer mal eine Situation, wo man ein Pferd strafen muß. Aber das Pferd darf keine Angst kriegen. Strafe darf die Reiterei nie bestimmen. Es ist nur, damit das Pferd weiß, was es soll. Man kann gegen Angst nicht angehen. Deshalb muß man als Reiter individuell zu unterscheiden wissen, ob ein unerwünschtes Verhalten nun Angst oder Frechheit ist. Die Erziehung ist das Wichtige, nicht Furcht. Die maßvolle Strafe ist eine sehr hohe Anforderung an den Reiter. Auch deshalb ist es wichtig, daß man mit einem Ausbilder zusammenarbeitet."

hat das zur Folge, daß schmerzhaft verkrampfte, weil überforderte Muskeln – ob im Hals, im Rücken oder in der Hinterhand – den gesamten Bewegungsablauf durcheinander bringen.

Ein Punkt, den viele Reiter außer acht lassen – aber vielleicht haben sie nur vergessen, wie lange sich bei ihnen nach jeder Reitstunde alle möglichen Muskeln (von denen man gar nicht wußte, daß es sie überhaupt gibt) schmerzhaft zu Wort meldeten. Erinnern Sie sich noch?

HANS GÜNTER WINKLER
„Wenn Sie richtig arbeiten, spielen Sie ja mit dem Pferd. Versammlung und Strecken ist ein laufendes Bewegungsspiel, das automatisch Entlasten und Belasten im Wechsel beeinhaltet."

„Huhu! Ich bin der zweiköpfige Oberschenkelmuskel! Merkst du, wo ich sitze? – Sei still: Ich bin jetzt dran. Ich bin nämlich dein Wadenbeinmuskel: Paß auf, hier bin ich!" – Autsch!

Während solch unfreiwilliger Konversation war an einen gelösten Sitz nicht zu denken. Statt sich kentaurengleich jeder Bewegung des Rosses anzuschmiegen, war man nicht mehr als ein verkrampftes Bündel Pein obendrauf. Von Reiten meilenweit entfernt. Und das einzige, was einen bei der Stange hielt, war der Gedanke, es doch zu schaffen!

Genau diesen Wunsch wird das Pferd aber nie nachvollziehen.

Wieso denn auch?

Wer will denn die Schleife?

Speziell nach der Grundausbildung versuchen viele Reiter, die Ausbildungstreppe des Pferdes im D-Zug-Tempo hinaufzusausen oder gar über jede zweite Stufe hinwegzuspringen. Das klappt aber nicht. Weder vom Verständnis für die Aufgabe, noch vom Bewegungslernen, noch von der erforderlichen Kraft und Muskulatur her.

Man kann nichts ausbilden oder trainieren, wozu das Pferd von Veranlagung, physischer und psychischer Leistungsfähigkeit einfach (noch) nicht imstande ist!

Resultat: Die Erfolgserlebnisse bleiben aus und damit auch das ehrliche Bemühen unseres Vierbeiners. Das mit der Ausbildung des Pferdes ist schon ein Kreuz. Überhaupt, Kreuz – bereits das Wort ist fürchterlich ...

Das Kreuz mit dem Kreuz

„Das ist noch lange kein Pferd von schlechter Gemütsart, das sich infolge noch nicht gelöster Spannungen oder Schmerzes, den ihm übertriebenes Zusammenstellen zufügt, wehrt."
Oberst Waldemar Seunig, aus „Von der Koppel bis zur Kapriole"

Theoretisch könnten Sie die folgenden Kapitel überspringen. Könnten! Weil sie uns ein wenig ins Abseits führen. In der Praxis zählt der Pferderücken mit zu den häufigsten Ursachen für Widersetzlichkeit, Ungehorsam bis hin zu kaum kontrollierbarem Vorwärtsdrang des Pferdes. Indem das Tier versucht, sich irgendwie dem Schmerz in seinem Rücken zu entziehen.

Hier lasse ich Ihnen freie Hand. Überlegen Sie es sich, ob Sie weiterlesen oder nicht. Sonst treffen wir uns später wieder.

Denn mit dem Kreuz des Pferdes ist es wirklich ein Kreuz. Nicht nur, daß es eins hat, das gemein schmerzen kann, nein, es ist auch ein Kreuz dahinterzusteigen, was für ein Kreuz das mit dem Kreuz des Pferdes ist ... Also, jetzt wüßte ich gerne, warum Sie die Augen so verdrehen?

Nein, ernsthaft: Um dieses Kapitel hätte ich mich gerne gedrückt. Man betritt fast wissentlich hauchdünnes Eis, egal wie gut und gründlich die Recherche ist. Ich hör' es auch schon knacken ... Aber wie dem so ist: Wenn's dem Esel zu wohl ist, will er auf dasselbe. Also zieht's mich auch dahin, obwohl alles andere als freiwillig.

„Zur Stärkung der Rückenmuskeln kommen wir nicht etwa dadurch, daß wir möglichst viel und lange reiten. Muskeln wachsen nur dann, wenn sie entsprechend ihrer Lage und ihrem inneren Aufbau in ihrer natürlichen Funktion beansprucht werden ... Werden sie mit Gewalt zu einer Arbeitsleistung herangezogen, der sie noch nicht gewachsen sind, besteht die Gefahr einer ernsthaften Schädigung."

Dr. Reiner Klimke, aus „Grundausbildung des jungen Reitpferdes"

Den Rücken stärken

Denn Tatsache ist, daß

- die meisten Pferde mehr oder weniger unter Rückenschmerzen leiden,
- viele Veterinäre wie Ausbilder diese Probleme zu einem Großteil in einer unsachgemäßen Reitweise und forcierten Ausbildung des Tieres sehen, und
- Schmerzen durch die Arbeit und Motivation für die Arbeit sich einfach nicht auf einen Nenner bringen lassen.

Am Pferderücken kommt kein Reiter vorbei!

Hier gibt es eine gnadenlos gute Chance, sich als Reiter denkbar unbeliebt zu machen. Indem man etwas verlangt, was das Pferd einfach noch nicht kann.

Gar nicht können kann!

Weil der gesamte Bewegungsapparat noch nicht so weit ist ...

Der Fairneß halber müssen wir das Kapitel unterteilen, damit jeder die Chance hat, sich darüber so seine eigenen Gedanken zu machen. Nämlich in das

- Kreuz mit dem Kreuz für Einsteiger und
- das Kreuz mit dem Kreuz für Durchblicker.

Was heißt überhaupt „falsches Reiten"?

Dr. Blobel in „Cavallo": „Während man die Leistung des Herzmuskels innerhalb von sechs bis acht Wochen deutlich steigern kann, benötigen die Rückenmuskeln mitunter ein zwei- bis dreijähriges Training. Doch vielfach erfolgt die Ausbildung zu schnell, und die Muskeln verkrampfen."

Das Kreuz mit dem Kreuz für Einsteiger

Wenn Sie sich frohgemut den nächsten besten Nachbarn im Genick schnappen und ihm einen Spagat abverlangen, schreit der zu 99,9 % Zeter und Mordio. Nein, halt: Wir machen es anders herum. Nicht Sie schnappen sich den Nachbarn, sondern der Nachbar ist derjenige, der

„Schmerz als Regulator einer körperlichen Belastung ist einer der größten Unterschiede zwischen dem Sport, den der Mensch betreibt, und dem Sport, den der Mensch mit dem Pferd betreibt."
Dr. Eberhard Schüle, in „Freizeit im Sattel"

schnappt. Ist wahrscheinlich verständlicher, vor allem das mit dem Zeter-und-Mordio-Schreien. Weil es fürchterlich weh tut. Und es wird auch nicht besser, wenn der liebe Nachbar ein wenig kräftiger drückt.

Auf der Weide demonstriert ein gesundes Pferd spielerisch und mustergültig, wie behende es seinen Körper für Sekundenbruchteile auszutarieren vermag. Sofern es die Situation verlangt. Dieselbe traumhafte Haltung als „Ausdauerleistung" unter dem Sattel gilt es aber erst einmal zu gymnastizieren. Noch einmal:

Man kann nicht ohne Schäden Lektionen abfordern, die den derzeitigen Ausbildungsstand des Sportlers hinsichtlich Kraft, Elastizität und Technik übersteigen!

Ein krummer Pferdehals bedeutet nicht, daß das Pferd am Zügel steht.

Wäre das so einfach, könnten wir wie Steffi Graf oder Boris Becker ruck-zuck ein paar Tennisturniere gewinnen, unseren Kontostand aufpäppeln und uns danach beruhigt wieder der Ausbildung des Pferdes zuwenden. Oder zwischendurch als Schlangenmensch im Zirkus Beifall heischen, indem wir uns mit der dicken Zehe hinterrücks und zierlich verknotet im Genick kratzen.

Unwissenheit, Ungeduld und der Wunsch nach schnellem Erfolg sind oft Ursache dafür, Pferdekopf und Hals mittels Hilfszügel oder Handeinwirkung in die angestrebte Stellung beizuzäumen. Stolz wölbt sich der Nacken in einem steilen Bogen empor. Sieht schick aus, wie bei den Großen. Das Ziel scheint erreicht.

Nur, mit Verlaub gefragt, was soll denn das bringen?

Kommen Sie ein wenig näher! Ich will nicht so laut reden, weil bei diesem Thema immer die Pferdebollen so tief fliegen.

Wissen Sie, die Reiter, die so prächtig mit dem Zügel hantieren, können damit nur denjenigen imponieren, die noch weniger vom Reiten verstehen als sie selbst! Sie haben zwar einen krummen Pferdehals, ja aber ... die Hinterhand bummelt derweil einen halben Kilometer hinterher und macht sich einen Lenz. Hier greife ich auf Horst Stern zurück. Der hat es nämlich so köstlich ausgedrückt, daß es reine Zeitvergeudung wäre, sich selbst das Hirn zu verrenken:

„Es latscht fürbaß wie der Milchgaul, der mault, weil er mitten in der Nacht aus dem warmen Stall muß. Die Hinterbeine wissen nur so ungefähr, was die Vorderbeine tun; die vier sind – im wahrsten Sinne des Wortes – nur sehr entfernte Verwandte."

„Ein Pferd wird nicht an den Zügel gestellt, es tritt selbst an den Zügel heran."
Reinhard Meier, aus „Selbständig reiten"

Wenn Sie oder ich oder sonstwer rauskriegte, wie das funktioniert, daß wenn man vorne am Zügel zieht, sich die Hinterbeine unter den Bauch des Pferdes bequemen, wäre man ein gemachter Mann oder eine gemachte Frau. Eine echte Marktlücke, ich schwör's Ihnen. Das wüßten nämlich so ungefähr 100.000 andere Reiter auch gerne.

Das einzige, was bei diesem Schnellschuß herauskommt, sind für das Pferd Rückenschmerzen. Die bis zur Unbrauchbarkeit des Tieres führen können.

In der falsch verstandenen Aufrichtung liegt einer der größten Leistungs- und Motivationskiller überhaupt!

Denn mit dem hoch aufgerichtetem Hals hat der Vierbeiner eine ideale Voraussetzung, um sich im Kreuz, nein, im Rücken, so richtig schön durchzubiegen.

Und jetzt wird es chaotisch:

Denn das Pferd hat zwar einen Rücken, logisch. Was es aber nicht hat, sind Rückenwirbel. Der Pferderücken wird durch einen Teil der Brust- und die Lendenwirbel gebildet. Und die Kreuzwirbel, die es zwar gibt, befinden sich auch nicht da, wo man sie vermutet: im Kreuz – also sprich im Rücken –, sondern dahinter, wo nach unserem Ermessen der Rücken schon wieder aufhört, nämlich an der Kruppe, also hinter den Lendenwirbeln ...

Kommen Sie noch mit?

Sonst schauen Sie sich das auf der Grafik auf Seite 156 an.

Auf jeden Fall: Das Pferd macht eine Hohlbiegung, und zwar ziemlich genau in der Sattellage. Dabei werden die Wirbel samt verbindenden Bändern an der Oberlinie gestaucht und an der Unterseite auseinandergezerrt. Auf Dauer geht so das Kreuz des Pferdes eben zum Teufel.

Was habe ich Ihnen versprochen?

Es ist ein Kreuz mit dem Kreuz des Pferdes!

Und Sie denken an unser Fallbeispiel „Geritten werden tut weh“?

Hoher Kopf und Hals, die Hinterhand ist herausgestellt. In dieser Haltung wird der Rücken durchgebogen.

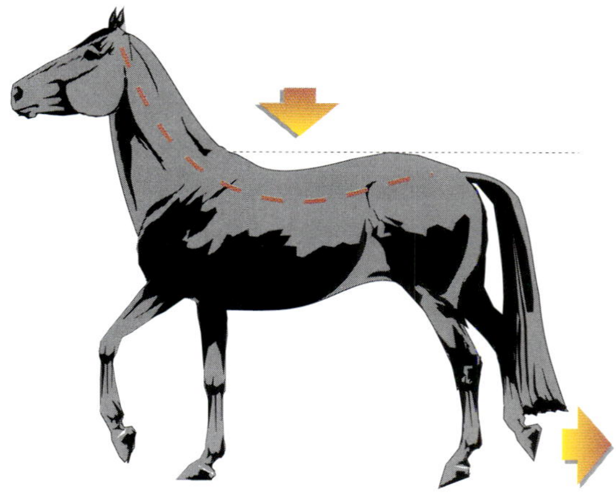

Auch der zusammengezogene Hals ändert nichts daran, daß die Hinterhand herausgestellt bleibt. Und ebenso wie bei dem oberen Bild, wird der Rücken durchgebogen.

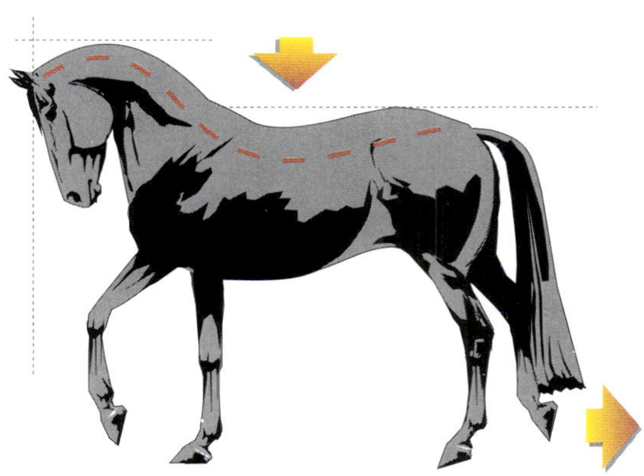

Rückenschäden bei durchgebogener Wirbelsäule

Schematische Darstellung

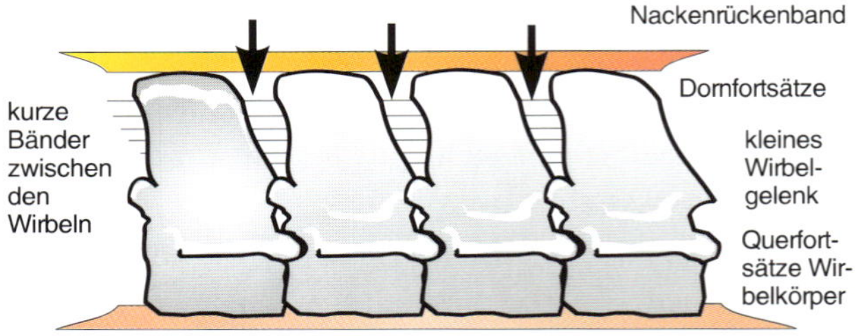

Bei Durchbiegen des Rückens werden Wirbel und verbindende Bänder oben gestaucht und an der Unterseite gezerrt. Im Extremfall berühren sich sogar die Dornfortsatzspitzen (kissing spines).

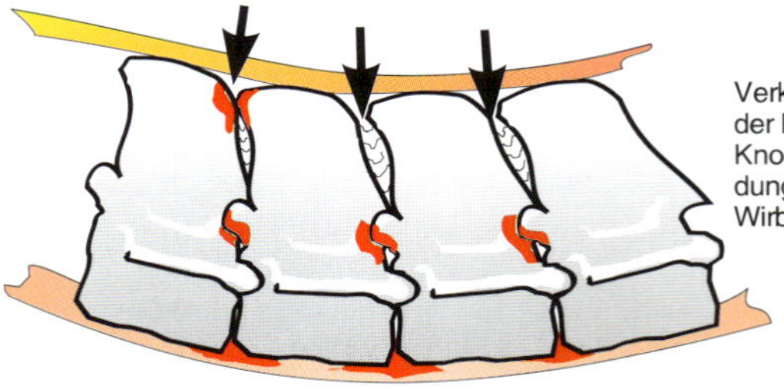

Die Reibung der Wirbelkörper ist für das Pferd äußerst schmerzhaft. Bei Brückenbildung im fortgeschrittenen Stadium ist die Beweglichkeit im Rückenbereich stark eingeschränkt.

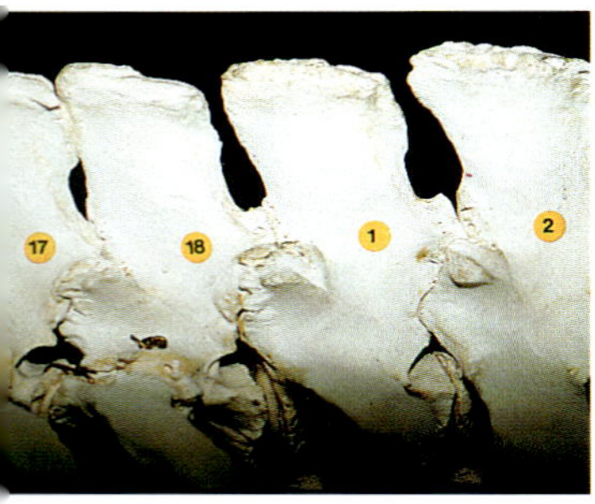

Verwachsungen in den Wirbelgelenken zwischen 17. und 18. Brustwirbel, 18. Brustwirbel und 1. Lendenwirbel.
Foto: Prof. Dr. Wissdorf, Anatomisches Institut der Tierärztlichen Hochschule Hannover

Vorne runter, hinten runter?

Nun ist ein gewisser Versammlungsgrad bei jedem gerittenen Pferd unumgänglich.

Durch das beträchtliche Gewicht von Kopf und Hals liegt der Schwerpunkt des Pferdes in Richtung Vorhand. Sollen die Anforderungen des Reiters mit der zusätzlichen Belastung die Vorderbeine nicht frühzeitig verschleißen, muß das Pferd die Last zumindest auf alle vier Beine gleichmäßig verteilen. Davon abgesehen kann das Pferd weder prompt noch wendig agieren, solange es bei jedem Tritt schwerfällig auf die Vorhand fällt und eckig wie ein Schlachtschiff durch die Gegend kreuzt.

Das heißt, die Hinterbeine müssen über treibende Hilfen herangestellt werden.

Durch Vorwärtstreiben an den begrenzenden Zügel tritt die Hinterhand verstärkt unter, das Pferd richtet sich im Hals auf und kippt den Kopf im Genick ab. Mit Aufwölben des Halses und Heranstellen der Hinterbeine wird das Pferd kürzer, damit beweglicher und hat gleichzeitig sein Gewicht gleichmäßiger verteilt. Es ist in „Gebrauchshaltung" zusammengestellt.

Damit erfolgt die Aufrichtung des Halses in Relation zur Stellung der Hinterhand. Das ist die „relative Aufrichtung".

Würde sich der Reiter damit begnügen, wäre es gut. Nur wenn er das eben nicht tut und vorne zieht und mal links, mal rechts zupft, um den Hals etwas gefälliger hinzubiegen, gibt's Probleme. Denn da ist ja noch der verflixte Rücken! Was hatten wir ein paar Seiten vorher?

Das Pferd muß lernen, seinen Körper richtig einzusetzen!

Bei dieser Einschätzung gibt es keine Ermessensfreiheit für den Reiter; hier geht es um Millimeterarbeit, wie in den Zeichnungen auf S. 148 sehr schön zu erkennen ist.

Um die 3-4 Millimeter, die die einzelnen Wirbel ohnehin nur auseinanderstehen. Tragfähig ist der Pferderücken nur, wenn er so aufgewölbt wird, daß der natürliche Abstand der Wirbel zueinander erhalten bleibt.

Einen sehr schönen Vergleich bringt Philippe Karl vom Cadre Noir in dem Buch „Hohe Schule mit der Doppellonge":

„Das Pferd streckt und wölbt seinen Rücken, wie der Gebirgsbewohner den Kopf senkt und den Rücken rundmacht, um auf möglichst wenig störende und ermüdende Weise einen schweren, sperrigen Rucksack zu tragen."

Rückenaufwölbung nach klassischer Manier und der derzeit gültigen Reitlehre heißt, lapidar verkürzt: entweder vorne runter oder hinten runter. In Dehnungshaltung vorne (durch Strecken von Kopf und Hals vorwärts-abwärts) und in hoher Versammlung hinten (durch Winkelung der Hanken, also Beugung von Hüft-, Knie- und Sprunggelenk).

Die Aufrichtung des Halses allein ist sinnlos, wenn sie zu Lasten eines festgehaltenen oder durchgedrückten Rückens geht. Das hat mit echter Versammlung nichts, aber auch gar nichts gemein:

Jean-Claude Dysli

„Das Problem der Versammlung löse ich nur mit Gymnastizierung und mit der Zeit. Mit Geduld und Zeit. Ich gehe von der Voraussetzung aus, und das haben die Klassiker Jahrhunderte gemacht, daß ein Pferd in seine Aufrichtung hineinwachsen muß. Denn gegen die Natur, gegen die natürliche Entwicklung des Pferdes kann man nicht arbeiten."

„Sie (die Aufrichtung) stellt sich eigentlich bei Steigerung der richtigen Versammlung von selbst ein und darf niemals erzwungen werden, indem man Kopf und Hals des Pferdes mit den Zügeln höher nimmt. Richtige Aufrichtung wird sowohl durch das Höhertragen des Halses als auch durch das Senken der Nachhand entstehen."

Alois Podhajsky, aus „Kleine Reitlehre"

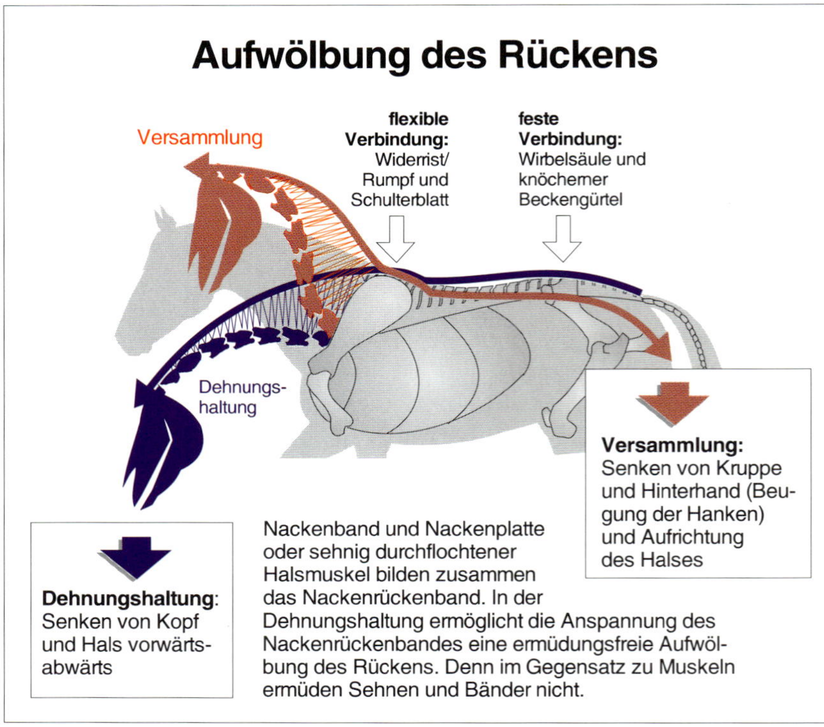

Das Prinzip der Versammlung ist das einer gespannten Feder, aus der sich das Pferd in jede beliebige Richtung abschnellen kann. Eine entspannte Feder hat keine Kraft, eine verbogene läßt sich erst gar nicht in diese elastische Spannung bringen.

Genau genommen müßte nicht das Pferd, sondern zuerst der Reiter ausführlich für Aufrichtung und Versammlung ausgebildet werden. Denn dieses „hinten runter" heißt, daß das Pferd alles in einer Art Kniebeuge machen soll.

Es gibt eine prächtige Methode, wie man sich als Mensch das Kreuz gründlich ruinieren kann. Das rechte Foto mit der Schubkarre auf Seite 152 verdeutlicht in etwa das, was der Reiter vom Pferd in der Versammlung in den Hinterbeinen verlangt.

RICHARD HINRICHS
„Die Versammlung ist nur so lange ein Mittel zur Abstimmung auf feine Hilfengebung, solange sich das Pferd willig versammeln läßt und sich nicht dagegen wehrt. Also erst, wenn die Dehnung der Rücken- und Hinterhandmuskulatur beim Pferd keinen Dehnschmerz mehr verursacht."

Stellen Sie sich vor, Sie sollten eine ganze Stunde in dieser Haltung nicht nur laufen, *sondern jeden einzelnen Schritt einmal abfedern!* Das gäbe nicht nur einen fürchterlichen Muskelkater, nein, Sie würden das gar nicht durchhalten, weil Sie vorher einen Krampf kriegten. Und die Nase hätten Sie von so einer Ausbildung auch gestrichen voll.

Dieser Beugegang ist für das Pferd aber ebenfalls mit einer enorm hohen Kraftanstrengung verbunden. Und weil es Angst vor dem Dehn-

Rückenaufwölbung nach klassischer Manier:

Bleiben wir bei den Studien direkt an der Quelle, also in der klassischen Hohen Schule, aus der sich der moderne Turnier- und Freizeitsport entwickelt hat. Hier demonstriert der Lipizzaner Conversano Thais unter Angela Franke in Egon v. Neindorffs Institut, wie die Einstellung von Kopf und Hals im Verhältnis aussehen sollte:

Vorwärts-abwärts-Streckung bei schwingendem Rücken und freien Tritten. Das energische Vortreten der Hinterhand zeigt, daß bereits ein fortgeschrittenes Stadium der Losgelassenheit erreicht ist.

In der nächsten Stufe wird Conversano Thais unter weicher Anlehnung zu einer remontehaften Haltung aufgenommen, wobei der Hals immer noch tief eingestellt und die Nase leicht vor der Senkrechten bleibt.

Beispiel für die Arbeitshaltung eines jungen Pferdes bei noch erweiterten Rahmen.

Beginnende versammelnde Arbeit: Der Hengst nimmt bei gleichzeitiger Aufrichtung vermehrt Last mit der Hinterhand auf. Die Hilfen fließen vom Hinterfuß über den schwingenden Rücken bis in die Reiterhand.

Falsch: Bei durchgedrückten Beinen wird das Gewicht nicht aus dem Rücken gehoben ...

Rechts: Richtig: In die Knie gehen, Becken kippen.

schmerz in Rücken- und Kruppenmuskulatur hat, kommt statt dessen der Versammlungs-Poker dabei heraus.

Der Versammlungs-Poker

Sie wissen, wie es beim Pokern ist? Wer am besten blufft, gewinnt.

Von der Hand aufgefordert, stellt das Pferd einen riesigen Kragen und spielt vorne versammelt, knickt aber nicht im Genick, sondern zwischen dem zweiten oder dritten Halswirbel ab (falscher Knick) und gerät mit seiner Nase hinter die Senkrechte. Und hinten treten die Hinterbeine entweder kerzengerade unter oder schluffen durch den Sand.

Von echter Versammlung keine Spur. Von Hankenbeugung erst recht nicht. Statt dessen verkrampft unser Roß den langen Rückenmuskel in dem Versuch, sich das Reitergewicht etwas leichter zu machen. Weil aber der lange Rückenmuskel mit dem größten Kruppenmuskel verbunden ist, kann man sich leicht vorstellen, daß spätestens jetzt der Karren (sprich die Hinterhand) im Dreck steckt.

Und durch den festgehaltenen Rücken kann der Reiter nicht richtig sitzen. Er wird durchgeschüttelt wie in einer „Kartoffel-Sortiermaschine", wie Klaus Balkenhol es ausdrückte.

„Wer seinen eigenen Körper nicht unter Kontrolle hat, sollte sich nicht die Aufgabe stellen, einen Pferdekörper formen zu wollen."
Günther Festerling, Vorsitzender des Bundesverbandes der Berufsreiter, in der „Pferdewelt"

Also setzt sich der Reiter möglichst schwer in den Sattel und macht das, was landläufig unter „Kreuzanspannen" verstanden wird (obwohl es, anatomisch gesehen, falsch ausgedrückt ist), und treibt stärker. Das Pferd versucht auch, dem Befehl zu folgen, und rennt schneller. Aber immer noch mit verspannter Rückenmuskulatur. Dafür hält der Reiter vorne gegen, was die Fäuste zu halten vermögen. So was nennt man, glaube ich, Vollgas mit angezogener Handbremse.

Die Losgelassenheit hat sich längst verabschiedet und ist einen Kaffee trinken gegangen. Oder einen Kognak. Vor lauter Verzweiflung. Zusammen mit der Arbeitsmotivation. Auf jeden Fall sind beide futsch.

So lernt das Pferd nie, wie es seinen Körper einsetzen soll!

Denn Verspannungen tun weh. Und zwischendurch drückt unser Roß seinen Rücken immer wieder kurzzeitig durch, um sich etwas Erleichterung zu verschaffen ... Dadurch gerät sein armes Kreuz (in diesem Fall die Wirbelsäule und alles, was an Bändern so dran ist) aber erneut in höchste Gefahr ...

Weniger verlangen ist meist mehr. Überlassen Sie diesen Part, beim geringsten Zweifel an Ihrem eigenen Können, einem Reiter, der es wirklich kann. Die Ausbildung des Pferdes gehört in fachkundige Hände. Da gibt es kein Pardon: Wenn beide nicht wissen, was Sache ist ... Also, na ja ... Schließen wir das Kreuz mit dem Kreuz für Einsteiger ab.

Der Nächste bitte:

Fredy Knie
„Wie vielen wird mittels Handeinwirkung eine Pseudoversammlung abverlangt, für die ihr Rücken noch nicht kräftig genug ist, die Hinterhand noch nicht genügend Last aufnehmen gelernt hat. Wie viele schmerzhafte Muskelverspannungen resultieren daraus, wieviel Widersetzlichkeit, die mit schärferen Gebissen oder Hilfszügelkonstruktionen gebrochen werden muß."
Aus „Fredy Knie – Die sanfte Art, mit Pferden umzugehen"

Das Kreuz mit dem Kreuz für Durchblicker

Mit fortgeschrittenem Ausbildungsstand wird es für den Reiter schwieriger. Denn fragt man 100 Fachleute (alle wohlgemerkt gute Reiter, Ausbilder, Mediziner o. ä.) nach der Rückentätigkeit, bzw. wie das denn nun genau und speziell in der Versammlung funktioniere, bekommt man freundlicherweise gleich eine ganze Auswahl verschiedener und teilweise sogar widersprüchlicher Informationen.

Ganz besonders wenn man dabei das Nackenband (oder Nacken-Rückenband) samt sehnig durchflochtenem Halsmuskel ins Spiel bringt. Beides zusammen ist ein ganz seltsames, quittegelbes, gummiartiges Gewebe. Es ließe sich – so Prof. Hertsch – mit keiner anderen Sehne und keinem anderen bekannten Band vergleichen und sei leider histologisch noch unerforscht.

Nach einem halben Jahr, in dem ich alles Erreichbare an Literatur durchgewühlt und ziemlich jeden, den ich traf – und von dem ich annahm, daß er das wissen müsse – mit dieser Frage gequält hatte, wußte ich nur eines: gar nicht so ungefährlich, in der Diskussion über korrekte Versammlung, zu hohe Aufrichtung und ihre Auswirkungen auf den Pferderücken Stellung zu beziehen. Der Vorwitz wird in der Luft zerpflückt – es sei denn, er wäre als Reiter und Ausbilder allererste Garnitur. George Theodorescu, zum Beispiel, konnte sich das erlauben und hat es auch. Egon von Neindorff hält mit seiner Meinung erst recht nicht hinter dem Berg. Oder Wilfried Gehrmann, Fredy Knie, Rolf Becher, Jean Bemelmans ...

Prof. Schnitzer, den ich ebenfalls weidlich mit dem Thema kujonierte, stellte mir freundlicherweise einen Briefwechsel aus dem Jahre 1962 mit Hermann von Oppeln-Bronikowski zur Verfügung, der 1936 mit Gimpel olympisches Mannschaftsgold erritt. Der beweist, daß der Streit um festgehaltene Pferderücken und korrekte Versammlung schon etliche Jahrzehnte länger schwelt.

Der liebenswürdige und zurückhaltende Professor, eher bekannt als Koryphäe für Stallbauarchitektur, zählt zu den nicht gerade vielen Experten Deutschlands in Bodenarbeit und Gymnastizierung des Pferdes in klassischer Richtung.

Foto: Am langen Zügel geführt von Prof. Dr. Ulrich Schnitzer zeigt die Württemberger Stute Kitty im Reininstitut von Neindorff eine vorbildliche Levade.

Wir kamen ins Gespräch, als er sich auf dem Abreiteplatz einer hochklassigen Prüfung ereiferte: *„Was für prachtvolle Pferde. Was für Pferde! Und alle fest im Rücken. Alle fest im Rücken ...“*

Er konnte sich gar nicht beruhigen, der Professor. Hinter mir stand ein bekannter Ausbilder und Turnierreiter der Grand-Prix-Klasse, der ähnlich vernichtende Kritiken murmelte. Meine Ohren wurden sichtlich größer, Mister Spock hätte seine helle Freude gehabt.

Allmählich scheint sich das Blatt zu wenden. Es gibt einen deutlichen Trend zurück zu den klassischen Ausbildungsrichtlinien. Wie und wann dieser Streit beigelegt wird, bleibt abzuwarten. Ich jedenfalls fuhr auf Einladung von Prof. Hertsch, der zu den bekanntesten Pferdemedizinern Deutschlands gehört, nach Berlin, um ein Interview über den Pferderücken und mögliche Schäden aufzunehmen.

Dabei ging es nicht um Klassische Hohe Schule kontra Turniersport. Beim Pferderücken geht es weder speziell um Springen, noch um Dressur, noch um sonst eine Reitweise. Es geht um Belastungs-

Im Kreuzfeuer der Kritik: Die Kluft zwischen Theorie und Praxis, Umdeutung der Begriffe und Wandlung alter Lehrmeinung.

Prof. Dr. Ulrich Schnitzer:

„Man spricht von Losgelassenheit bei einem Pferd, das einen festgehaltenen Rücken zeigt. Man nennt es bereits Versammlung, wenn sich die Pferde in einem verkürzten Gangmaß bewegen. Man ist zwar für das Reiten von hinten nach vorne, hat aber keine Hemmungen, Beizäumungshilfen massiv einzusetzen. Abweichungen der Ausbildungspraxis von den offiziell immer noch geltenden Richtlinien haben jedoch keine erkennbare Auswirkung auf die Bewertung in Prüfungen.“

grenzen und um Schmerzen. Dabei gibt es im Grunde genommen nur zwei Möglichkeiten: entweder richtige oder falsche Ausbildung. Entweder pferdeschonend oder „materialverschleißend" (was für ein empörendes Wort in Zusammenhang mit einem Lebewesen!).

Tatsache ist, daß die Knochenzubildungen im Wirbelbereich und die schmerzhaften Muskelverspannungen nicht nur bei Dressurpferden auftreten und ständige medizinische Behandlung erfordern. Auch bei Trabern wurden ähnliche Beschwerden festgestellt. Oder bei Springpferden, die im Training permanent mit Schlaufzügeln zusammengezogen werden. Ebenso bei Töltern verschiedener Rassen, wenn sie in zu hoher Aufrichtung geritten werden ...

Alles Pferde, denen bei hohem und gleichzeitig festgestelltem Hals ein enorm weites Untertreten abverlangt wird!

Möglich, daß hier ein Zusammenhang besteht.

Prof. Isenbügel von der Universität Zürich hat darüber referiert; Prof. Wissdorf vom Anatomischen Institut der Tierärztlichen Hochschule Hannover ebenso; von Dr. Schüle, Leiter der Pferdeklinik Waldhügel in Dortmund, gibt es gleichfalls etliche sehr interessante Vermerke zum Pferderücken ... Im Rahmen dieses Buches kann und will ich nicht darauf eingehen, das führte zu weit.

Statt dessen stelle ich Ihnen kommentarlos einen Auszug des Interviews mit Prof. Hertsch (siehe nächste Seite) zur Verfügung und eine Passage von Gustav Steinbrecht, der übrigens Student der Veterinärmedizin war, ehe er sich der Reitkunst verschrieb:

„... Erzwingt er [der Reiter] sich eine Aufrichtung des Halses, ehe sich die Hinterfüße entsprechend belasten und sich biegen können, so fällt das ganze Gewicht auf die Lendenwirbel, durch deren übermäßige Biegung alsdann die Schiebkraft gebrochen wird. Das Pferd erscheint dadurch in seinem Gang wie im Kreuze gelähmt und wird es mit der Zeit wirklich."

Es gibt zwar durchaus vernünftige Überlegungen dazu, das Pferd in Einzelfällen kurzfristig hinter die Senkrechte zu stellen und/oder extrem tief einzustellen, obwohl die meisten Klassiker das rundweg ablehnen. Als vorbereitende Dehnübung, zum Beispiel, um bestimmte Muskelpartien überhaupt erst verfügbar zu machen.

Von François Baucher (1796-1873) sind etliche Methoden überliefert. Richard Hinrichs, der sich sehr intensiv mit dessen Lehre auseinandergesetzt hat, nutzt häufiger eine dieser Vorübungen – aber nur für ganz bestimmte Pferde und unbelastet in der Bodenarbeit, um buchstäblich in Millimeterarbeit über einen Zeitraum von 2-3 Monaten, wie in der Krankengymnastik, die Rückenmuskulatur zu dehnen.

„Auf einen Fehler im Sprachgebrauch sei hingewiesen: Es heißt immer, das Pferd soll weit untertreten. Damit allein ist es nicht getan. Es soll wohl das Hangbein weit vorführen, aber das Stützbein muß gleichzeitig in der Beugephase sein. Nur dann trägt die Hinterhand so viel des Gesamtgewichts, daß die Vorhand in erhabenen Tritten rechtzeitig abschwingen kann."
Dr. Udo Bürger/ Prof. Otto Zietzschmann, aus „Der Reiter formt das Pferd"

Rückenerkrankungen des Pferdes

Prof. Dr. Bodo Hertsch zählt zu den anerkannten Kapazitäten im Bereich Veterinärmedizin für Pferdekrankheiten. Ein Auszug aus unserem Gespräch, an der Freien Universität Berlin:

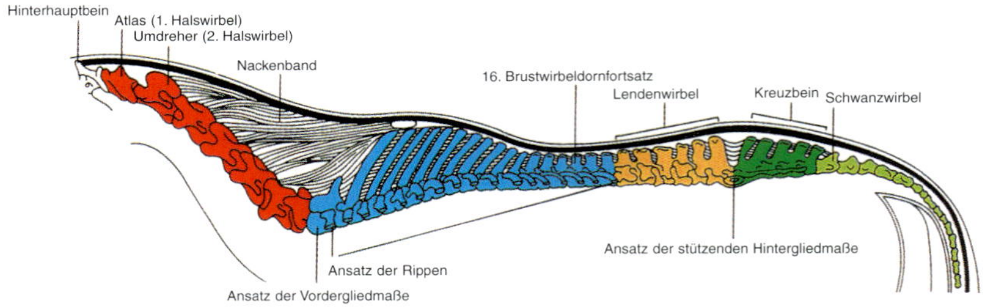

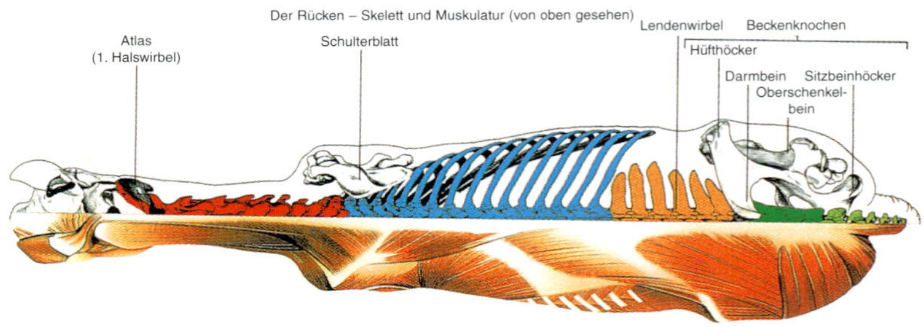

Grafik entnommen aus „Anatomie des Pferdes" von Prof. Dr. Bodo Hertsch, mit freundlicher Genehmigung des FN-Verlages

... Mit welchen Rückenerkrankungen werden Sie am häufigsten konfrontiert?

„Mit den Schäden, die sich am leichtesten diagnostizieren lassen. Das sind Knochenzubildungen an den Spitzen der Dornfortsätze, aber auch an den Wirbelgelenken und der Unterseite der Wirbel. Wir können Rückenerkrankungen leider nur so weit sicher feststellen, wie sie sich röntgenologisch erfassen lassen. Um den senkrecht stehenden 16. Brustwirbel gibt es die meisten Probleme. Denn hier schwingt die Brücke am stärksten. Hier liegt auch der mechanische Hauptbelastungspunkt."

Also in der Sattellage?

„Natürlich. Normalerweise stehen die Wirbel auf Abstand. In dem Moment, wo der Rücken anfängt, sich durchzubiegen, werden die Zwischenräume zwischen den Dornfortsätzen immer enger. Berühren sich die Dornfortsatzspitzen, kommt es zu den berüchtigten „Kissing spines" (sich berührende Dornfortsätze)."

Diese Reibung führt zu den erwähnten Knochenzubildungen?

„Ja. Bei Berührung der Dornfortsatzspitzen werden Wirbel und verbindende Bänder oben gestaucht sowie an der Unterseite entsprechend auseinandergezogen und gezerrt. In diesem Prozeß verknöchern die Bänder, und es kommt zu Knochenzubildungen. Nicht nur in den oberen, auch in den unteren Wirbelbereichen bilden sich erhebliche arthrotische Veränderungen."

Wie schmerzhaft sind diese Veränderungen im Wirbelbereich für das Pferd?

„Solange zwischen den Wirbeln Beweglichkeit besteht, sind Berührungen äußerst schmerzhaft. Daraus ergibt sich ein neues Problem: Die Schmerzhaftigkeit führt zu einer Verkrampfung der Muskulatur. Zu einer Art Dauerverkrampfung, die schmerzhaft bedingt ist. Bei einer vollständigen Verknöcherung in der Brückenbildung reagieren die Pferde auf Druck oft weit weniger empfindlich. Der Rücken ist steif und kann nicht mehr schwingen. Eine Aussicht auf Heilung besteht in diesem Stadium nicht mehr. Ein großer Teil der Rückenprobleme liegt – wie beim Menschen auch – im Bereich der Muskulatur."

Stichwort nutzungsbedingt: Was kann man als Reiter tun, um Rückenschäden zu vermeiden?

„Das Pferd so reiten, daß der Rücken aufgewölbt wird. Die Rückenaufwölbung erhält die natürliche anatomische Lage der Wirbelsäule. Bei Senken von Kopf und Hals wölbt sich der Rücken auf, wie man sehen kann, zum Beispiel in der Dehnungshaltung oder beim Grasen. Über den langen Hebel von Kopf und Hals wird die Aufwölbung des Rückens passiv durch den Bänderapparat unterstützt."

Wie wirken sich Aufrichtung des Halses und Beizäumung auf den Pferderücken aus?

„Der Hebelarm des Halses wird verkürzt und dementsprechend die Tendenz zum Durchbiegen verstärkt."

Das Pferd muß also in der Versammlung untertreten, um dieser Tendenz entgegenzuwirken?

„Ja. Aber ganz so einfach ist es nicht. In dem Moment, wo das Pferd sich in Hals und Kopf aufrichtet, kann es untertreten und sich trotzdem im Kreuz durchbiegen. Massive Rückenbeschwerden werden durch das Untertreten allein nicht ausgeschlossen. Wir haben dieses Rückenproblem ja auch bei Trabrennpferden, wo die ganze Schubkraft aus der Hinterhand über den Rücken geht. Es ist mehr eine Frage der Gymnastizierung: Je kräftiger die Rückenmuskulatur entwickelt ist, je elastischer und kontraktionsfähiger sie durch fachgerechte Gymnastizierung ist, um so besser hält sie das ganze Gefüge zusammen.
Ferner gilt für eine hohe Versammlung, wie sich das Pferd in Ruhe darstellt. Welche Haltung nimmt es im Stand ein? Wenn das Pferd von Natur dieser versammelten Haltung mit hoher Aufrichtung, die wir als Idealzustand sehen, nicht entspricht, kann es das auch nicht. Es muß also schon ein Gebäude haben, das diesem Bild zumindest etwas nahe kommt."

Halsbiegearbeit gehört dazu und natürlich besagte „Rollkur". Richtig praktiziert, also ohne Zwang, erzielt sie die Bereitschaft des Pferdes, den Hals herunterzunehmen und sich zu dehnen – dann wirkt sie als Stretching und fördert, zum Beispiel, die Rückenaufwölbung.

Prof. Preuschoft von der Ruhr-Universität Bochum hat es berechnet und mir persönlich bestätigt, aber ... und hier kommt ein ganz großes Aber: Man muß sich bewußt machen, daß jede partielle Gymnastizierung oder Abweichung von den als gültig festgeschriebenen Richtlinien enorm viel Sachverstand erfordert und keinesfalls dazu gedacht ist, Pferde stundenlang in dieser Haltung „abzukochen" (Originalton „St. Georg") oder grundsätzlich auf den Kopf zu stellen.

Das Pferd trägt seinen Reiter auch mit dem Hals ...

Der Rücken des richtig versammelten Pferdes wird in zweifacher Richtung gestreckt: rückwärts-abwärts über die Kruppenmuskulatur in der Hankenbiegung und vorwärts durch Dehnung des Halses. Die Nackenmuskeln des richtig gehenden Pferdes werden bei ihrer tragenden Tätigkeit dauernd stark beansprucht und nehmen wie jeder andere Muskel an Umfang zu. Erst diese doppelte Streckung ist das wesentliche Merkmal richtiger Versammlung. Das Pferd wirkt zwar kurz, aber nur, weil die gerade Linie von Maul bis Sitzbeinhöcker kürzer ist. Tatsächlich werden die Muskeln der Oberlinie von Halskamm, Rücken und Kruppe in keiner Haltung so gedehnt wie in hoher Versammlung.

Die Aufgabe, dem belasteten Rücken seine natürliche Haltung wiederzugeben, hat ein Teil der Nackenmuskeln mit dem Nackenband. Dehnt das Pferd den Hals nach vorn, so üben die Nackenmuskeln eine entsprechende Zugwirkung aus, und die Dornfortsätze des Widerrists werden aufgerichtet. Diese Zugwirkung wird durch das sehnige Nackenband auf den Rücken übertragen.

Aus der den langen Rückenmuskel deckenden Faszie – das ist seine derbe, sehnige Oberflächenbekleidung – entspringt ein Teil des großen Gesäß- oder Kruppenmuskels. Während der Hankenbeugung übt der durch die Hüftgelenksbeugung gedehnte Kruppenmuskel einen Zug am langen Rückenmuskel aus und wirkt so mit diesem zusammen, um die Vorhand zu entlasten.

Ist der lange Rückenmuskel für diese Tätigkeit nicht frei, wird er

Dazu eine Stellungnahme von Prof. Dr. Kurt Albrecht, aus „Reiterwissen – erlesen und erfahren":

„Jeder große Reitmeister der Vergangenheit hat sich, seiner künstlerischen Intuition folgend, eigene Wege gesucht, die am besten und sichersten zum Ziel führen sollten. Hatte er sie gefunden und entsprachen sie seinen Fähigkeiten, war es selbstverständlich, daß er darauf schwor und sie allen seinen Schülern anempfahl. Dabei hat sich aber nur zu oft herausgestellt, und tut es auch heute noch immer, daß die Wege, die zu den großen Erfolgen des Meisters geführt hatten, vom Schüler schon nicht mehr mit gleich gutem Erfolg begangen werden konnten."

Wer sich beim Nacheifern zu sehr an die Formen seines Vorbilds statt an deren Inhalt hält, wird sicher nicht das gleiche Podest erreichen können.

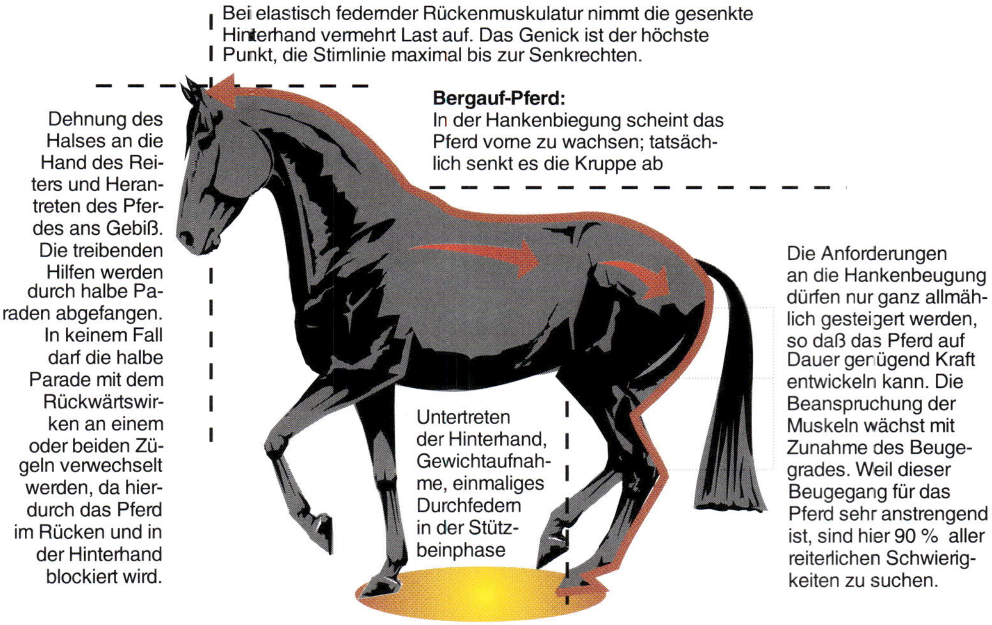

vielmehr durch fehlerhaftes Tragen der Last angespannt, kann er dem Zug des großen Kruppenmuskels nicht folgen. Dadurch wird die Vorhand nicht angehoben, der Gang kann nie erhaben und geräumig, die Bewegung des Pferdes nie taktmäßig sein.

Text nach Oberst Waldemar Seunig, „Von der Koppel bis zur Kapriole", Dr. Udo Bürger/Prof. Otto Zietschmann, „Der Reiter formt das Pferd" und den Richtlinien für Reiten und Fahren, Band 2, der Deutschen Reiterlichen Vereinigung.

Das Gefährliche an diesen Techniken ist ihre gedankenlose Übernahme, die zum Mißbrauch verleitet – unter Umständen mit verheerenden Folgen, wenn der Reiter Ursache und Auswirkung nicht zu unterscheiden vermag. Von daher ist die Ablehnung verständlich, auch wenn ein Meister im Sattel sie weder nutzt, um reiterliche Schwächen zu umgehen, noch um die Ausbildung des Pferdes zu verkürzen. Denn gegen die Natur, gegen den natürlichen Reife- und Entwicklungsprozeß, gegen die Anatomie des Pferdes zu arbeiten ist unmöglich. Das gilt für jede Nutzung des Tieres. Und eines bleibt unbestritten:

Schmerzen aus der Arbeit und Motivation für die Arbeit lassen sich nicht vereinbaren!

Schon die Überlegung wäre paradox. Statt sich also mit diesen Abweichungen aufzuhalten (die hier nicht hineingehören), habe ich in der Grafik auf S. 159 einige markante Punkte zusammengefaßt, auf

FRANKE SLOOTHAAK

„Man muß ein Pferd zur Arbeit kriegen, ohne daß es das merkt."

Ein Interview von Dr. Britta Immes mit Franke Sloothaak, das seinen aktuellen Bezug wohl nie verlieren wird, fiel mir in der „Reiter Revue" auf. Franke Sloothaak auf die Fragen

... Geht es nicht auf Kosten der Tiere, einem Pferd schnell etwas beizubringen?

„Schnell etwas beibringen heißt nicht, auf die Schnelle fertigmachen. Ich bemühe mich immer herauszufinden, welche Talente ein Pferd hat. Daran arbeite ich dann. Ich finde das besser, als immer nur zu versuchen, die Schwächen abzustellen. Denn dabei verliert ein Pferd die Lust an der Arbeit. Ich übe Dinge, die gut klappen, mehr als solche, die dem Pferd Schwierigkeiten bereiten. Wenn zum Beispiel ein Pferd besser im Rechts- als im Linksgalopp ist, dann arbeite ich eben erst auf der rechten Hand. Wenn es da ganz durchlässig ist, nehme ich auch die linke Hand dazu. Letztendlich bringt einen das schneller zum Erfolg."

... Sollte sich der Reiter auf das Pferd einstellen, oder muß sich das Pferd dem Reiter anpassen?

„Grundsätzlich meine ich, daß der Reiter sich auf das Pferd einstellen muß ...
Ein Reiter sollte sich immer bemühen, ins Pferd hineinzuschauen. Man muß es zur Arbeit kriegen, ohne daß es das merkt. Man darf nicht jeden Tag und jeden Moment hart arbeiten wollen, sondern muß dem Tier auch Zeit geben, die Arbeit zu verkraften. Man muß

die in bezug auf eine schmerzfreie Rückentätigkeit geachtet werden sollte. Das Prinzip der Versammlung bleibt gleich, nur eventuell in schwächerer Ausformung ...

Es wird Zeit, daß wir die Ausbildung abschließen. Als Beispiel war der Pferderücken ohnehin ein „dicker Hund".

Zusammenfassung „Ausbildung des Pferdes"

So, wir sitzen wieder vereint auf unserm Bänkle und machen weiter, wo uns der Pferderücken eventuell getrennt haben könnte. Also: Im Idealfall ergänzen sich Ausbildung und Training: Gleichlaufend mit der Erziehung des Pferdes wird seine Technik verfeinert, Kraft, Kondition, Biegsamkeit und Elastizität werden aufgebaut, erhalten oder verbessert.

---

einsehen, daß ein Pferd kein Sportgerät ist – und das ist wohl das Schwierigste an unserem Sport."

... Was sehen Sie als grundsätzlichen Fehler in der Ausbildung an?

„Den Versuch, die Ausbildung an einem Tag zu erledigen. Man muß sich als Reiter einfach Zeit lassen, auch wenn man einmal nicht zufrieden war. Es kommt immer ein nächster Tag, an dem man es noch mal probieren kann. Falsch ist es auch, wenn man versucht, ein Pferd auf seinen eigenen Reitstil hinzubiegen: Man sollte jedem Pferd seine Besonderheiten, seinen Charakter lassen, sonst geht nichts."

... Wie schaffen Sie es, immer die Ruhe und Überlegtheit zu bewahren?

„Ich habe gelernt, mich immer sehr zu konzentrieren. Man muß jede Sache im Vorfeld planen. Ich reite oft lange Schritt, überlege mir genau, was ich heute eigentlich reiten, was erreichen will. Viele Reiter machen den Fehler, daß sie jeden Tag satteln und immer wieder das gleiche Programm runterspulen. Dabei entwickeln sie sich nicht weiter – und das Pferd auch nicht."

... Verlieren Sie beim Reiten je die Geduld?

„Nein. Natürlich braucht jedes Pferd auch mal eine starke Hand und energische Führung. Aber wenn ein Pferd Fehler macht, kann man sie meist auch irgendwie begründen. Die Geduld zu verlieren wäre das Falscheste. Könnte man alle Reiter, die mal ausflippen und die Pferde hart strafen, fragen, was das letztlich gebracht hat, müßten wohl alle antworten: Nichts!"

„Nur nicht einseitig werden, Einseitigkeit ist der größte Feind der Dressur."
Felix Bürkner, aus „Kavallerieschule Hannover"

Nun ist das mit Idealfällen so eine Sache, aber auch in den Arbeitsinhalten gibt es sehr viel mehr Möglichkeiten, das Pferd für seine Aufgabe zu motivieren, als gemeinhin gelehrt. Vorausgesetzt natürlich, man verfügt über entsprechendes Fachwissen, um Sinn und Nutzen richtig zu beurteilen – und über die notwendige reiterliche Technik, um sie umsetzen zu können. Damit wären wir in unserem nächsten Kapitel, der „Qualifikation des Reiters/Ausbilders".

Zugegeben, allerdings auch ein schwerer Brocken.

Sollen wir uns nicht lieber über das Wetter unterhalten?

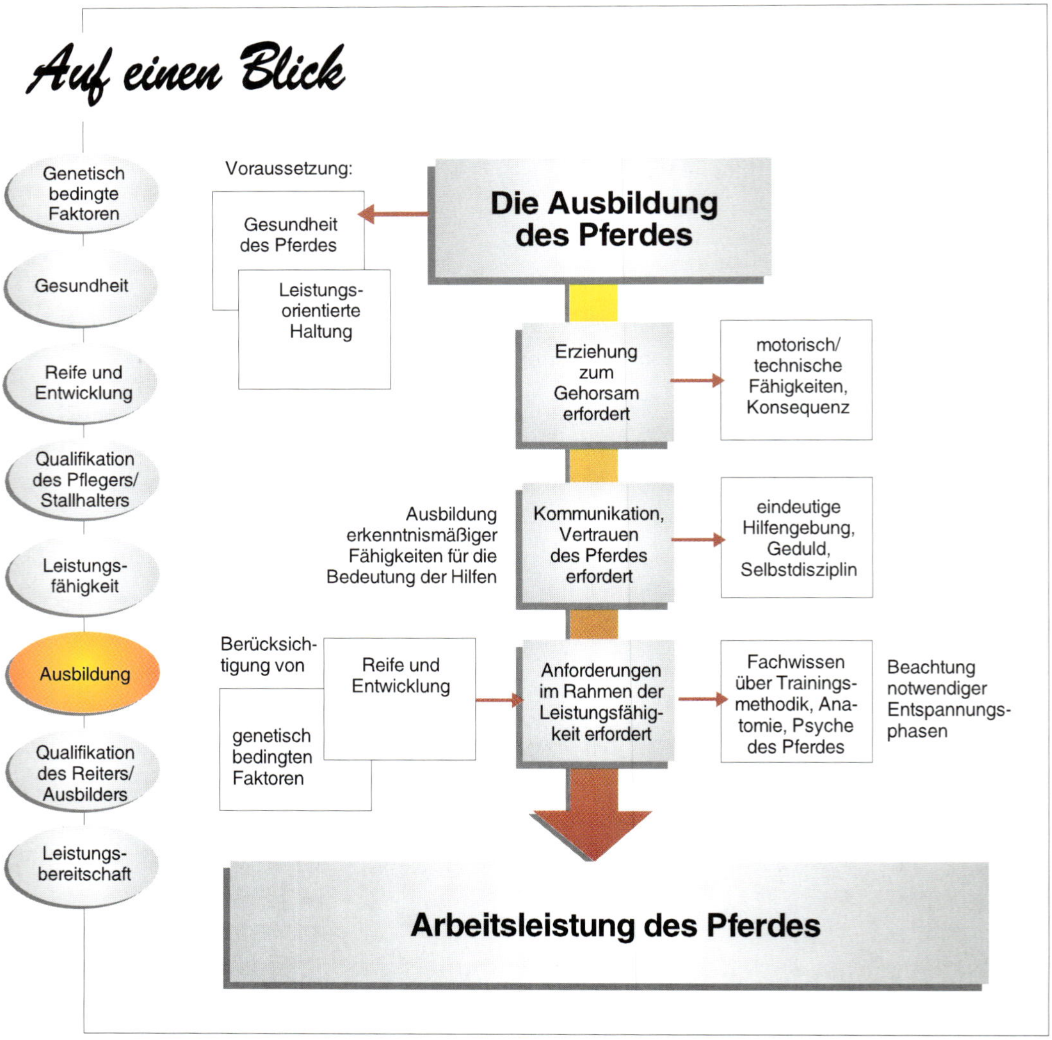

Punkt 7: Qualifikation des Reiters/ Ausbilders

„Also pflegen Sie diesen Dreiklang: Reitkunst, Charakter und Geist, wobei die Reitkunst gewissermaßen der körperliche Träger ist."

General Groener, aus „Kavallerieschule Hannover"

Vorweg: Das Schönste am Reiten birgt auch seine größte Gefahr. Daß man eigene Fehler, eigenes Verschulden auf das Pferd abwälzt.

In keiner anderen Sportart wäre das möglich.

Auf der Piste die Ski verkanten heißt, im Tiefflug nach der nächsten Schneewehe zu äugen. Ein Surfbrett falsch belastet oder eine Welle falsch angeschnitten, und der Surfer *weiß*, daß er irgend etwas falsch gemacht haben muß. Spätestens, wenn er prustend und spukkend aus den Fluten wieder auftaucht.

Die Schuld grundsätzlich beim Ball, beim Ski oder wo auch immer zu suchen ruft lediglich breites Grinsen bei den lieben Mitmenschen hervor. Obwohl, auch da gibt es Wortkünstler, die um Entschuldigungen nie verlegen sind. Sei's drum. Diese Spezialisten tragen mit ihrer Eloquenz zumindest zur allgemeinen Erheiterung bei.

In der Kunst ist es nicht anders. Eine Stradivari klingt sicher anders als eine Schülergeige. Nur, ein Musiker, der die Technik nicht beherrscht, kriegt auf der einen wie auf der anderen keinen gescheiten Ton heraus.

Nein, so ein böses Instrument!

Der letzte Satz ist lächerlich? Halb so lächerlich, wie er klingt. Denn beim Reiten scheint das nicht nur möglich zu sein, manchmal kann man sich des Eindrucks nicht erwehren, daß es Usus ist. Bloße Naivität?

Und wenn, wem ist die Schuld zuzuweisen? Dem Pferd, das (wenigstens am Anfang) nur versucht, das auszuführen, was ihm beigebracht wurde? Oder dem Reiter, der versucht, seine durchgeschüttelten Knochen zu sortieren, und der häufig genug ausschließlich auf sportlichen Ehrgeiz gedrillt wird? Bis er mit Scheuklappen durch die Gegend rennt und reiterliches Können in eine Materialschlacht entartet?

Aber Reiten ist mehr: Mehr als Sport; mehr als Kunst – zumindest, soweit es Malen oder Musik betrifft. Reiten erfordert gleichermaßen Technik, Intuition, Verständnis für das fremde Lebewesen Pferd und pädagogisches Geschick. Also doch eine Kunst? Auf jeden Fall. Oder eine Philosophie. Es kann auch ganz einfach nur Spaß machen – wenn man weiß, worauf zu achten ist.

„Viele Reiter kommen zu unseren Reitwart- und Amateurreitlehrer-Lehrgängen und glauben, sie könnten reiten ... Da werden die großartigsten Lektionen gebüffelt, aber die Grundlagen sitzen nicht."

Michael Putz, langjähriger Leiter der Westfälischen Reit- und Fahrschule Münster, in „Cavallo"

Richard Hinrichs

„Je feiner das Pferd reagiert, um so störanfälliger ist auch sein Gleichgewicht. Ein fein abgestimmtes Pferd wird deshalb auch nur unter einem souverän sitzenden und einwirkenden Reiter glänzen."

Hans Günter Winkler
„Hinter jeder sportlichen Leistung steht heute wie vor 100 Jahren eiserne Disziplin, Arbeit ... wie bei einer Ballerina oder jedem anderen Sportler im Spitzensport. Alles andere ist eine Lüge, die über kurz oder lang zusammenbricht. Leistung ist etwas, das durch eine gemeinsame Idee, ein gemeinsames Gefühl und mit dem Pferd auch durch gemeinsame Arbeit geschaffen werden kann."

Reiten ist auch – mag es uns passen oder nicht, mag es den einen oder anderen antiquiert anmuten – ein Stück Geschichte und Kulturgut. Der Reiter des 20. Jahrhunderts ist der zur Zeit letzte Träger einer jahrtausendealten Bindung zwischen Mensch und Pferd, die an Faszination nichts verloren hat.

Heute ist es weniger blutiger Kampf oder Knochenarbeit auf dem Felde als Sport und Hobby. Für einige natürlich auch ein Beruf. Doch es gilt keine Welten mehr mit dem Pferd zu erobern – es sei denn, die innere in uns selbst. Und es sollte, bei allem reiterlichen Ehrgeiz, Freude am Tier sein, Naturverbundenheit – und mehr:

„Das sind Gefühle, die man nicht beschreiben kann. Ein Stück große Freiheit vielleicht ...“ Sagte Isabell Werth zu mir.

George Theodorescu, mit dem ich leider nur sehr kurz sprechen konnte, meinte, nach der Motivation des Pferdes befragt, bedächtig: *„Die emotionelle Bindung des Reiters zum Pferd ist wichtig.“*

Nach einer gelungenen Aufgabe lobend über einen warmen, seidigen Nacken zu streichen, zu sehen, wie ein Ohr nach hinten zuckt, wie das gewaltige Bündel Kraft aufhorcht, um sich dann wohlig und vertrauensvoll zu entspannen ... Bringen Sie diesen Trick mal einem Surfbrett oder einer Geige bei! Doch das muß der Schüler ja erst einmal begreifen!

Und ohne Technik geht schon gar nichts.

Reiten erfordert weit mehr als Talent oder Intuition. Willi Schultheis, einer der ganz großen Ausbilder im Dressursport, Meisterschüler des legendären Otto Lörke, sagte gerne:

„Talent ohne Fleiß und Willen ist gar nichts. Aus Fleiß und Willen kann man aber etwas machen. Am besten wäre es jedoch, wenn alle drei Faktoren zusammentreffen.“

„20 % sind Talent – der Rest Fleiß und Disziplin“, antwortete Ludger Beerbaum auf die Frage, wie weit Talent für den Erfolg im Parcours ausschlaggebend ist.

Die sorgfältigste Ausbildung des Pferdes, die schönsten Gänge, die beste Springmanier sind verschwendet, wenn der Reiter sie nicht abzufordern weiß oder das Tier durch ungeschickte Behandlung verdirbt. Zwar spielt die Qualität des Pferdes eine große Rolle, um im Turniersport ganz vorne mitmischen zu können, aber Geld allein ist keine Erfolgsgarantie. Die großen Bewegungen der auf Höchstleistung gezüchteten Cracks sind nicht unbedingt bequem. Was nutzt es, wenn ein Pferd „die Sterne vom Himmel treten kann“, der Reiter aber (noch) nicht imstande ist, sie auszusitzen?

Erfolgreiches Reiten erfordert zuerst einmal Ausdauer.

Und einen guten Lehrer.

Der Beste ist gerade gut genug, denn er ist für beide verantwortlich: Reiter und Pferd. Das gilt auch (oder gerade) für den Anfänger.

Gute Pferde wollen auch gut geritten werden

„Eine einfache, klare und stets gleiche Aussage ist eines der Geheimnisse der Reitkunst."

Nuno Oliveira, aus „Die Reitkunst im Spiegel ihrer Meister"

Jean-Claude Dysli

„Wenn ich das Pferd erfassen kann in seinem Wesen, wenn ich verstehe, wie es reagiert, und es entsprechend seiner Anatomie berühren kann, Hilfen geben kann, dann werde ich mit ihm klarkommen."

Wer will eigentlich was von wem: das Pferd vom Reiter oder der Reiter vom Pferd? Genau deswegen sollte sich jeder Reiter sehr gut überlegen, ob er nicht oft (zu oft?) etwas schier Unmögliches von seinem Pferd verlangt. Es ist nicht Aufgabe des Pferdes, sich in seinen Reiter einzufühlen und Gedanken lesen zu lernen, sondern genau umgekehrt.

Das heißt, der Reiter muß auch zuhören. Um verstehen zu können, was ihm das Pferd zu sagen versucht. In der Sprache, in der es sich auszudrücken vermag. Es hat nur diese eine. Und leider, leider, schreit ein Pferd nicht auf, wenn ihm sein Reiter unbedacht oder ungewollt Schmerzen zufügt.

Es gibt verschiedene Arten, mit dem Pferd ein gemeinsames, für beide Seiten verständliches Sprachschema aufzubauen. Über

- *sichtbare Hilfen*
  Körpersprache und Gestik in der Bodenarbeit als vorbereitender oder begleitender Teil des Reitens
- *fühlbare Hilfen*
  reiterliche Einwirkungen von Gewicht, Hand, Knie oder Schenkel vom Sattel aus und
- *hörbare Hilfen*
  die Stimme als Laut – beruhigend bzw. aufmunternd –, aber auch als knappes Kommando.

Einzeln oder kombiniert anwendbar, zusätzlich unterstützt durch Hilfsmittel wie Zügel, Longe, Sporen, Gerte oder Handstock.

Fredy Knie

„Warum versteht mich das Pferd nicht? Sich immer wieder selbst fragen. Denn geben wir die Hilfen richtig, reagiert auch das Pferd richtig. Ich habe noch nie ein Pferd verkauft, weil es nicht wollte. Sie wollen immer!"

Im Reitunterricht werden überwiegend die fühlbaren Hilfen vom Sattel als Technik vermittelt. Sicht- und hörbaren Hilfen und ihren Anwendungsmöglichkeiten wird selten die Beachtung gezollt, die sie verdienen: Korrektes Longieren wird kaum gelehrt, die klassische Handarbeit noch viel weniger, und die leichter zu erlernende führende Bodenarbeit in einem Spielepark etwa – zur Gymnastizierung oder Erziehung des Pferdes – scheint weitgehend Freizeitreitern vorbehalten.

Unter dem Gesichtspunkt der Leistung und Motivation des Pferdes ist das bedauerlich. Bedauerlich insofern, weil viele Reiter damit überfordert sind oder es sich unnötig schwermachen.

Wenn der Reiter ausschließlich seinen Körper im Sattel als Kommunikationsmittel mit dem Pferd versteht und ihn als Sprachrohr für seine Wünsche einsetzt, muß er auch zusehen, daß er diesen seinen Körper absolut unter Kontrolle hat!

Der unsichtbare Dirigent

„Versetze dich in die Lage des Pferdes und denke darüber nach, ob selbst du als intelligenter Mensch die korrigierenden Hilfen eines hinter dir stehenden Reiters begreifen würdest, den du nicht siehst, nicht hörst, nur spürst."
Reinhard Meier, aus „Selbständig Reiten"

Der Reiter *muß* also eine sehr genaue Vorstellung von der jeweiligen Hilfe haben und verstehen, welche Bewegung seinerseits an welchem Körperteil des Pferdes welche Reaktion auslöst. Nur so vermag er kombinierte Hilfen immer feiner abzustimmen und über seinen Körpereinsatz aus einzelnen Worten für das Pferd verständliche Sätze zu bilden.

Der Reiter *muß* also imstande sein, jede ungewollte Bewegung zu verhindern, sonst kann er sich über seinen Körper allein nicht unmißverständlich artikulieren. Dabei führen selbst kleinste Unsicherheiten in der Balance des Reiters oder Abweichungen von Hand und Schenkel zu widersprüchlichen Informationen.

Nicht nur das Pferd, auch der Reiter muß die gemeinsame Hilfssprache beherrschen! Erinnern Sie sich? „Sprechen Sie Kisuaheli?" ...

Jetzt kommen wir endlich zu der Frage: Wann vertraut ein Pferd seinem Reiter? Wann gehorcht es ihm freiwillig und ohne Zwang?

Kommunikation bedeutet nicht nur reiten, aber ein sensibler, verantwortungsbewußter Umgang mit dem Pferd bedeutet unbedingt und in erster Linie Kommunikation. Gutes Longieren ist eine Kunst.

Das Vertrauen des Pferdes

Eine der beeindruckendsten Definitionen zum Vertrauen des Pferdes und zur Quintessenz der Dressur konnte ich von Jean-Claude Dysli aufzeichnen:

„Dressur hat etwas mit Drill zu tun, weit mehr aber mit Erziehung.

Wilfried Gehrmann mit „Andiamo" an der Doppellonge: Betontes Longieren in die Tiefe über den Rücken.

Hankenbeugung bei zwangloser Aufrichtung in der versammelten Arbeit.

Ich bin der Meinung das Pferd sollte sich vor allen Dingen an mich gewöhnen, und wir sollten eine Herdengemeinschaft bilden. Wo ist das Pferd geborgen, wo? In einer Höhle, in einem Versteck? Nein, nein, nein – in der Herde! Die Herde ist sein Synonym für Sicherheit, und das muß ihm der Reiter geben – ob er will oder nicht!"

Eigentlich ist damit alles gesagt. Solange sich das Pferd beim Reiter als Herdenchef nicht geborgen fühlt, wird es ihm nicht vertrauen. Solange der Reiter nicht imstande ist, mit seinem Pferd unmißverständlich zu kommunizieren, hat es auch keinen Grund, ihm zu vertrauen. Solange das Pferd seinem Reiter aber nicht vertraut, kann er das Pferd auch nicht „motivieren", sondern lediglich „mobilisieren".

Sicher ist, daß das Pferd weder gehorchen kann noch gehorchen wird, wenn es nicht weiß, was genau es tun soll, oder die Befehle stets unterschiedlich erfolgen! In dieser Situation läuft der Reiter nicht nur Gefahr, das Pferd für seine eigenen Fehler zu strafen, sondern fatalerweise in dem Moment, wenn das Pferd versucht auszuführen, was es verstanden hat. Wiederholen sich solche Vorfälle, wird das Pferd zunehmend verunsichert, und auf Dauer bleiben dabei sowohl Arbeitsmotivation wie Vertrauen des Pferdes zum Reiter auf der Strecke.

Kommunikation steht folglich ganz vornean. In jeder Reitweise der Welt, in jeder Hilfengebung der Welt, ob mittels Stimme, Körpersprache, vom Sattel, vom Bock oder vom Boden aus. Sensibilität, Gehorsam, aktive Mitarbeit des Pferdes – alles hängt von einem präzisen Sprachgebrauch ab. Erst auf dieser Basis kann sich der Reiter Gedanken darüber machen, wie er das Arbeitsleben des Pferdes bunt und abwechslungsreich gestalten, den zwanglosen Gehorsam des Pferdes durch positive oder negative Verstärker sichern kann.

Auf den Punkt gebracht: Der Reiter muß für das Pferd ebenso berechenbar werden wie der Leithengst oder die Leitstute. Das Gesetz der Herde fordert unbedingten Gehorsam vor dem Alphatier, die Belohnung dafür heißt Sicherheit und Geborgenheit. So sieht das mit dem Vertrauen des Pferdes aus.

Wissen rund um das Pferd

Abgesehen von einer präzisen Hilfengebung wird von einem guten Reiter aber noch erheblich mehr verlangt. Es ist ja in seinem Interesse, ein möglichst angenehmes, entspanntes Arbeitsklima zu schaffen, in dem sich Harmonie entfalten kann. Schmerz darf auf gar keinen Fall eine automatische Begleiterscheinung der Arbeit sein!

Sie können es mittlerweile singen, murmeln Sie? Hab' ich gehört

„Das Vertrauen zwischen Mensch und Pferd basiert auf den gleichen Verhaltensgesetzen wie das Zusammenleben in der Herde: Wer sich den höheren Rang erkämpft hat, übernimmt damit gleichzeitig die Verantwortung für die Schwächeren."
Kurt Albrecht, aus „Reiterwissen"

Die führende Bodenarbeit ist besonders bei Freizeitreitern beliebt. Sie kann ebenso zur Gymnastizierung des Pferdes wie zur Gehorsamsschulung und zur Vertrauensbildung genutzt werden.
Im Foto: Linda Tellington-Jones

Die Stimme als Kommunikationsmittel wird von vielen Reitern unterschätzt.

Richard Hinrichs
„Bereits Pluvinel sagte, die Stimme sei der Sporn des Geistes. Ich bin sehr dafür, diesen Sporn einzusetzen. Er liegt mir weit mehr als der metallene."

– doch, doch. Aber weil es so wichtig ist, noch einmal: Schmerz ist als Motiv so stark, daß es auf Dauer jede andere Regung überlagert.

Richtig: Das gleiche gilt für Überforderung.

Der Reiter braucht Fachwissen über Trainingsmethodik, Anatomie, physische und psychische Bedürfnisse des Pferdes. Warum und wes-

„... Es ist eine große Freundschaft, mit gegenseitigem Respekt – wie in einer Beziehung.“

HANS GÜNTER WINKLER *über sein Verhältnis zu Pferden*

Auf die Disziplin des Reiters legt er größten Wert; von seinen Pferden erwartet er Respekt. Ein Auszug aus dem Gespräch mit der Springlegende HGW:

Stichwort Vertrauen?

„Das Vertrauen des Pferdes in seinen Reiter hängt davon ab, daß der Reiter weiß, was er will, und seine Hilfen an das Pferd konkret weitervermitteln kann.“

Billigen Sie einem Pferd Ungehorsam zu?

„Nein. Das ist eine Disziplinlosigkeit, die Sie als Reiter nicht akzeptieren können, wenn Sie mit dem Pferd arbeiten wollen. Disziplin und Respekt des Pferdes sind Voraussetzungen für eine erfolgreiche Zusammenarbeit. So wie es dem ranghöheren Tier in der Herde bedingungslos gehorcht.“

Auch nicht, wenn es sich erschreckt, überfordert fühlt oder die Aufgabe nicht verstanden hat?

„Das ist kein Ungehorsam. Wenn sich ein Pferd erschreckt, ist es etwas anderes, als wenn es ungehorsam ist. Wenn ein Pferd noch grün und dumm ist im Umgang, befindet es sich in der Babyphase, aber das hat mehr mit dem Einreiten zu tun. Im Laufe der Zusammenarbeit scheiden diese Faktoren ja aus. Ungehorsam des Pferdes ist, wenn es sich widersetzt, obwohl es gehorchen könnte.“

Wie wenden Sie Lob und Strafe an?

„Die richtige, angemessene Strafe hat nichts mit Brutalität, dafür um so mehr mit Erziehung zu tun – und diese geht weitgehend über die Stimme. Wichtig ist, daß jede Maßnahme im Sekundenbruchteil den bestimmten Vorkommnissen folgen muß – sei es Lob oder Strafe, da sonst der Erziehungseffekt nicht gegeben ist. Das Pferd muß sich also auf seinen Reiter in beiden Fällen verlassen können: Wie soll es sonst verstehen, wann es etwas richtig macht und wann nicht? Generell ist ein guter Reiter neben der körperli-

halb, haben wir zur Genüge erläutert: um die Belastungsgrenzen des Pferdes einschätzen und sein Verhalten interpretieren zu können. Ebenfalls zu diesem Fachwissen gehören aber auch *fundierte Kenntnisse zur Ausrüstung des Pferdes!*

Eine erstklassige Stolperfalle, die oft unterschätzt wird.

chen Hilfengebung immer mit seinem Pferd über die Stimme in Kontakt."

Wie bauen Sie die Dressurarbeit mit dem Pferd auf?

„Wenn Sie Springgymnastik dressurmäßig trainieren, bedeutet das, daß Sie immer wieder im leichten Sitz entlasten ... Wenn Sie richtig arbeiten, spielen Sie ja mit dem Pferd: Versammlung und Strecken ist ein laufendes Bewegungsspiel, das automatisch Entlasten und Belasten im Wechsel beinhaltet."

Haben Sie korrektes Longieren gelernt oder es sich mit der Zeit angeeignet?

„Gelernt natürlich. Gutes Longieren ist schwieriger als Reiten. Für mich ist das Longieren, um es ganz klar auszudrücken, ein fundamentales Hilfsmittel bei der Arbeit mit Pferden. Das beginnt bei dem jungen Pferd an der Longe, um es mit der Trense, Gurt oder Sattel vertraut zu machen. Auch das Anreiten eines jungen Pferdes wird meistens gestartet mit einer lösenden Longenarbeit, die die Arbeit unter dem Reiter erleichtern soll. Es folgen dann Gehorsamsübungen und Tempowechsel, die sich beim jungen Pferd besser an der Longe durchführen lassen. Diese Arbeit wird dann, je nach Ausbildungsstand des Pferdes, gesteigert und weitergeführt. Auch für das ältere Pferd ist die Longe ein großes Hilfsmittel. Richtig ausgeführt ist die Arbeit des Pferdes an der Longe, ganz gleich, ob Springen oder Dressur, auch auf höchster Ebene sehr förderlich und nützlich."

Benutzen Sie Hilfszügel in der Ausbildung?

„Ganz wenig. Im Grunde bin ich ein Wassertrensenreiter. Selten benutze ich den Schlaufzügel. Dieses Hilfsmittel dient nur in erfahrener Reiterhand dazu, einen Arbeitsablauf zu verkürzen, wenn man aus irgendeinem Grunde wenig Zeit hat. Der Einsatz jeglicher Hilfsmittel ist nur dann in der Endkonsequenz richtig, wenn die Tageslektionen bei normalem Gebiß mit einem durchlässigen Pferd beendet werden."

Nutzen Sie Gelände im Training des Pferdes?

„Das ist in jeder normalen Ausbildung notwendig. Wir haben sogar einen unebenen Reitplatz als imitiertes Gelände, um die Balance des Pferdes zu trainieren und weiter auszubilden."

Störquelle Ausrüstung

URSULA BRUNS
„Viele Mißverständnisse zwischen Reiter und Pferd entstehen durch den falschen Einsatz von Gebissen. Und natürlich ist die entsprechende Zügelführung zu den Zäumungen von allergrößter Bedeutung. Ob Trense oder Stange oder gar gebißlose Zäumungen – ihre Handhabung muß von Grund auf in Theorie und Praxis gelernt werden."

Beginnen wir mit der Zäumung. In dem Augenblick, in dem ein Zaumzeug am Kopf des Pferdes verschnallt wird, muß es kommod sitzen: also keine herausragenden Metallteile, keine scheuernden Nähte auf der Innenseite, weil es hübscher aussieht. In dem Augenblick, in dem das Pferd ein Gebiß eingelegt bekommt, muß die Paßform stimmen – weder zu dick noch zu dünn, zu schmal oder zu breit, dürfen keine scharfen Grate oder ausgeschlagene Gelenke das Maul verletzen, wie es bei älteren Gebissen häufig der Fall ist. In dem Augenblick, in dem der Reiter die Zügel aufnimmt, muß sichergestellt sein, daß er weiß

- worauf die Zäumung einwirkt (Laden, Genick, Nasenbein oder Kinn),
- wie sie korrekt gehandhabt wird und
- daß sie seinem Können entspricht

um nicht unwissentlich Unheil anzurichten.

Wie beim Menschen, ist der Kopf des Pferdes sehr empfindlich. Nahezu ungepolstert durch Muskulatur, verlaufen zahlreiche Nervenstränge, Lymphbahnen und Adern unmittelbar über den Knochen. Die zarten Schleimhäute und weichen Lefzen des Maules protestieren erst recht schmerzhaft gegen ruppige Einwirkungen, denn vorne am Zügel ist zufälligerweise unnachgiebiges Metall. In ungelenken Händen kann so auch die als weich postulierte Trense zum reinsten Folterinstrument werden. Das gilt besonders für einfach gebrochene Gebisse, wenn „stete Anlehnung" falsch verstanden und mit „Muskelkraft" übersetzt wird. Durch den Zug am Zügel knickt die Trense in ihrem beweglichen Gelenk ab und quetscht die Laden des Pferdes zusammen. Als „Nußknackereffekt" wird das aufgrund der Hebelwirkung trefflich beschrieben. Nur: Ein Pferdmaul ist keine hartschalige Nuß.

Zwei der schönsten Passagen über Zügelführung fand ich bei Horst Stern, aus „So verdient man sich die Sporen":
„Man kann ohne Hände nicht reiten. Noch weniger aber kann man mit den Händen reiten. Die Hände sind das Schwerste, weil sie das Leichteste sein müssen."
Und an anderer Stelle:
„Für Reiter müßte es, statt der zehn, elf Gebote geben, und dies elfte hätte zu lauten: Du sollst nicht am Zügel ziehen!"

Links:
Die mechanische Hackamore, wie sie im Springsport oft Verwendung findet, hier in einer selten schönen Studie von Ludger Beerbaum: Man möchte meinen, er hielte Spinnweben zwischen den Fingern, so sachte ...

Rechts:
Die natürliche oder echte Hackamore wird bei durchhängendem Zügel geritten. Sie erfordert ein sehr fein reagierendes Pferd, denn der impulsartige Druck auf Nasenbein und Seiten des Pferdekopfes löst lediglich einen kurzen Reflex aus – mehr nicht. Jean-Claude Dysli gilt als unbestrittener Meister dieser Zäumung. Nach Grundausbildung auf Trense bildet er jedes Pferd – bevor es auf Kandare geht – im Bosal aus.

Unverdorben registriert es bereits ein Zusammendrücken der Finger und das sachteste Klingeln am Zügel. Die Annahme, daß es in harten oder unruhigen Fäusten eine derartige Tortur unbeschadet übersteht und sich gleichzeitig seine Feinfühligkeit bewahrt, ist mehr als blauäugig. Eine Erkenntnis, die man erst recht im Hinterkopf behalten sollte, seit in Experimenten bewiesen werden konnte, wie oft selbst versierte Reiter mit einer Zugkraft von mehreren Kilo auf das Pferdemaul einwirken – ohne sich dessen bewußt zu sein.

Das Wissen um richtiges Handling ist erst recht beim Einsatz einer neuen Zäumung gefordert, beispielsweise der Hackamore. Gebißlose Zäumungen sind sanft, meinen viele Reiter, aber als Verallgemeinerung ist das ein schwerer Trugschluß!

Denn die mechanische Hackamore, wie sie im Springsport vielfach eingesetzt wird, hat mit der natürlichen Hackamore – dem Bosal des Westernreiters – absolut nichts gemein außer einem Teil des Namens. Sie ist durch ihre Hebelwirkung sogar extrem scharf und kann in ungeübten Händen beträchtliche Verletzungen am Kopf des Pferdes verursachen.

Nicht ohne Grund werden die Dinger trotz optimaler Paßform und Verschnallung selbst von den besten Reitern in dicke Fellschoner gepackt. Bei seidenweicher, geschulter Führung der Hände ist die mechanische Hackamore zu akzeptieren, ansonsten grenzt ihre Verwendung an Tierquälerei.

Eine weiterer Schwachpunkt ist der Sattel. Es reicht nicht, daß sich der Reiterpo bequem in die Sitzmulde schmiegt, zuerst einmal muß sich der Sattel bequem an den Pferderücken schmiegen, soll er nicht direkt in die erlernte Hilflosigkeit führen, wie das Fallbeispiel „Geritten werden tut weh“ zeigte.

Der Sattel muß in seiner Form dem Rücken des Pferdes entsprechen, und zwar auch in seinen nicht sichtbaren Teilen. Er darf weder auf Widerrist, Schulter oder Wirbelsäule drücken noch das Muskelspiel behindern. Zum einen würde dies den freien, ungezwungenen Bewegungsablauf des Tieres behindern, zum anderen wäre es fast automatisch mit Schmerz, Verspannung und Ungehorsam bis zur totalen Arbeitsverweigerung verknüpft.

Kein Läufer, der regelmäßig trainiert, käme auf die Idee, sich seine Laufschuhe als Billigangebot vom Wühltisch, ohne Anprobe zu kaufen. Ähnlich ist die Unsitte zu bewerten, das Pferd mit preiswerten Messeangeboten zu traktieren. Tatsächlich erfordert die Anpassung eines Sattels enormes Fachwissen, weil das Pferd eben nicht mit Worten auszudrücken vermag: „Da drückt es.“ Osteopathen, die sich tagtäglich mit Muskelproblemen bis hin zu unerklärlichen Lahmheiten beschäftigen, wissen darüber ein Lied zu singen.

Traditionell wird der Rücken des Pferdes mit einem Meßgitter abgetastet; zunehmend eingesetzt wird auch die elektronische

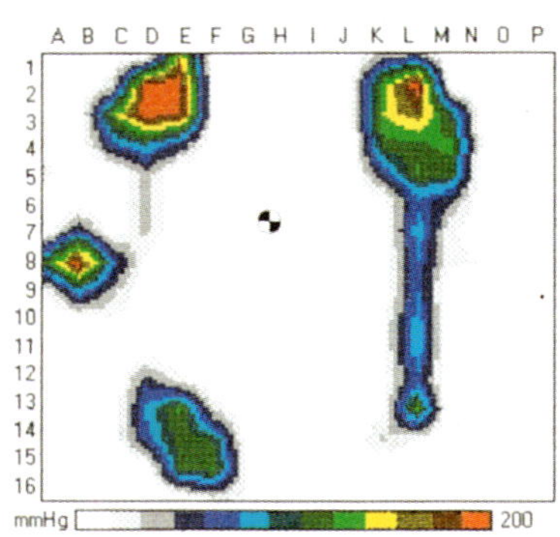

Links: Dieses Bild zeigt einen sehr schlecht passenden Sattel. Beidseits an den Schultern sind starke Druckpunkte zu erkennen, links ist noch eine Auflage im Bereich der letzten Brustwirbel zu sehen. Insgesamt eine ungleichmäßige Druckverteilung durch diesen Sattel.

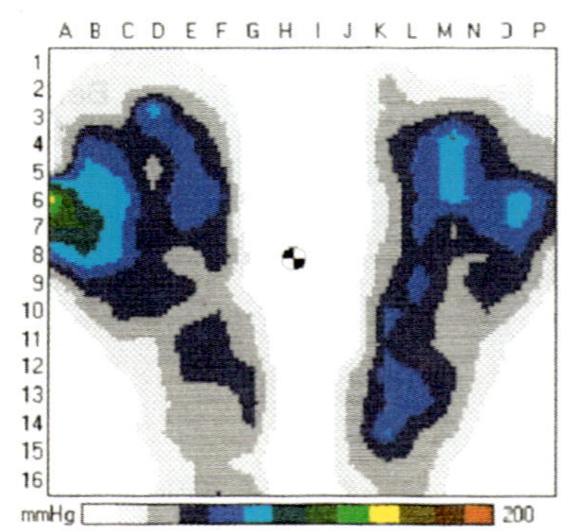

Rechts: Dieses Bild zeigt einen gut passenden Sattel. Er liegt großflächig und gleichmäßig auf, die Wirbelsäule liegt auf ganzer Länge frei. Dieser Sattel verteilt das Reitergewicht für das Pferd komfortabel.
(Computeranalysen von Horse Sensor Service)

Druckmessung. Denn selbst wenn kein Gerät die Erfahrung eines versierten Sattlermeisters auszugleichen vermag, zeigt das Computerbild, ob der Sattel gleichmäßig (also über seine gesamte Länge) aufliegt, wie hoch die Druckbelastung in den jeweiligen Bereichen ist und wo Spitzendrucke auftreten.

Die Bilanz aus bisher erfolgten Untersuchungen: Nur ein Bruchteil aller überprüften Sättel erfüllt die gestellten Forderungen. Ein niederschmetterndes Ergebnis, obwohl die mangelhafte Paßform nicht grundsätzlich einer schlechten Qualität anzulasten ist, denn weil sich durch Alter, Krankheit oder antrainierte Muskelpakete der

Pferdekörper verändert, muß auch der beste Sattel von Zeit zu Zeit überprüft werden. Häufig festgestellt wird, daß Sättel, die im Schulterbereich schlicht zu eng sind, mit dicken Decken oder Pads benutzt werden. Das ist ungefähr so sinnvoll, wie einen drückenden, zu engen Schuh mit einer besonders dicken Einlegesohle zu polstern, in der Hoffnung, daß er dann weniger drückt.

Dabei ist der Knackpunkt nicht etwa die Vorzüglichkeit von Gel Pads, sondern ihr unkritischer Einsatz in der Praxis. Eine Streitfrage, in der ambitionierte Sattlermeister mit Vergnügen punkten, indem sie ungläubigen Pferdebesitzern hübsch bunt per Computerausdruck belegen, wie eine dicke und selbst die beste Unterlage manchmal mehr Übel als Nutzen zu verursachen vermag.

„Richtig eingesetzt kann ein Gel Pad großartige Dienste leisten. Voraussetzung ist allerdings, daß der Sattel auch richtig paßt, ein schlecht sitzender Sattel wird durch ein Gel Pad nicht plötzlich gut. Ein kritischer Punkt ist auch die Sattelkammer: wenn diese mit dem Gel Pad nicht richtig zusammenpaßt, kann es leicht zu Schleimbeutelreizungen seitlich der Wirbelsäule kommen."
Rudolf Eintermayer, Sattlermeister, in der „Reiter Revue"

Der Zeitgeist ist schuld

Um das Kapitel Fachwissen auf einen Nenner zu bringen: Sensibles, leistungsorientiertes, verantwortungsbewußtes Reiten heißt vor allen Dingen intelligentes Reiten. Es braucht mindestens ebensoviel Gefühl im Allerwertesten wie Grips im Hirn. Darüber hinaus menschliche Werte: Geduld, Disziplin und vor allem die Bereitschaft, bei Schwierigkeiten mit dem Vierbeiner zuerst das eigene Können in Frage zu stellen; hier ist die Fähigkeit zur Selbstkritik gefragt.

Mit einem Wort: Horsemanship.

Damit kommen wir zu einem Thema, vor dem ich mich genauso gerne gedrückt hätte wie um den Pferderücken. Aber es wird Zeit, die rosarote Brille abzunehmen und der schnöden Realität ins Auge zu blicken. Eine Realität, in der Pferde zu Sportgeräten degradiert werden, und Reitlehrer ihre Schüler als wandelnde Kreditkarten betrachten.

Doch im Vertrauen gesagt, Schuldzuweisungen sind eine ziemlich billige Lösung, die das mit dem Balken und dem Splitter in anderer Leutes Augen bequem lösen. Tatsächlich findet beim Reiten zur Zeit (wieder einmal) ein riesiger Umdenkprozeß statt, der noch lange nicht abgeschlossen und aktueller ist denn je. Viele gängige Methoden wurden überdacht und auf ihre Funktionalität geprüft. Das gilt für die Haltung, das gilt für den Reitunterricht und ganz besonders für den Umgang mit dem Pferd. Und das haben einfach noch nicht alle Reitlehrer und Ausbilder verstanden, oder – auch das gibt es leider – sie wollen es nicht verstehen.

Geben wir also dem Zeitgeist die Schuld. An dem perlt dergleichen ab wie Wasser an einer Ente und ich bin fein raus.

„Die Reiterei an der Basis verliert an Qualität“,

meint Ralph-Michael Rash, 11 Jahre Leiter der Deutschen Reitschule in Warendorf:

„Anerkannte gute alte Grundsätze für die Ausbildung von Reiter und Pferd gehen mehr und mehr verloren. Das gilt im Breiten- wie im Turniersport. Wir brauchen eine zentrale Institution, die verbindlich die reiterliche Öffentlichkeit informiert und über alle Fragen zu Umgang, Haltung sowie Ausbildung von Pferden und Reitern aufklärt. Dazu eine Zusammenarbeit mit den besten Fachleuten, die alle Neuentwicklungen im Bereich des Pferdesports, alle auftretenden Strömungen und Lehrmeinungen prüfen und beurteilen.
Kundschaft kann ‚gut‘ und ‚schlecht‘ oft erst nach Jahren der Erfahrung in unterschiedlichen Ställen und mit verschiedenen Ausbildern unterscheiden. Aufgrund der Verantwortung, die wir unseren Pferden gegenüber haben, ist es darum ein Skandal, daß in Deutschland jeder einen Reitstall eröffnen, jeder Pferde unterstellen, jeder Reitunterricht geben, jeder Pferde vermieten kann – ob er qualifiziert ist oder auch nicht.
Die Frage in den Reitställen und Reitvereinen darf nicht mehr lauten: Wie können wir ein möglichst günstiges Angebot schaffen? Sie muß lauten: Wie können wir ein möglichst qualitativ hochwertiges Angebot schaffen? Das sind wir unserem schönen Sport und unseren Pferden schuldig.“

Denn leider wird es dem Reiter nicht leicht gemacht, diese so unentbehrliche Eigenschaft Horsemanship zu entwickeln. Die meisten Reiter werden zu Knopfdrückern erzogen, behauptete ich zu Beginn unseres Gesprächs. Versuchen wir dahinterzukommen, woran es liegen könnte.

Die Reiterei an der Basis verliert an Qualität ...

„Alles bewegt sich – nur die Füße des Pferdes nicht.“
Oberbereiter der Spanischen Reitschule Wien, aus Seunig, „Von der Koppel bis zur Kapricle“

„Sitzen kann ich leider nicht, wie mein Sitzfleisch döchte, sondern wie mein Sitzfleisch muß, weil das Pferd so möchte.“
Aus Wilhelm Müselers „Reitlehre“

Rufen Sie sich bitte Bilder von Anfängerstunden vor Augen. Da geht's schon los mit dem Knopfdrücken.

Erinnern Sie sich an auf und nieder ruckende Fäuste, hämmernde Hosenböden und wackelnde Köpfe? Erinnern Sie sich an Pferdemäuler, die so weit aufgesperrt wurden, wie es das enge Reithalfter eben zuließ? An mißmutige Pferdegesichter, und wie die so geplagten Vierbeiner konsequent jede lange Seite abkürzten? An regelmäßiges Chaos in der Bahn und feixende Gesichter im Casino?

Es dauert geraume Zeit, bis der Anfänger imstande ist dem Bewegungsablauf des Pferdes ohne Krafteinsatz und Muskelverkrampfung geschmeidig zu folgen. Es braucht noch mehr Übung, bis er Hände und Beine – trotz Eigenbewegung des Pferdes – ruhig und in weicher Anlehnung in einer bestimmten Position zu halten vermag. Das läßt sich nicht ändern. Aber Grundlage jeder gezielten Einwirkung ist der losgelassene, zügelunabhängige Sitz. Da führt kein Weg dran vorbei.

Solange der Reiter ruckelt und zuckelt, zippelt und zappelt und dem armen Roß Steiß nebst Lebendgewicht qualvoll ins Kreuz rammt, ist mit großer Begeisterung seitens des Pferdes kaum zu rechnen. Unter dem Sattel arbeiten immerhin lebendige Muskeln, da können selbst 45 Minuten einer Schulstunde sehr lang werden. Auch wäre da noch der Zügel, der weder als Bremsanker noch Haltegriff gedacht ist, obwohl er nicht selten damit verwechselt wird.

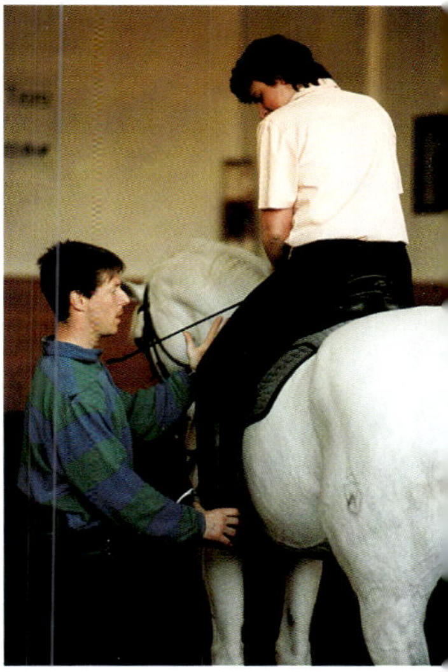

Nur aus dem richtigen Sitz können richtige Hilfen gegeben werden.

Der Anfänger weiß und kann es in diesem Ausbildungsstadium nicht besser. Aber der Reitlehrer weiß es. Oder sollte es wissen. Ihm sollte vor allen Dingen bewußt sein, daß das Herumzerren binnen kürzester Frist selbst das beste Lehrpferd ruiniert. Und daß Reiter auf Lehrpferden, die sich (verständlicherweise) ihrer Arbeit verweigern, eine sensible Hilfengebung kaum ausbilden können, dieses Verhalten möglicherweise ihr Leben lang beibehalten und auf ihr eigenes Pferd übertragen, weil ihnen gar nicht bewußt wird, was sie anrichten.

Es ist Aufgabe des Reitlehrers, seine Lehrpferde so gut wie möglich zu schützen und die Sensibilität seiner Reitschüler so gut wie möglich auszubilden. Zu seinem Lehrauftrag gehört aber noch mehr als praktischer Reitunterricht: nämlich die Vermittlung aller notwendigen Kenntnisse über das Pferd zum Schutz des Pferdes. So weit die Vorgabe der FN, die zur Umsetzung dieser Forderungen den „Basispass Pferdekunde“ ins Leben rief und die Schulung moderner Reitpädagogik im Basisbereich verstärkte. Nur herrscht leider zwischen Theorie und Praxis immer noch eine gewaltige Kluft.

„Es genügt also nicht mehr, nur ‚technische Fähigkeiten' zu vermitteln. Besonderer Wert muß auf Kenntnisse rund ums Pferd gelegt werden ... Die Verantwortung, die der pferdesporttreibende Mensch hat, liegt deutlich über der in anderen Sportarten. Neben der Verantwortung für sich selbst ist der Reiter bzw. Fahrer besonders auch für seinen Partner, das Pferd, verantwortlich ... Diese Verantwortung muß schon vom Anfänger erlernt werden und muß Teil jeder Unterrichtseinheit sein.“
Christoph Hess, aus „Lernen, Lehren und Trainieren im Pferdesport“

Das erste Problem in vielen Reitvereinen und Pensionsställen mit Schulbetrieb ist die Qualität der Lehrpferde: Theoretisch sollten sie ein begehrter Anziehungspunkt sein, um dem Reitsport neue Mitglieder zu werben – tatsächlich sind sie ein Kostenfaktor, der sich rechnen muß.

Gute Schulpferde sind Mangelware: Kerngesund sollen sie sein, stabile Nerven und eine gute Ausbildung haben, weiche und bequeme Gänge für Anfänger, aber mit genügend Schwung für Fortgeschrittene. Ach ja, viel kosten dürfen sie auch nicht! Gesucht wird, pardon,

„Natürlich braucht es auch geeignete Schulpferde. Wenn Sie an ein Pferd kommen, das die Elastizität eines Eisenträgers hat, können Sie nie einfühlsames Reiten lernen."
Ralph-Michael Rash, in „Cavallo"

FRANKE SLOOTHAAK
„Leider gibt es inzwischen viele Reiter, denen das alte überlieferte Wissen fehlt; es ist kein Bauernsport mehr. Aber Reiter, denen das Knowhow des Landwirtes fehlt, bekommen verständlicherweise schneller Probleme im Umgang mit dem Pferd als solche, die mit Pferden bereits auf dem elterlichen Hof aufgewachsen sind."

eine eierlegende Wollmilchsau, und diese Tiere sind bekanntlich rar.

Das zweite Problem ist die Forderung nach den Kenntnissen rund um das Pferd, die bereits dem Anfänger vermittelt werden sollen. Das bedeutet theoretischen, aber praxisorientierten Unterricht oder – anders ausgedrückt – Zeit. Und Zeit ist Geld. Das hatten wir bereits in der Haltung. Theoretischer Unterricht ist wie die Reitstunde eine Dienstleistung, und Dienstleistungen müssen bezahlt werden.

Entweder mangelt es an der Motivation der Reitlehrer, an der Motivation der Schüler, an der finanziellen Deckung, an der erforderlichen Vorbildung, an den Schulungsmaterialien oder schlichtweg an dem benötigten Freiraum. Dazu kommt, daß die Richtlinien zur artgerechten Pferdehaltung häufig weder erfüllt noch Defizite durch entsprechend erhöhten Pflegeaufwand ausgeglichen werden. Verständlicherweise wird auf diesen wichtigen Bereich in solchen Ställen nur so weit eingegangen, wie es unumgänglich nötig ist, ohne sich ins schlechte Licht zu setzen.

Alles zusammengenommen, ein denkbar ungünstiger Start.

Nun kann man gewiß nicht alle Ausbilder und Schulbetriebe über einen Kamm scheren. Bekannt ist aber, daß wirklich gute Leute für Anfängerunterricht in Ställen mit begrenztem Budget nur sehr dünn gesät sind. Diese Ausbildungsstufe rangiert selten oben auf der Wunschliste. Und die Reitlehrer, die sich nach bestem Wissen und Gewissen bemühen, sind häufig durch einen zu komplexen Aufgabenbereich überlastet. Ganz zu schweigen davon, daß die Bezahlung in keiner Relation zu dem steht, was ihnen an Qualifikation abverlangt wird.

Die FN ist mit der bestehenden Situation alles andere als glücklich. Doch die Reiter, die aus der denkbar besten Motivation – nämlich ihrer Pferdeliebe – in den Reitsport hineinriechen, sind es erst recht nicht. Sie merken die Disharmonie, ohne zu wissen, woran es liegt und quittieren sie entsprechend.

Keine andere Sportart hat eine so hohe Aussteigerquote, aber in keiner anderen Sportart fühlt man sich als Anfänger auch so ausgeliefert wie im Sattel eines Pferdes, das unverdrossen seiner eigenen Wege, in seinem ihm genehmen Tempo geht – und das, unverkennbar, genauso lustlos wie der in der Mitte agierende Lehrer.

Leider sind nur wenige Schulen auf eine intensive und vielseitige Grundausbildung des Reitanfängers geeicht. Die meisten Reitvereine und Pensionsställe mit Schulbetrieb sind von Struktur und Aufbau darauf eingerichtet, die Reittechnik des Schülers zu verbessern, aber nicht darauf, allgemeine Kenntnisse auf breiter Basis zu vermitteln!

Denn die damit verbundene Spezialisierung der Lehrkräfte, Lehrpferde und die hohe technische Ausstattung der Schulungsräume und Lehrmittel amortisiert sich nur über ein geregeltes Aufkommen dieser Zielgruppe.

Spätestens hier muß man sich fragen, ob die berechtigte Forderung nach einem fundiertem Grundlagenunterricht (um den handelt es sich nämlich) in diesem Rahmen überhaupt in den Griff zu kriegen ist. Solange die wirtschaftliche Deckung fehlt, bleibt auch das Ausbildungsniveau auf breiter Basis niedrig und einseitig. So lange kann auch keine Änderung der Misere erwartet werden. Und der Reitsport bleibt (berechtigterweise) weiterhin im Kreuzfeuer der Kritik. Denn dummerweise werden auf genau dieser Ebene für eine lange, eine sehr lange Zeit die Weichen gestellt, wie der weitere Umgang des Reiters mit dem Pferd verläuft.

Daß es auch anders geht, zeigte zuerst eine der renommiertesten Grundlagenschulen in Deutschland, das Reitzentrum Reken. Immerhin macht man sich dort seit Mitte der 70er Jahre Gedanken über qualifizierten Grundlagenunterricht – ein Engagement, das nicht nur von der FN als richtungsweisend für einen modernen, risikoarmen und pferdegerechten Basisunterricht gewürdigt wurde.

Klaus Balkenhol
Bei seinem Besuch in Reken wurde er gefragt, ob er Berührungsängste habe. Die Antwort: „Berührungsängste? Im Gegenteil. Ich finde es phantastisch, einmal hier sein zu dürfen, weil alles im Freizeitreiterbereich beginnt. Hier wird mit Pferden zusammenzusein gelehrt, also Reiten, wie es eigentlich sein soll im Sinne des Pferdes und im Sinne der Reiter, die ihr Pferd rund um die Uhr betreuen."

Spitzenreiter und anerkannte Hippologen aus aller Welt, aus allen Bereichen – Fredy Knie sen., Olympiasieger und Erfolgstrainer Klaus Balkenhol, Martin Plewa, Jean-Claude Dysli, Claus Penquitt, Richard Hinrichs, Ellen Graepel, Rolf Becher, Linda Tellington-Jones und andere Größen – referierten in Reken als Gastdozenten vor vollbesetzten Rängen, obwohl die Schule ihre Aufgabe hauptsächlich in der Vermittlung von Basiswissen sieht und maximal bis etwa zum Leistungsstand Klasse L ausbildet. Nicht zu vergessen die vielen Gangpferdespezialisten, die mit ihren aus aller Welt nach Deutschland importierten Rassen in dem kleinen westfälischen Ort ein Forum fanden. Angehende Pferdewirte informieren sich über die Möglichkeiten vor Ort, während umgekehrt der Leiter des Testzentrums, Jochen Schumacher, auf Einladung der FN in Warendorf referiert.

Zwanzig Jahre früher, als die Rekener mit ihrer für die damalige Zeit revolutionären Ausbildungsmethode in konventionellen Kreisen nur auf Ablehnung und Kritik stießen, wäre eine so übergreifende Zusammenarbeit undenkbar gewesen. Heute gelten die sie als Vorbild für den neu geschaffenen „Trainer C Basissport" – eine Linie, die entwickelt wurde, um auch erwachsenen Reiteinsteigern einen qualifizierten Zugang zu Pferden und zum Reiten als Ausgleichssport und Freizeitvergnügen zu ermöglichen.

Grundlagenunterricht ist mehr als Reiten

Der zügelunabhängige Sitz wird in einer doppelt eingezäunten Ovalbahn auf speziell für Anfänger geschulten Pferden geübt.

Bekannt wurde das FS-Testzentrum durch die Bruns-Behr-Methode. Sie wurde 1975 von der Professorin für Erwachsenenpädagogik Inge Behr zusammen mit Ursula Bruns entwickelt und entstand in enger Zusammenarbeit mit dem Bundesministerium für Ernährung, Landwirtschaft und Forsten. Vorgabe des Auftrags war, wie sich Reitunterricht unfallfreier, entspannter und pädagogisch sinnvoll gestalten ließe.
Heraus kam das Modell eines Kompaktkurses, für den zahlreiche Schulungshilfen speziell entwickelt wurden: ein Sitzbalken, um die Bewegungskoordination zu schulen, das nur anfänglich belächelte Holzpferd oder die doppelt eingezäunte Ovalbahn. Weitere Ausbildungshilfen sind eine Wellenbahn zur Rhythmusschulung, ein privates Wegenetz mit Stufen und kleinen Hindernissen oder der Spielepark, in dem sich Aufgaben phantasievoll in immer neuen Variationen gestalten lassen.
Maximal 10 Teilnehmer werden von 2-3 Lehrkräften angeleitet: Lockerungsgymnastik vor dem Aufsitzen, tägliche Videoaufzeichnungen und -besprechung gehören ebenso dazu wie theoretische und praktische Kenntnisse über die Bedürfnisse des Pferdes und der Einbezug in sämtliche anfallenden Arbeiten, unter Aufsicht natürlich. Gezeigt wird nicht nur, wie man Hufe auskratzt, sondern es werden auch Funktion und Aufbau des Hufes erklärt.
Mit dem Anfängerkurs ist das Programm aber nicht erschöpft.

Schlechte Manieren verderben die besten Pferde

„Sporen sollten durch kurzen, präzisen Einsatz dazu dienen, die Schenkelhilfen zu verfeinern, und nicht etwa dazu, Unvermögen zu überspielen."
Michael Putz, im St. Georg

„Ärgere Dich nie über Dein Pferd. Du könntest Dich ebensowohl über Deinen Spiegel ärgern."
Rudolf Georg Binding, „Gesammelte Werke"

Weil also an der breiten Basis ein qualitativ hochwertiges Angebot fehlt, lernen viele Reiter, die dennoch durchhalten, häufig nur, sich beim Pferd durchzusetzen – notfalls um den Preis, korrekte Hilfengebung durch Sporen und Gerte zu ersetzen.

Bereits Anfänger, die weder ihren Körper (geschweige denn ihre Hände) unter Kontrolle und von treibenden Hilfen buchstäblich keine Ahnung haben, werden aufgefordert, den Zügel festzuhalten. Sie lernen vor allen Dingen eines: daß man mit Kraft und Gewalt (zumindest eine Zeitlang) die Oberhand behält. Auf Pferden, die mittels Sperr-

Nach ähnlichem Modell kann Grundlagenunterricht auch heißen „Korrekter Umgang mit dem Pferd", „Wie man junge Pferde unter Anleitung selber schult", „Fachgerechter Umgang mit Longe/Doppellonge" oder „Arbeit an der Hand". Es kann Bahn- und Dressurarbeit, die Klassische Hohe Schule genauso betreffen wie Springen, Reiterspiele, Tölt- oder Wanderreiten – aber eben als Basiswissen bis ca. Klasse L, von gelegentlichen Ausreißern abgesehen.
Weiterhin gibt es ein regelmäßiges Seminarangebot: über leistungsgerechte Pferdefütterung, Erkrankungen, Erste Hilfe, alternative Behandlungsmethoden, Hufschutz, über Sättel, Zäumungen, Gebisse, worauf beim Pferdekauf zu achten ist und mehr.
Ein weiterer Schwerpunkt der Ausbildung ist die Pferdehaltung: Aktuelle Erkenntnisse hinsichtlich Licht-, Luft-, Platz- und Bewegungsbedarf des Pferdes, Fütterungstechniken, Auslaufgestaltung und Weidepflege dürfen nicht theoretisch erklärt, sondern wollen vorgelebt werden.
So vielseitig muß sich heute eine zeitgemäße, moderne Grundlagenschule präsentieren. Sie steht nicht in Konkurrenz zum regulären Reitunterricht, sondern ist die Vorbereitung darauf bzw. eine begleitende Ergänzung in den Bereichen, die eine regionale Reitschule nicht abdecken kann. Dort ausgebildete Reiter werden sich von Anfang an durch besondere Sorgfalt mit dem Partner Pferd auszeichnen.

Bei Pferden und Reitern aller Ausbildungsstufen ist die Arbeit im Spielepark besonders beliebt.

halfter und Ausbinder so verschnürt sind, daß jedes Rucken und Reißen auch richtig greift. Die weitere Entwicklung ist bereits im Vorfeld abzusehen. Überspringen wir ein paar Ausbildungsstufen und nehmen ein anderes Beispiel, aus einer höheren Ausbildungsstufe.

Angenommen, nur mal angenommen, ein Reiter mit einer harten oder unruhigen Hand setzt als treibende Hilfe ständig den Sporn ein. Geschieht, trotz empörter Dementi, gar nicht so selten. Aber uns interessiert etwas anderes: Was passiert da eigentlich?

Das Pferd ist permanent Schmerz ausgesetzt. Zum einen über das Gebiß, zum anderen über den Sporn. Ob es nun gehorcht oder nicht, ob es sich nun anstrengt, alles richtig zu machen, oder nicht.

Folge: Das Pferd stumpft ab.

So kann man das bezeichnen. Aber denken Sie bitte daran, wir versuchen der Leistung und Motivation des Pferdes auf die Spur zu kommen bzw. den Gründen für eine mögliche Arbeitsverweigerung.

„Je nach Stärke der Einwirkungen unterscheiden wir feinere und stärkere Hilfen, steigern sich diese bis zur Erzeugung von Schmerz, so hören sie auf, Hilfen zu sein und werden zu Strafen."
Gustav Steinbrecht, aus „Reitkunst im Wandel"

Tatsächlich hat das Pferd vor dem Schmerz als Bestandteil seiner Arbeit kapituliert. Geritten werden tut weh! So sieht es aus. Halbe und ganze Paraden kommen immer schlechter durch, leichte Schenkelhilfen werden gar nicht mehr wahrgenommen.

Die Ursache für Maulprobleme ist fast immer eine zu harte Reiterhand. Woher sollte das Pferd auch Vertrauen zu der Hand des Reiters nehmen? Und um ein Pferd gegen den Schenkel zu desensibilisieren, ist ein ständiger Sporeneinsatz die absolut wirksamste Methode.

Wie geht es weiter mit unserem abgestumpften Pferd?

Der Reiter krempelt im Geiste die Ärmel auf, zieht fester und gibt von hinten mehr Druck. Das klappt eine begrenzte Zeit, dann ist der alte Zustand wie gehabt ...

Und dann?

Der Reiter, nicht dumm, rüstet auf. Das Rüstzeug dazu bietet die Reitsportindustrie.

Ob sich das mit Kommunikation übersetzen läßt?

Das Problem liegt nicht in der mangelnden Sensibilität des Pferdes, es liegt in der mangelnden Sensibilität des Reiters. Solange die Hand des Reiters nicht feinfühlig „mitdenkt", erweist sich jede schärfere Zäumung zur vermeintlich leichteren Regulierung des Tieres immer als Trugschluß, da der Dauerschmerz nicht verringert, sondern verstärkt wird.

Es geht auch „ohne"
Mit einer Springdemonstration bewies Achaz v. Buchwaldt auf Lausbub, daß reiterliche Hilfen Ausdruck von Kommunikation und Vertrauen sein sollten und keine Zwangsmaßnahme. Kein Ausnahmefall: Fredy Knie senior und junior brachten es sogar fertig, ihre Pferde „blank" in Lektionen der klassischen Hohen Schule zu reiten. Keine tumbe Pudeldressur, sondern Ergebnis feinster Kommunikation.

Auch Sporen und Gerte sind nicht zur Bequemlichkeit des Menschen da oder um mangelhafte Einwirkung zu kaschieren. Ihre Aufgabe ist, das Pferd für die Hilfen des Reiters zu sensibilisieren und ihnen gegebenenfalls Nachdruck zu verleihen; ersetzen können sie sie nicht.

Tempo, Gangart und Haltung des Pferdes werden eben nicht über bloßen Zug im Maul, permanentes Schenkelklopfen, Sporeneinsatz und herzhaften Gebrauch der Peitsche reguliert, sondern durch das Zusammenwirken verschiedener Hilfen. Und zwar im Sinne ihrer ursprünglichen Bedeutung und nicht als Zwangsmaßnahme.

Versteht ein Reiter das nicht zu unterscheiden, gerät das Pferd in einen erbarmungslosen Teufelskreis. Denn verständlicherweise versucht das Tier, sich den Einwirkungen irgendwie zu entziehen. Es legt sich auf die Hand, versucht über den Zügel zu kommen oder wegzurennen.

Unser Reiter hat immer noch nicht kapiert, daß er das unerwünschte Verhalten seines Pferdes selbst verursacht!

An diesem Punkt ist die unkritische Übernahme aller Arten von Hilfszügeln nur ein winziger Schritt mehr. Das leider negative Vorbild einiger Berufsreiter unterstützt den Unverstand noch, gleichgültig ob damit Sinn und Zweck des Hilfszügels komplett auf den Kopf gestellt wird. Dazu Wilfried Gehrmann, Leiter der Landesreit- und Fahrschule Wülfrath, in der „Reiter-Revue“: „Hilfszügel dürfen keinesfalls aus Bequemlichkeit des Reiters zur ständigen Einrichtung werden. Das wäre letztlich Selbstbetrug ... Auf diese Weise wird der Reiter sein Pferd nie zur Losgelassenheit und aus dem Hilfszügel wieder herausbringen.“

Das Pferd wird in Haltung gezwungen. Der Reiter sieht ja keine Veranlassung, bei sich selbst mit der Korrektur anzusetzen statt beim Pferd.

Was der einzig richtige Weg wäre!

„Hab also acht, Reiter, auf Dich selbst. Ist Dein Pferd stützig, heftig, ungefügig, so dürfen wir kecklich die Behauptung aufstellen, Dir gebricht es an liebenswürdigem Charakter und richtiger Methode.“
François Baucher, aus „Die Reitkunst im Spiegel ihrer Meister“

Was Springpferde empfinden

Statt mit Meßfühlern „objektive“ Daten und Schmerzgrenzen zu ermitteln, ersann der Freiburger Wissenschaftler Prof. Dr. Klaus Zeeb eine neue Forschungsrichtung. Über Ausdruck und Verhalten der Pferde schließt man dabei auf deren Schmerzen und Gefühle. Der Ansatz der Ethologen: Pferd und Reiter werden drei bis fünf Galoppsprünge vor einem Sprung und ein bis drei nach der Landung beobachtet, auf Video aufgenommen, und das in dieser Zeit am häufigsten gezeigte Verhalten wird akribisch in Tabellen erfaßt. Minuspunkte bewerten Abwehrverhalten der Pferde im Parcours: „Ohren seitlich“ bringt den Reitern „5 Miese“. Für „gelegte“ Ohren, die im Extremfall von vorn nicht mehr zu sehen sind, kommen 20 Minuspunkte aufs Konto. Gegen-den-Zügel-gehen (30 Punkte) und Kopf- wie Schweifschlagen ahnden die Verhaltensforscher als krasse Form der Abwehr (40 Punkte). Kneift ein Roß den Schweif zwischen die Hinterbacken, läßt das ebenfalls auf eine schmerzhafte Reiterhilfe schließen – eine Reaktion, um die Richter und Reiter wissen sollten ...

„Während diese Reaktionen in Prüfungen der schweren Klasse selten zu sehen sind, trifft man sie im Bereich von E bis L häufig an – und eigentlich sind sie mit der Ethik des Pferdesports nicht zu vereinbaren“, faßt Zeeb zusammen.

Obwohl es bei weitem nicht ausreicht, allein anhand angelegter Ohren auf die Befindlichkeit eines Pferdes zu schließen, ist für den Wissenschaftler in vielen Fällen offensichtlich, daß sich das Pferd gegen falsche Hilfen des Reiters nicht aus Bosheit wehrt, sondern um eigenen Schaden zu vermeiden.

Nach einem Artikel von Holger Denu, in der „Reiter Revue“

„Das Pferd ist der Professor und der Reiter sein williger Schüler."
EGON V. NEINDORFF

In Egon v. Neindorffs Institut haben selbst Anfänger das Glück, auf Pferden zu lernen, die als Lehrpferde den Schülern auch Grand-Prix-Lektionen zeigen. Ein Auszug aus unserem Gespräch:

Egon von Neindorff auf dem portugiesischen Hengst Javardo

„... Es ist ja so, daß Sie sich Ihre Ausbilder nicht immer malen können. Der eine hat Glück, der andere nicht. Wenn Sie als Lehrling sehen, daß Ihr Vorbild immer nur mit Schlaufzügel reitet ... Was soll aus so einem Lehrling werden? Vorbild sein ist heute in allen Sparten etwas Trauriges geworden. Wenn schon der Reitlehrer nicht die Kreatur entsprechend achtet, nutzen Prüfungen gar nichts. Die wenigsten denken sich in das Pferd hinein, weil ihnen niemand beigebracht hat, wie das geht.
Die Reiterei verlangt Gefühl, und Gefühle können Sie nicht durch Erklärungen vermitteln. Dazu braucht es auch den vierbeinigen Lehrer, der dem Schüler wesentlich mehr sagen kann als der zweibeinige.

„Das beste Pferd ist für einen Reitschüler gerade gut genug – das war immer meine Devise."

Viele Leute denken, bei uns würde nur Piaffe oder Passage gemacht... aber höhere Ausbildung bedeutet nicht für jeden Reiter gleich höhere Lektionen: Die Elementarschule ist nun einmal die Voraussetzung einer klaren Hilfengebung und eines geschmeidigen Sitzes. Es wird viel longiert mit dem Hinweis: Du mußt erst mal sitzen lernen.
Sobald die Reiter gut durchgearbeitet sind, Seitengänge gehen können usw., bekommen sie zum Beritt auch Pferde, die in den Vorführungen gehen. Doch selbst die stehen manchem schon vorher zur Verfügung, um ihm von Anfang an das richtige Gefühl zu geben. Damit kommen wir auf den Punkt Gefühl zurück: Sobald es jemand einmal erfühlt hat, nimmt er es an."

Denn sie wissen nicht, was sie tun ...

Haben Sie es schon gemerkt? Wir sind exakt wieder da, wo wir dieses Kapitel begonnen haben. Bei der Schuldzuweisung. Und mit einer derartigen Praxis wird das Verhalten des Reiters seinem Pferd gegenüber geradezu schizophren:

- Auf der einen Seite kriegt das Pferd bei Fehlern die Schuld in die Hufe geschoben, weil es als Lebewesen ja agieren kann. Das ist Ungehorsam und muß bestraft werden. Wird es auch, mittels Sporen und Gerte oder durch Reißen am Zügel.
- Auf der anderen Seite wird es wie ein Sportgerät behandelt, das es irgendwie in den Griff zu kriegen gilt. Und es wird auch gedankenlos mit Sporen, Gerte und Gebiß schmerzhaft traktiert (also gestraft), wenn es aufgrund eines reiterlichen oder ausbildungsmäßigen Fehlers nicht oder falsch reagiert, weil es nicht weiß, was es soll.

Sagte ich doch: schizophren. Kann man gar nicht anders nennen. Konsequenz im Umgang mit dem Pferd ist gewiß notwendig und richtig. Aber dieser Preis ist entschieden zu hoch.

Und das wirklich Atemberaubende bei der ganzen Geschichte ist, daß Reiter, die – aufgrund ihres Verhaltens mit dem Pferd – auf Turnierplätzen von Richtern daraufhin angesprochen wurden, sich oft genug gar nicht bewußt waren, daß sie Fehler machten!!!

Über eines braucht man sich keine Illusionen zu machen: Der Keim für Leistungsunlust und Leistungsverweigerung des Pferdes auf einem Turnier wurde schon lange, lange vorher gelegt. Damit auch der Keim für sämtliche Zwangsmaßnahmen des Reiters.

Und die nächsten Fragen, die sich einstellen: In welchem Motivationsbereich arbeiten diese Reiter wohl? Und: Wo setzen diese Reiter Grenzen? Wenn sie gar nicht in der Lage sind, ihre Fehler zu erkennen?

Ganz recht: Der Kandidat hat 99 Punkte.

Horsemanship – ein schönes Wort, oft im Munde geführt und ebensooft schnöde mißbraucht. Nein, das mit der Selbstkritik ist alles andere als einfach. Selbstbewußtes, verantwortungsbewußtes Reiten heißt auch das Erkennen der eigenen Grenzen – notfalls sogar Verzicht auf einen langgehegten Traum –, aber dieses Bewußtsein will sorgfältig geschult werden.

Zwar sind grobe Verstöße deutlich zurückgegangen, nicht zuletzt aufgrund der Aufklärungsarbeit, die von sämtlichen Medien und von der FN geleistet wird. Trotzdem wird das Bemühen um menschliche

NICOLE UPHOFF
„Statt Gehorsam mit Zwang durchzusetzen, versuche ich die Pferde so feinfühlig zu arbeiten, daß ich ohne Kraft reiten kann – auch wenn es länger dauert. Wenn ich Schwierigkeiten mit einem Pferd habe, reite ich erst einmal Schritt und überlege, woran es liegen könnte, oder ich stelle es weg und fange später noch einmal von vorne an. Sobald ich anfange zu kämpfen, bin ich zweiter Sieger."

FREDY KNIE
„Mein Geld verdiene ich mit dem Zirkus. Aber Pferde sind mein Vergnügen, mein Hobby – sie sind mein ein und alles."

Punkt 1 der Ethischen Grundsätze des Pferdefreundes, FN

„Wer auch immer sich mit dem Pferd beschäftigt, übernimmt die Verantwortung für das ihm anvertraute Lebewesen.“

In einer Podiumsdiskussion über die ethischen Grundsätze im Reitsport nahm Dr. Reiner Klimke, FN-Präsidiumsmitglied der Spitzensportler, kein Blatt vor den Mund. Der Kommentar ließ trotz seiner Kürze und Beschränkung auf wenige Punkte an Deutlichkeit nichts zu wünschen übrig. Die schönsten Auszüge daraus:

Zucht:

„Wir müssen überlegen, ob es richtig ist, (auf Vorstellungen und Prüfungen) ein so weit entwickeltes Pferd zu erwarten, wie es – aufgrund seines Alters – eigentlich noch gar nicht entwickelt sein kann. Die Umsetzung der ethischen Grundsätze beginnt bereits in der Zucht. Ich fordere ein Verbot von Anabolika bei der Aufzucht von Pferden und eine strenge Kontrolle darüber.“

Öffentliches Training und frei zugängliche Abreiteplätze:

„... keine verschlossenen Türen im Training. Hier in Warendorf hat jahrelang ein Schild gestanden ‚Während der Trainingszeiten für Zuschauer verboten‘. Wer etwas zu verbergen hat, der versündigt sich am Pferd. Denn wenn der Reiter seine Nerven verliert, ist keiner da, vor dem er sich schämen muß.
Deswegen ist meine Forderung, und die wird bei mir in meinem Reiterverein konsequent durchgesetzt: Jeder kann beim Training zuschauen. Ich mache Fehler, gut. Jeder macht Fehler, aber ich bin

Integrität dem Pferd gegenüber von vielen Reitern mit Sentimentalität in einen Topf geworfen. Immer noch. Seltsam, dabei ist der nur begrenzt kalkulierbare Faktor Pferd kein plausibles Argument, sich der jahrelangen Disziplin – und das ist wohl das Schwerste beim Reiten – zu unterwerfen.

Es gibt leichtere Möglichkeiten, sich zu profilieren. Auch der Mythos „Reiter“ als Inbegriff elitären Sports bietet keine Erklärung. Der ist längst abgebröckelte Fassade. Ebensowenig das Berufsbild mit Aufstiegschancen, Verdienst, Arbeitszeit – es sei denn, das Pferd selbst.

Zu irgendeinem Zeitpunkt war – bei aller Technik und wirtschaftlichem Kalkül – bei jedem Reiter ein Impuls vorhanden, der sich nicht rationalisieren ließ. Den müssen wir uns erhalten. Zu dem darf und

*nicht unfair zu meinem Pferd. Wir haben alle nur Nerven, auch ich habe schon häufig meine Nerven verloren. Man kann sich dafür bei seinem Pferd entschuldigen, aber das Pferd hat davon nichts. Ich beherrsche mich besser, wenn mein Training beobachtet wird."**

Dressur:

„Die Rollkur hat uns sehr geschadet. Wenn Sie heute manchmal Abreiteplätze sehen, dann kommt's Ihnen im Magen hoch, auch bei Top-Turnieren."

Limitierte Einsätze in Prüfungen:

„Die ganz guten Pferde werden tatsächlich noch relativ schonend eingesetzt, aber das ist nur eine Handvoll Pferde. Die meisten sind den Reitern ausgeliefert und auch der Versuchung, Geld zu verdienen. Die Starts von Pferden pro Jahr ist zu limitieren. Pro Jahr ist vorzuschreiben, wie viele Höchstturniere ein Pferd gehen darf und wie viele Prüfungen am Tag."

Schonendere Military:

„Was mir Magenschmerzen verursacht: Müssen wir eigentlich so viele Ausscheidungsprüfungen vor Championaten machen, daß wir am Ende noch froh sind, wenn gerade die Mannschaft übrig bleibt? Früher wurden Pferde ganz zielgerichtet und schonend eingesetzt. Die sind niemals mehr als dreimal im Jahr in Prüfungen gegangen. Wir unterstützen manchen falschen Ehrgeiz. Um sich wirklich zu qualifizieren werden alle Ausscheidungsprüfungen voll mitgeritten. Wir müssen ein System entwickeln, daß unsere Top-Pferde in der Military noch schonender eingesetzt werden ... Und von den Pferden, die das nicht leisten können, das auch nicht verlangen dürfen und verhindern müssen, daß es verlangt wird."

* Aus diesem Grund sind im Zirkus Knie seit 1938 die Proben öffentlich.

soll man selbstbewußt und mit Sachverstand stehen.

Jeder Reiter mit dieser Einstellung befindet sich darin in allerfeinster Gesellschaft. Höher geht's nimmer.

Pferde sind eine hinreißende Passion, Turnierreiten ist ein faszinierender Sport ... Wie auch immer: Von der Verantwortung für seine Handlungen dem Pferd gegenüber wird kein Reiter jemals entbunden.

Die Faszination des Reitens ist nicht das Sportgerät oder das Fortbewegungsmittel Pferd – deren haben wir genug –, sondern das Lebewesen Pferd. Mit dem sich zufälligerweise Sport betreiben läßt oder auf dem man sich zufälligerweise fortbewegen kann.

Ein vielleicht feiner, aber gravierender Unterschied.

Auf einen Blick

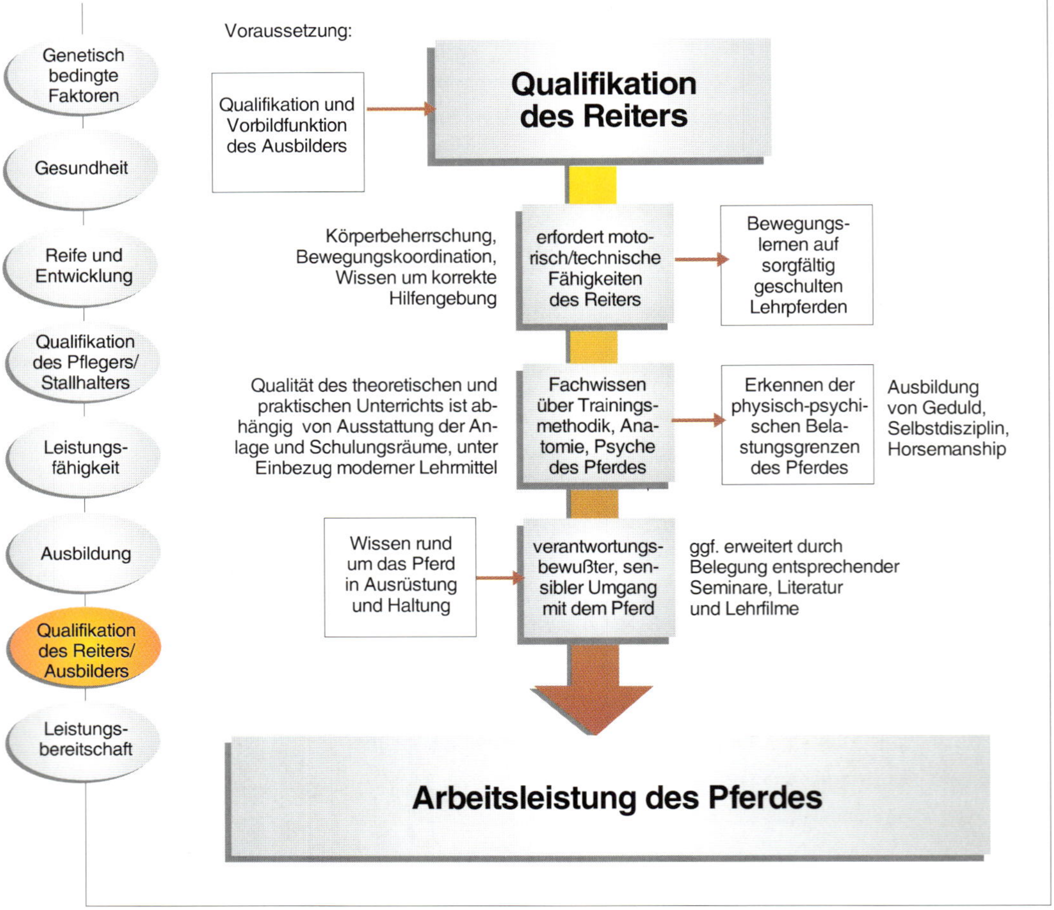

Leistungsbereitschaft und Arbeitsmotivation

Die Zuschauer sehen bloß die zwei Minuten im Parcours. Welche Mühe und tägliche Arbeit dahintersteckt – darüber denken die wenigsten nach.

Franke Sloothaak

Punkt 8: Die Leistungsbereitschaft des Pferdes

„Man kann das Lied der Freiheit nicht auf einem Instrument der Gewalt spielen."

Stanislaw Jerzy Lec, aus „Unfrisierte Gedanken"

Wie sich die Aussagen gleichen:

DR. UWE SCHULTEN-BAUMER SEN., IN DER „PFERDEWELT"
„Nie gegen das Pferd, immer mit ihm arbeiten, – das Pferd als Partner gewinnen."

JEAN-CLAUDE DYSLI
„Wir dürfen nie den Respekt vor dem Pferd verlieren und müssen immer pro Pferd denken. Das ist das oberste Ziel in der Reiterei."

Geduld: Wir sind fast am Ende mit unserem Puzzle. Uns fehlt nur noch ein einziger Punkt: die Leistungsbereitschaft des Pferdes und damit auch der Schlüssel zu seiner Arbeitsmotivation. Es sind die beiden letzten und ausschlaggebenden Elemente in der Leistung des Pferdes. Sie bestimmen darüber, ob sich das vorhandene Potential des Vierbeiners – sei es in der Ausbildung, sei es im Training, sei es auf dem Turnier – vom Reiter ausschöpfen läßt oder nicht.

Erinnern Sie sich noch, wie wir auf das Thema gekommen sind?

„... Sie träumen von einem Pferd, das Tag für Tag, Jahr für Jahr gleich gehorsam, gleich sensibel, gleich konzentrationsfähig ist." Und dann habe ich Sie gefragt, was Sie dem Pferd als Gegenleistung dafür bieten. Und wie pikiert Sie zuerst waren?

Einer der ganz großen Irrtümer vieler Reiter

Die Leistungsbereitschaft des Pferdes, seine Rittigkeit, ist als leistungsbestimmender Faktor zwar eine feste Größe (immerhin wird sie oft genug über den grünen Klee gelobt), aber kein fester Punkt wie Ausbildung: entweder Pferd kann es oder Pferd kann es nicht. Es ist auch kein Attribut wie Begabung oder Körperbau: entweder Pferd hat es, oder Pferd hat es nicht.

Bereitschaft, das Wort sagt es ja schon aus, enthält eine freiwillige Komponente. Die enthält auch das Wort „Motivation", welche – wie wir bereits zu Beginn festgestellt haben – fälschlicherweise schnell mit „Mobilisation" gleichgesetzt wird, wobei dann erstere entschwindet.

Das Pferd kann sich also durchaus (und tut es ja auch oft genug) der Leistung verweigern.

Weitere Synonyme für Leistungsbereitschaft wären Eifer, Entgegenkommen oder Willfährigkeit. Sie ist keine dauerhafte Beigabe, die untrennbar mit dem Tier verbunden und automatisch mit dem Kauf erworben wird, sondern ein inkonstanter Zustand: Er ist veränderlich. Leistungsbereitschaft kann sowohl bewahrt wie zerstört werden; sie ist postiv oder negativ beeinflußbar.

Es ist nicht mehr als ein „Angebot" seitens des Pferdes. Das muß der Reiter zu erhalten und in eine dauerhafte Arbeitsmotivation zu kanalisieren wissen.

Wie sonst läßt sich erklären, daß Nachkommen bestimmter Hengste (oder Stuten) von einigen als komplette Spinner abgestempelt werden, während andere sich nach genau derselben Sippe die Finger schlecken und deren Kampfgeist, Arbeitseifer und schnelle Auffassungsgabe in den höchsten Tönen loben? Und diesen Funken auch bei schier hoffnungslos verdorbenen Tieren wieder zu entzünden wissen?

Fast scheint es umgekehrt: Gerade überdurchschnittliche Intelligenz, Bewegungsfreude und hohe natürliche Leistungsbereitschaft eskalieren schnell dahingehend, daß sich der Crack mit allen zur Verfügung stehenden Kräften wehrt. Wenn das Pferd in seinen Bedürfnissen, in seinen Ansprüchen an den Menschen, in seiner Persönlichkeit vergewaltigt wird.

Eine Problematik, die häufig genug auch bei hochbegabten Kindern festzustellen ist. Aber während ein Kind viel mehr unkalkulierbaren Zivilisationsrisiken unterworfen ist, hat es der Reiter durchaus in der Hand, diese Einflüsse im Umfeld seines Pferdes sehr genau zu steuern.

„Es liegt“, um Klaus Balkenhol zu zitieren, *„bei jedem selbst, ob sich das Pferd wohlfühlt oder nicht.“* Erweitern Sie den Satz getrost: Es liegt auch bei jedem einzelnen Reiter, ob sein Pferd kooperativ mitarbeitet oder nicht.

Allein die Idee, ausgerechnet *Leistungsbereitschaft erzwingen zu wollen,* ist – äh, gelinde gesagt – zumindest ausgefallen. Und eine sehr einseitige Geschichte: Da ist einer, der Druck macht – und einer, der sich gefälligst darüber zu freuen hat. Das klappt noch nicht mal bei den Zwergen unter der 1-m-Marke; es funktioniert überhaupt nicht.

Der Wirkungsbereich von Schmerz ist begrenzt. Angst ist ein schlechter Lehrmeister. Selbstverständlich kann Angst erstaunliche Rekordspitzen auslösen – aber eben keine konstante Leistung! Angst blockiert, verspannt, Angst erzeugt unkontrollierbare Überreaktionen ...

Diese Reiter kriegen die Leistungs-Motivationskurve ihrer Pferde nie in den Griff. Sie werden immer, immer unterhalb dessen bleiben, was ihre Pferde eigentlich leisten könnten.

Angstbeißer sind als Polizei- oder Schutzhunde deshalb ungeeignet, weil sie unzuverlässig sind. Verläßlich hochwertige Leistungen lassen sich nur durch Vertrauen in die eigenen Fähigkeiten erzielen, und Selbstvertrauen beeinhaltet eine intakte Persönlichkeit.

„Ist das Selbstvertrauen ruiniert, sind es die Fähigkeiten bald auch.“

ELLEN GRAEPEL
„Das muß alles leicht, spielerisch aussehen. Das Wichtigste am Reiten ist, sich immer vor Augen zu halten: Ich habe Spaß daran, und mein Pferd hat Spaß daran. Wenn das nicht stimmt, ist alles nur Krampf.“

Selbstvertrauen

„... Offensichtlich steht Selbstsicherheit in engem Zusammenhang mit sportlicher Leistung ... Geringes Selbstbewußtsein bewirkt die Zunahme von negativen Einstellungen. Dadurch entstandene schwache Leistungen führen meist zum Versagen im Erreichen des gesteckten Zieles ...
Trainer dürfen solchen ‚Reitern' erst einmal nur Leistungen abverlangen, die sie auf jeden Fall schaffen können – nicht überfordern!"
Aus „Lernen, Lehren und Trainieren im Pferdesport"

Der Satz stammt nicht aus einem hippologischen Fachbuch, sondern aus einem Arbeitsheft über Führungspsychologie im Management. Genau das gleiche sagte mir aber auch Ludger Beerbaum: *„Das Pferd muß daran glauben, daß es die Aufgabe schafft."*

Erst aus diesem Selbstvertrauen heraus vermag das Tier frei zu agieren und seine Leistungsbereitschaft zu entfalten. Freude an einer Tätigkeit ist die stärkste positive Quelle, die dauerhaft und ohne Zwang Arbeitseifer und freiwilligen Gehorsam auslöst.

Diesbezüglich macht auch Fredy Knie aus seinem Herzen keine Mördergrube: „Wenn Sie nicht die Geduld haben, mit Pferden umzugehen, dann bitte schaffen Sie sich nie ein Pferd an – lieber einen Traktor. Weil, den Traktor können Sie reparieren, aber Pferde nicht. In ihrer Seele bleibt die Angst. Aber das Pferd muß physisch wie psychisch beieinander sein, nur dann bleibt es gesund und hat Freude, mit uns zusammenzuarbeiten."

Unter dieser Prämisse ist der Reiter genötigt, selbst unbequeme Eigenschaften des Tieres wie Hypersensibilität, Ängstlichkeit oder Starrsinn als Teil seines Charakters zu akzeptieren. Vorhandene Charaktermerkmale können vielleicht bis zu einem gewissen Grad in moderate Bahnen gelenkt werden, ausradieren lassen sie sich nicht.

Dabei kann das Pferd die Langmut des Menschen durchaus auf eine harte Belastungsprobe stellen. Fehlt es dem Reiter an Geduld, Zeit, Liebe oder Qualifikation, die unliebsamen Eigenarten des Tieres zu tolerieren, wechselt er besser zu einem Pferd, das seinem persönlichen Naturell und seinen Fähigkeiten entspricht. Damit wird er dem Tier gerechter.

Was sagten Sie? Wer das gar nicht auf die Reihe bekäme, mit keinem Pferd, der solle sich gefälligst eins backen? Ganz Ihrer Meinung!

Spiegel und Gütesiegel des Reiters

Bei behutsamer Führung, mit sehr viel Geduld und Liebe, lassen sich zwar auch schlechte Erfahrungen wieder löschen. Aber das braucht Zeit, manchmal Jahre. Obwohl gerade diese Pferde häufig ein besonders hoher Arbeitseifer auszeichnet, wird das neu gewonnene Vertrauen immer latent anfällig bleiben. Durch das extrem gute

Gedächtnis des Pferdes wiegt jeder Fehler, jede Unachtsamkeit des Menschen doppelt schwer:

- Der vielzitierte Biotop, den Dr. Reiner Klimke böse verwahrlost übernahm, setzte seinen Goldreiter zunächst kräftig in den Dreck, ehe er sich eines Besseren besann. Nicht immer, aber immer öfter.
- Sokol, einen total überdrehten Lipizzaner, kaufte Fredy Knie mit *durch Draht zerschnittener Zunge,* weil sich das Tier angeblich anders nicht führen ließ. Er ließ sich doch, sogar ganz ohne Zaum, wenngleich Sokol lange Zeit dazu neigte, urplötzlich in schierer Panik glatt die Wände hochzugehen.
- Claus Penquitt krempelte seinen Lusitano erst durch zähe Beharrlichkeit zu einem freudig mitarbeitenden Pferd um. Tiefe Narben zeugen auf Lebenszeit von der dunklen Vergangenheit des Schimmels in der Stierkampfarena.

„Der wird bei uns Hofhund"
Oft Weltklasse, dann wieder Weichei: Rush On macht, was er will. Und doch hängt Ludger Beerbaums Herz ausgerechnet an diesem Pferd wie an kaum einem anderen. Kritik an Rush On nimmt er persönlich, für jeden Abwurf des Rappen nimmt er die Schuld auf seine Kappe.
Was ist es, was ihn an dem Westfalen so fasziniert? Noch immer spricht man in Handorf davon, daß der ungestüme Wallach vor der Auktion nicht ausprobiert werden konnte. „Immer wieder kommen Leute, die mich fragen, wie wir ihn in der Box einfangen", sagt Beerbaum. „Und es gibt immer noch Situationen, da rennt Rush On die glatten Wände hoch."
Nach einem Artikel von Susanne Strübel im „St. Georg"

Von der Alb nach Atlanta
Martin Schaudt ersteigerte Durgo als Fünfjährigen auf einer Auktion. Das Probereiten machte den Interessenten größte Schwierigkeiten; Durgo schien unreitbar. Er stieg permanent und ließ keinen Reiter an sich heran. Martin Schaudt: „Ich kaufte ihn aus dem Gefühl heraus. Während der ersten sechs Monate war mein einziges Ziel, dieses Pferd überhaupt reiten zu können."
Aus der „Reiter Revue"

Gehorsam? Nicht immer – aber immer öfter!
Horst Beckers Palomino sollte angeblich komplett in der Doma Vaquera ausgebildet sein, was sich allerdings als schlechter Scherz entpuppte, denn er brach sofort nach dem Aufsteigen in derartige Panik aus, daß Freunde befürchteten, Becker würde sich das Genick brechen. Es folgte eine lange Zeit geduldiger Bodenarbeit, Gymnastizierung in der Doppellonge und ein wenig spielerische Freiheitsdressur, bis Duché Vertrauen zu seinem Ausbilder faßte.

Horst Beckers Palomino Duché galt als unreitbar, unberechenbar – durchgeknallt wie ein Märzhase, unter dem Sattel der reinste Verbrecher. Wenn man die beiden heute sieht, vermag man es kaum zu glauben. Martin Schaudts Durgo oder Ludger Beerbaums Rush On – wahrlich keine Musterknaben vor dem Herrn ...

Interessanter als eine Aufführung weiterer Fälle ist die Frage: Warum? Woher dieser plötzliche Sinneswandel ...?

Also plötzlich kam er nicht. Der Sinneswandel. Doch ich will Sie nicht länger hinhalten, Sie haben ja schon alle Fakten auf der Hand: Hier fließen die leistungsbestimmenden Faktoren wieder zusammen.

Motivation und Leistungsbereitschaft des Pferdes sind kein Geschenk, sondern ein Endprodukt. Die Summe einer Gleichung!

Wenn ringsum alles andere stimmt, schlendern sie fast beiläufig herbei und gesellen sich dazu. Dummerweise schlendern sie auch genauso unauffällig wieder von dannen.

So einfach und so schwer ist das:

Mit der Leistung des Pferdes.

Mit der Arbeitsmotivation des Pferdes.

Sie sind Spiegel und Gütesiegel des Reiters.

Das meinte wohl auch Ralph-Michael Rash, als er auf einem Seminar mit Linda Tellington-Jones sagte: *„In der heutigen Zeit glauben viele, sich nach einem Acht-Stunden-Arbeitstag ins Auto setzen zu können, zum Reiten zu fahren, und dann muß das Pferd programmgemäß funktionieren. Diesbezüglich müssen viele Reiter umlernen."*

Eben diesen Gefallen tut uns das Pferd wahrhaftig nicht, und dazu hat es auch keinen Grund: Wir können nicht einerseits Vitalität und eigenständige Persönlichkeit des Tieres hoch bewerten und andererseits wie bei einer Marionette Fäden ziehen wollen.

Klappt bei uns doch auch nicht.

Das habe ich in den „Arbeitsheften Führungspsychologie" von R.W. und G.H. Strobe gefunden:

- *„Zufriedenheit wächst dort, wo ein Mensch sich seiner Aufgabe bewußt wird und ihr dient."*

Und das bei „Fredy Knie – Die sanfte Art, mit Pferden umzugehen"; gesagt von Sigrid Eicher:

- *„Sie strahlen eine Ausgeglichenheit aus, wie sie nur dort entstehen kann, wo man sich wohlfühlt, wo alles seine Richtigkeit hat und wo man weiß, was von einem erwartet wird."*

Das Referat von Klaus Balkenhol auf dem Dressur-Seminar 1996 im Reitzentrum Reken mit Nadine Capellmann auf „Farbenfroh" gehört zu meinen schönsten Bandaufzeichnungen und vermittelt, wieviel Wissen, Können und Sensibilität dazu gehören, ein Pferd für seine Arbeit zu motivieren:
Er sei, so Klaus Balkenhol zu seiner Person, auf einem wunderschönen Bauernhof mit Pferden aufgewachsen, die nicht für die Reiterei gezüchtet wurden, sondern ihren Dienst vor landwirtschaftlichen Geräten verrichteten:

„Wir sind zum Nachdenken gezwungen: Was will überhaupt unser Kamerad Pferd?"

„Und ich bin froh darüber, daß ich das Glück hatte, mein Leben bis heute mit dem Pferd zu verbringen. Es hat mir viel gebracht, weil die Pferde meine besten Lehrmeister waren und es immer noch sind. Ich möchte gerne noch ein oder zwei Leben dranhängen, nur um sie wirklich verstehen zu können.

Grundausbildung

Nun stehe ich hier und soll etwas über die Dressur berichten, aber man weiß – und Sie wissen es auch –, daß sich die Grundausbildung eines Pferdes nicht unterscheidet in ihrer Lehre. Wir kennen die Ausbildungsskala in der Dressur-Reiterei, und diese Ausbildungsskala soll natürlich für alle Sparten der Reiterei gelten. Die Ausbildungsskala gilt nicht nur besonders oder speziell für Dressurpferde. Sie macht auch nicht Halt vor Pferden, die im Freizeitreiterbereich gehen – gerade da muß sie greifen.
Dabei ist darauf zu achten, daß die Anfänge stimmen. Das beginnt schon beim Fohlen. Hier fängt die Erziehung an. Später werden die Pferde bekannt gemacht mit dem Halfter, mit der Trense, sie werden anlongiert, dann beginnt das Anreiten ... alles Dinge, die ein Pferd erfahren haben muß, bevor man aufsitzt.

Vertrauen

Und das Wichtigste ist das Vertrauen zum Menschen.
Ohne Vertrauen gibt es Kampf, dann Krampf, dann Festgehaltensein, dann in letzter Konsequenz große Verletzungen. Der Reiter hat nicht gewonnen. Denn ein Pferd läßt sich nicht besiegen, ein Pferd kann man nur gewinnen, und das müssen wir uns immer wieder vor Augen halten.
Wir haben die vornehme Pflicht und die Aufgabe, die Kreatur Pferd sinnvoll zu behandeln, sie zu halten und zu umsorgen, denn das Pferd ist uns schließlich hilflos ausgeliefert. Es kann sich nicht wehren.

Freiheit – 3 x 3 m?

Wir Menschen machen dabei etwas ganz Besonderes: Wir sperren das Fluchttier Pferd erst einmal ein, daß es nicht flüchten kann.

Doch die Freiheit, die ein Pferd benötigt, ist nicht nur die Boxe, die 3 × 3 m, in der das Pferd 23 Stunden gefangen gehalten wird. Leider ist das oft der Fall. Eine Stunde am Tag darf das Pferd sich dann uns widmen. – Das Pferd soll sich nicht uns widmen, sondern wir sollten uns dem Pferd widmen. Und nicht nur eine Stunde am Tag."

Danach umriß Klaus Balkenhol die Arbeit seiner eigenen Pferde:

Ruhe und Bewegung

„Natürlich haben die Pferde ihre Ruhe in der Nacht, aber tagsüber brauchen sie Bewegung. Das heißt, sie werden morgens 20–30 Minuten ins Gelände geritten, Schritt am langen Zügel. Pferde sind sehr neugierig. Wenn sie gucken wollen, bleiben sie stehen, schauen sich alles an, und von da aus geht es auf den Reitplatz. Dort beginne ich mit lösenden Lektionen, bis hin zur Versammlung. Ich arbeite die Dressur-Ausbildungsskala anständig durch, aber immer unter der Berücksichtigung, was mein Pferd in der Lage ist zu leisten. Nie eine Überforderung zuteil werden zu lassen.

Ablenkung und Entspannung

Nach dieser halben Stunde wird das Pferd nicht einfach abgesattelt und in die Boxe geführt, nein, wir gehen mit dem Pferd noch eine Viertelstunde bis 20 Minuten wiederum zur Entspannung in den nahegelegenen Wald. Kommen die Pferde dann in ihre Boxe, sind sie entspannt und mit einer lebhaften Umgebung beschäftigt. Wir haben nur Außenboxen: Spaziergänger, spielende Kinder, Jogger ... Und wenn jemand kommt, wird er sehr freundlich von ihnen begrüßt. Das passiert morgens. Die Nachmittagsarbeit erstreckt sich darauf, daß die Pferde ins Gelände geritten werden, sich einfach eine halbe bis dreiviertel Stunde entspannen können."

Zur Vorstellung von „Farbenfroh" unter Nadine Capellmann-Biffar erklärte Klaus Balkenhol:

Lösen immer im Vorwärts

„Wir lassen das Pferd erst einmal traben, ohne daran herumzukünsteln. Das Pferd muß sich selbst finden. Es ist immer richtig, das Pferd im Vorwärts zu lösen. Niemals jetzt schon versuchen, sich durchzusetzen. Lassen Sie das Pferd laufen, es ist ein Lauftier, und es wird sich von ganz alleine in Ihre Hand geben und sich lösen. Rückwärtsreiten ist immer ein Schritt zurück."

Ansteckend seine Freude über die gelösten, großen Bewegungen des Pferdes, den weit übergreifenden Schritt. Klaus Balkenhol weist auf das Muskelspiel hin und daß sich der Pferderücken nicht nur auf und nieder, sondern auch seitlich bewegt, und wie wichtig es ist, daß die Ausrüstung nicht einengt:

Ausrüstung

„Das heißt, der Sattel muß genau angepaßt sein ... Oder die Zäumung: Wenn ein Halfter zu stark angezogen ist, verspürt das Pferd Verspannungen. Es macht sich nicht nur im Maul fest, sondern auch in der Haltung, über den Rücken bis in die Hinterbeine, den Motor unseres Pferdes ...“

Eingehen auf die Psyche

Und erneut sein Appell an das Eingehen auf die Psyche des Tieres: „Man muß alles tun, damit dem Pferd kein Zwang geschieht. Je weniger Zwang ein Pferd bekommt, desto losgelassener geht es ... Das Pferd muß etwas lernen. Mit dem Erlernen kommt das Verstehen, und das Verstehen muß sich festigen unter Berücksichtigung – hier spreche ich erneut die Ausbildungsskala an – des taktmäßigen Gehens, des losgelassenen, des geradegerichteten An-die-Hand-Gehens. Das muß sich im Schritt wie im Trab und im Galopp fortsetzen.

Nadine Capellmann auf „Farbenfroh“ beim Dressurseminar 1996 im Spielepark des FS- Testzentrums Reken. Kurz darauf gewann der Fuchs das Bundeschampionat der sechsjährigen Dressurpferde.

Jetzt baut sich das Pferd auf. Man merkt, daß es Lust am Gehen hat. Es möchte mit uns spielen. Es ist bereit, mit uns Lektionen zu absolvieren. Darauf muß der Reiter warten. Er darf es zwar hervorrufen, aber er muß abwarten, bis das Pferd dazu bereit ist, sonst gibt es Schäden an Sehnen, an Knochen ... Das ist die oberste Prämisse überhaupt in der Ausbildung des Pferdes: abwarten zu können, was schenkt mir das Pferd? Niemals Gewalt anwenden, immer wieder spielen, arbeiten ... das bringt dem Pferd Freude.
Diese Motivation bekomme ich auch, wenn ich das Pferd aus dem Gelände nach Hause reite und das Pferd Stalldrang hat. Dann nehme ich einfach die daraus kommende Spannung, die das Pferd entwickelt, an, um ihm daraus versammelnde Lektionen wie Piaffe oder Passage spielerisch nahezubringen ... Und kleine Fehler muß man jedem Pferd einfach verzeihen können.“

Höhepunkte

Höhepunkt der Vorstellung waren fliegende Galoppwechsel und erste Ansätze von Passage und Piaffe, eine Ausbildungsstufe, die der Wallach zu diesem Zeitpunkt erst betrat. Einige wenige Schritte genügen schon, dann wieder Lob und Entspannung. „Wir wollen, daß sich das Pferd in unserer Hand entfalten kann.“

Lust auf Leistung

Der Begriff Training ist übergeordnet zu sehen und betrifft nicht nur den Sport, sondern auch andere Aspekte des menschlichen Lebens ...
Wobei die einzelnen Faktoren aber nur selten isoliert betrachtet werden können, da sie sich in der Regel gegenseitig bedingen oder in enger Abhängigkeit zueinander stehen.

Björn Ahsbahs, aus „Lernen, Lehren und Trainieren im Pferdesport"

Der Leistungs-Regelkreis im Sport

„Was ist ein Problem? Es ist die Abweichung eines Ist- von einem Sollzustand."

R. W. Strobe/G. H. Strobe, aus „Motivation", Arbeitshefte Führungspsychologie

Sie haben recht: Diese acht Punkte zur Leistung und Motivation des Pferdes durchzugehen war ein schönes Stück Arbeit. Aber unvermeidbar. Denn wie will man etwas verbessern, wenn man sich nicht mit dem Wesen einer Sache auseinandersetzt?

Gewohnheit macht blind. Davon kann sich niemand ganz freisprechen. Routinehandlungen setzen sich im Unterbewußtsein fest und verkrusten mit der Zeit. Gleichgültig, ob sie ihren Sinn erfüllen oder nicht – sie werden kaum mehr in Frage gestellt.

Diese Binsenweisheit lernt jeder Logistik-Student bereits im ersten Semester: Abläufe grundsätzlich auseinandernehmen, untersuchen und strukturieren. Hat man das Prinzip verstanden, werden Abweichungen ersichtlich.

Prozesse, gleich welcher Art, lassen sich nur gezielt steuern, wenn ihre Zusammensetzung und die Funktion der einzelnen Elemente bekannt sind.

Jede sportliche Leistung ist ein Prozeß!

Ein Motivationsablauf ist ein Prozeß!

Und gar die sportliche Leistung und Motivation von Reiter und Pferd zusammen ... Sie ahnen, worauf ich hinauswill: Reiten, das harmonische Zusammenspiel von zwei so grundverschiedenen, hochentwickelten und entsprechend komplizierten Lebewesen – das läßt sich nicht auf das mechanische Erlernen reiterlicher Techniken beschränken. Und wäre der Reiter noch so gut.

Mag im Moment alles noch zusammenhanglos wirken, Sie werden sehen, daß es jetzt ganz schnell geht. Und daß wir über unser so langatmiges, geduldiges Puzzlespiel mit einem Mal imstande sind, das Durcheinander der leistungs- und motivationsbestimmenden Details in ein verständliches, klares Schema zu ordnen.

Fassen wir also zusammen: Ihre erste Antwort auf meine Frage, welche Elemente die Leistung des Pferdes beeinflussen, lautete Gesundheit. Nur – ganz so einfach war es nicht. Gesundheit ist erst als rundum körperlich-seelische Unversehrtheit zu verstehen und die Erhaltung derselben mit einem kontinuierlich hohen Aufwand verbunden. Obendrein ist sie nur ein Punkt von vielen.

Läßt man genetisch bedingte Anlagen und Aufzucht als nicht mehr

Das Prinzipielle

„Ohne das Prinzipielle erfaßt zu haben, besteht die Gefahr, daß die Kompliziertheit und Mannigfaltigkeit der Lebensvorgänge verwirrend wirken, das Prinzipielle übersehen und das Komplizierte als etwas scheinbar Neues und dem Wesen nach Verschiedenes angesehen wird.
Wenn wir dann von einer Annahme glauben, daß diese nun genügend begründet und bewiesen sei, es sich aber in Wahrheit um eine Fehlvorstellung handelt, so hat diese Fehlvorstellung eine ganze Reihe weiterer Fehlvorstellungen zur Folge, da jede weitere auf der ersten aufgebaut ist."

Leicht gekürzt aus „Der Mensch und das Gesetz von Lust und Unlust", von Josef Hirt, Hirt-Institut Zürich

beeinflußbar außer acht, läuft letztendlich die Leistung und Arbeitsbereitschaft des Pferdes allein auf die Qualifikation des Menschen hinaus:

- auf die Qualifikation des Stallhalters
- auf die Qualifikation des Pflegers
- auf die Qualifikation des Ausbilders von Pferd und Reiter
- auf die Qualifikation des Reiters.

Praktisch verursacht jede Abweichung vom Sollzustand, die nicht ausgeglichen wird – ob in der Haltung, in der Pflege, in der Ausbildung oder im Training – einen Leistungsabfall und Motivationsverlust des Pferdes.

Vielleicht erinnern Sie sich auch noch, daß ich, ziemlich am Anfang, sagte, daß die leistungsbestimmenden Faktoren jeder sportlichen Leistung gleich wären und dieser Leistungs-Regelkreis sowohl für den Menschen wie für das Tier gelte. Ich hatte durchaus triftige Gründe, an dieser Stelle auf diesen Punkt nicht näher einzugehen.

Der doppelte Leistungs-Regelkreis beim Reiten

Wir haben es beim Reiten nämlich nicht nur mit *einem* Leistungs-Regelkreis zu tun, sondern gleich mit zweien:

- dem Leistungs-Regelkreis des Reiters und
- dem Leistungs-Regelkreis des Pferdes.

Und das Faszinierende daran: Legt man beide Grafiken übereinander, läßt sich das Prinzip jedes einzelnen Punktes aus dem Leistungs-Regelkreis des Reiters auf den des Pferdes übertragen. Dabei wird die Motivation und Leistungsbereitschaft des Reiters, ebenso wie die des Pferdes, durch alle anderen Faktoren mitbeeinflußt. Es ist wie bei einem Getriebe, bei dem jedes Rädchen in ein anderes greift. Dummerweise reagiert es auf Sand in der Mechanik – und zwar egal wo – auch ebenso störanfällig.

Dieser doppelte Leistungs-Regelkreis, das ist das Gesamtbild.

Die Begründungen meiner Interviewpartner deckten sich, weil sie samt und sonders das Prinzip des Leistungs-Regelkreises erfüllen – unabhängig davon, ob sie western- oder freizeitmäßig, klassisch oder turniersportlich reiten und ausbilden. Deswegen sind sie auch so erfolgreich. Jeder auf seine Art, trotz unterschiedlicher Auffassung in bezug auf Haltung, Ausbildung und Training.

Ihr verbindendes Element sind die Gesetze des Leistungs-Regelkreises. Die nicht nur auf den Reiter, sondern auch auf seinen Partner, das Pferd, angewandt werden wollen.

„Verschiedene Ziele kann man aber nicht auf gleichem Wege erreichen; daraus ergibt sich von selbst, daß nicht stets der gleiche Ausbildungsgang gewählt werden kann. Oft werden aber voneinander abweichende Wege als verschiedene Methoden bezeichnet, obwohl sich bei genauerer Überlegung herausstellt, daß sie auf der gleichen Grundanschauung beruhen und einander ergänzen, aber nicht widersprechen."
Aus Wilhelm Müselers „Reitlehre" von 1936!

Vergleich der Faktoren und Fähigkeiten, die die sportliche Leistung von Reiter und Pferd beeinflussen und Zuordnung auf den Menschen

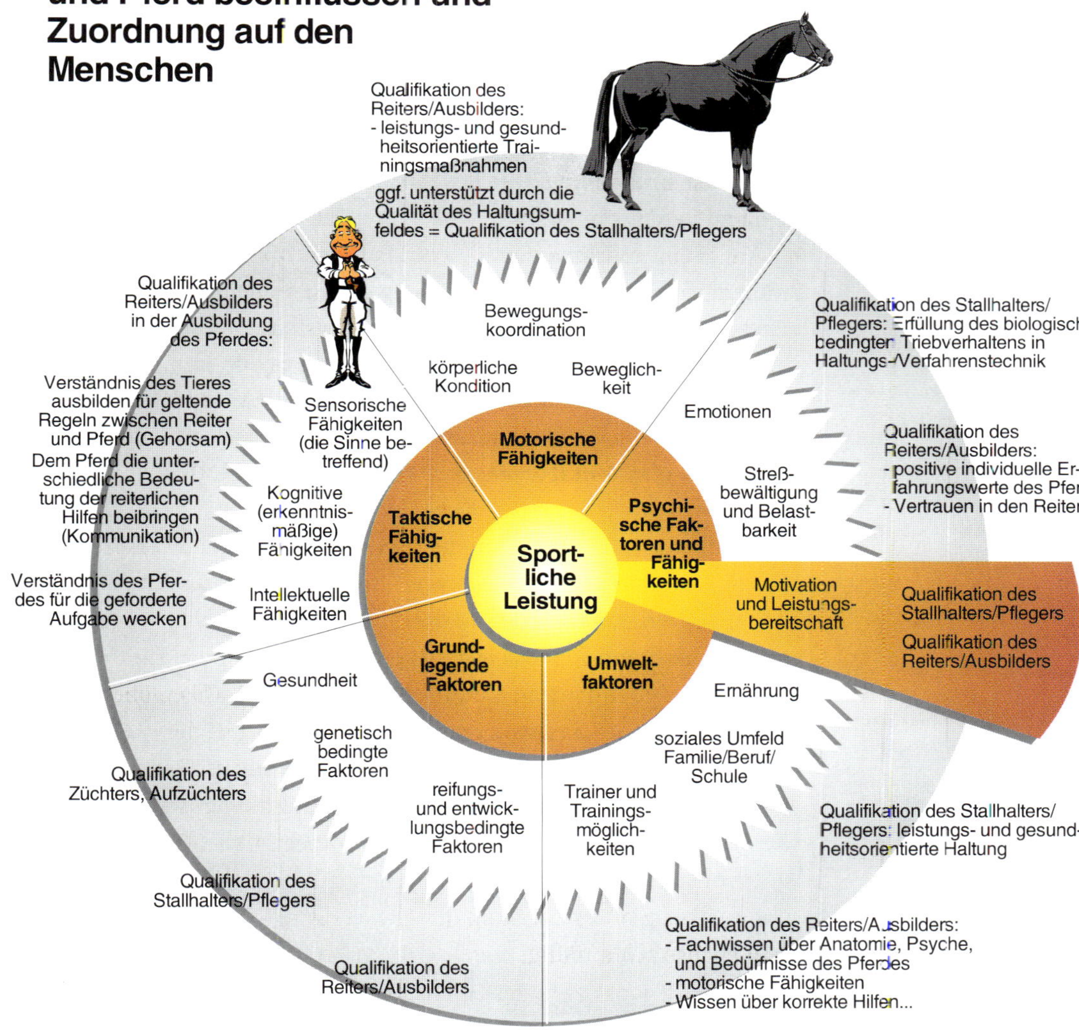

Alle Faktoren und Fähigkeiten, die die sportliche Leistung des Reiters beeinflussen, lassen sich auch auf die Leistung des Pferdes transferieren. Das gilt bedingt selbst für die taktischen Fähigkeiten in der Ausbildung. Ebenso wie die Motivation und Leistungsbereitschaft des Reiters, wird auch die Motivation und Leistungsbereitschaft des Pferdes durch das Umfeld geprägt. Das heißt, die Verantwortung des Stallhalters/Pflegers ist mindestens ebenso hoch wie die des Reiters/Ausbilders.

Grafik in Anlehnung an den Regelkreis der sportlichen Leistung aus „Lernen, Lehren und Trainieren im Pferdesport“

Es lohnt, sich die Grafik genau, sehr genau anzusehen. Denn hat man die darin enthaltenen Verflechtungen einmal im Kopf abgespeichert, verfügt man über eine unschätzbare Hilfe. Es ist ein Code, ein Raster, die kürzeste Definition, mit deren Hilfe sich Schwachstellen ausloten oder individuelle Lösungswege zur Verbesserung der Arbeitsmotivation des Pferdes entwickeln lassen. Und darauf kam es uns ja an.

Ganz korrekt, hätte man Leistung und Motivation des Pferdes von dieser Grafik aus erklären müssen. Aber ... offen gestanden, ich hab mich nicht getraut. Ich hatte Angst, Sie würden erschreckt nach Luft schnappen und das Buch wieder zuklappen. Das hätte Ihnen gewiß niemand verdenken können.

Aus meiner Sicht war es fast ein Fall von Manipulation. Manipulation und Motivation sind sehr eng miteinander verwandt, wobei ersteres durchaus nicht unbedingt negativ sein muß – doch dazu (vielleicht) an anderer Stelle mehr. Außerdem ging es mir darum, die Überschneidungen von Stallhalter/Pfleger und Reiter/Ausbilder auseinanderzudröseln, um verständlich zu machen, warum sich ohne fundiertes Grundwissen in allen Bereichen folgenschwere Fehler kaum vermeiden lassen.

Wenn sich heute ein Mensch – bei dem Überangebot an Freizeitaktivitäten, an superedlen High-Tech-Sportgeräten – ausgerechnet für das Pferd entscheidet, dann muß er dem auch Rechnung tragen und es so nehmen, wie es ist: als höchst lebendiges und hoch spezialisiertes Geschöpf mit Emotionen und Bedürfnissen. Als Lebewesen, das auf Angst reagiert, auf Schmerz reagiert und auf Lustgefühle reagiert.

Das Pferd denkt nicht in denselben Bahnen wie der Mensch. Aber es verarbeitet im Rahmen seines Intellekts, im Rahmen seines spezifischen Denkvermögens Erkenntnisse. Es speichert sie als Erfahrungswerte und ruft sie auch wieder ab.

FRANKE SLOOTHAAK
„Wir müssen immer daran denken, daß wir den schönsten Sport der Welt machen – mit einem anderen Lebewesen."

Das ist gar nicht anders möglich, sonst wäre es auch nicht lernfähig. Es wäre nicht imstande, reiterliche Hilfen, die seiner eigenen Kommunikation mit anderen Pferden so wenig entsprechen, mit einer bestimmten Bewegung oder einem bestimmten, vom Reiter gewünschten Verhalten zu assoziieren.

Es lebt.

Und weil es lebt, läßt sich kein einziger Bereich ausklammern.

Am auffälligsten bei den Interviews war bei den befragten Reitern ihr enorm vielseitiges und gründliches Fachwissen rund um das Pferd – also nicht nur bezüglich korrekter Hilfengebung. Was natürlich kaum verwundert, denn bis auf wenige Ausnahmen leben diese Reiter quasi mit ihren Pferden. Bei der Frage nach dem täglichen Zeitaufwand schaute mich Isabell Werth fast verdutzt an und sagte: *„Kann ich gar nicht genau sagen. Bei uns dreht sich alles nur um das Pferd."*

Fragen Sie Franke Sloothaak, fragen Sie Ludger Beerbaum, Nicole Uphoff, Klaus Balkenhol, Richard Hinrichs, Freddy Knie, Ingrid Klimke, Isabell Werth, Jean-Claude Dysli ... Es kommt überall auf dasselbe raus: Bei uns dreht sich alles nur ums Pferd.

URSULA BRUNS
„Glückliche Pferde, die so zwischen Arbeit und Freiheit leben: Freiheit der Weide, der Bewegung, des gemächlichen Grasens."

Die Klassiker lassen grüßen

Wissen Sie, was der Leistungs-Regelkreis noch ist?

Es sind die alten, klassischen Lehren der Reitkunst. Sie wußten fast alles, die klassischen Reitmeister: von den Auswirkungen eines schlechten Stallklimas bis zu physiologischen und psychologischen Zusammenhängen ... Sie wußten vor allen Dingen das Wesentliche zu beantworten, nämlich die Frage nach dem „Warum".

Das ist zwar nicht unbedingt wichtiger als das „Wie", aber es steht an erster Stelle. Eine Erkenntnis, die nicht nur in der Pädagogik, sondern auch in der Motivationspsychologie ganz vornean steht. Hierzu Josef Hirt, in „Der Mensch und das Gesetz von Lust und Unlust":

Der produktive Denker fragt immer zuerst nach dem Warum, auch wenn ihm das nicht direkt bewußt wird, und erst in zweiter Linie nach dem Wie ... Für die großen Zusammenhänge besitzt der Intelligente ein äußerst gutes Gedächtnis. Es ist ja das Kennzeichen seines Intellekts, daß er sich für die Zusammenhänge interessiert, daß er die Ursachen erfassen und kombinieren kann. Echtes Interesse kann nur geweckt werden, indem das Warum, die Ursachen aufgezeigt werden.

„Heute geht es nicht mehr um einen Brückenschlag zwischen einstigen rivalisierenden Meinungen, sondern um das Herüberretten von Erkenntnissen und Praktiken, wie sie in jeder einzelnen enthalten waren und die ihren hohen Wert erhalten haben, auch wenn das Gesamtwerk seine Aktualität eingebüßt haben sollte."
Kurt Albrecht, in Richard Hinrichs, „Pferde – Tänzer an leichter Hand"

Und das klassische Pendant bei Ludwig Hünersdorf (1748-1813): *„Bei dem nachdenkenden und vernünftigen Reiter setzen wir voraus, daß er nichts mit dem Pferde unternimmt, ohne die Frage: Warum? an sich zu tun und sie auch gehörig aufzulösen weiß ...“*

Und noch eines wird einem bei der Lektüre klassischer Reitliteratur sehr schnell klar: wie viele Praktiken der sanften Kommunikation mit dem Pferd zu Unrecht in Vergessenheit gerieten. So manche Ausbildungsmethode, die sich heute wundersamerweise in der alternativen Ecke der Freizeitreiter wiederfindet, ist nicht alternativer als das Leichttraben. Dafür aber oft erheblich älter.

Auch daran sollten wir ab und an denken.

Ohne den Verdienst moderner Entwicklungen schmälern zu wollen: Fortschritt heißt nicht nur Pharmaka oder High-Tech, sondern ihre sinnvolle Anwendung. Manchmal müssen wir – dem Fortschritt zuliebe – *einen riesengroßen* Schritt zurücktreten, um die erforderliche Perspektive zu gewinnen.

Das war – zumindest aus meiner Sicht – der erste und wichtigste Teil zur Leistung und Arbeitsmotivation des Pferdes. Er verriet Ihnen noch keine Tricks und streifte nur andeutungsweise sinnvolle Beispiele aus der Praxis. Vielleicht sind Sie sogar enttäuscht, weil „lediglich“ die Zusammenhänge erklärt wurden, aber a) wäre das Buch sonst entschieden zu voluminös ausgefallen und b) ist das „Wie“ ja erst der zweite Schritt. Alle, selbst vermeintlich todsichere Tips haben durchweg einen gravierenden Nachteil: Unter bestimmten Voraussetzungen, in einer bestimmten Situation, mit einem bestimmten Pferd und einem bestimmten Reiter funktionieren sie eben nicht. Oder, wie Fredy Knie es gerne ausdrückt: *„Jedes Pferd kann alles, macht alles – nur dieses eine Pferd macht es nicht.“*

RICHARD HINRICHS
„Fangen Sie an, selbständig zu denken. Entwickeln Sie den Mut, wegzukommen von eingefahrenen Geleisen. Die besten Gedanken sind die, die man sich selber macht.“

In einer solchen Situation bleibt einem nichts anderes übrig, als sich erneut der Frage nach dem „Warum“ zuzuwenden beziehungsweise dem Leistungs-Regelkreis von Reiter und Pferd, um die Ursache zu ergründen.

Sherlock Holmes unterstellen wir kriminalistisches Gespür bedenkenlos. Wie hätte er sonst jemals eine Spur verfolgen können? Beim Reitunterricht werden wir auf ein derartiges Puzzle nicht vorbereitet. Doch erst wenn wir verstanden haben, daß alles zusammengehört, alte bewährte Erkenntnisse und moderne Technologie, Arbeitsumfeld und Arbeitsinhalte, sind wir an dem Punkt, wo es zu einem Spiel wird, seinen Vierbeiner so weit zu kriegen, daß er die Ohren spitzt und sagt: *Hallo! Schön, daß du da bist. Und was machen wir heute?*

Zum Weiterlesen

Aguilar, Alfonso: Wie Pferde lernen wollen; Bodenarbeit, Erziehung und Reiten. KOSMOS 2004
Der Mexikaner Alfonso Aguilar ist bekannt für seine einfühlsame Art, Pferde zu trainieren. Er zeigt anhand vieler praktischer Übungen, wie Pferde in ihrem Wesen begriffen und gefördert werden können.

Bayley, Leslie: Trainingsbuch Bodenarbeit; Die Methoden und Übungen der besten Pferdeausbilder. KOSMOS 2006
Bodenarbeit fördert das Körpergefühl, dient der Gymnastizierung und ist eine ideale Ergänzung zum Reiten. Hier sind die Methoden der bekanntesten Ausbilder erstmalig in einem Buch beschrieben.

Behling, Silke: Wie erziehe ich mein Pferd. KOSMOS 2007
Dieser Ratgeber zeigt einfach und übersichtlich den richtigen Umgang mit dem Pferd, der für die Harmonie zwischen Mensch und Tier wahre Wunder wirkt!

Behling, Silke: Pferderassen. KOSMOS 2005
Ein praktisches und kompaktes Nachschlagewerk. 106 Pferderassen, vorgestellt in informativen Texten und mit vielen Farbfotos.

Bender, Ingolf: Kosmos Handbuch Pferd; Reiten, Fahren, Haltung, Zucht, Gesundheit. KOSMOS 2006
Das geballte Wissen über Pferde und Reiten, Zucht, Haltung und Gesundheit auf neuestem Erkenntnisstand in einem einzigen Kompendium. 19 namhafte Hippologen, Trainer und Ausbilder kommen in ihrem Fachgebiet zu Wort.

Binder, Sybille Luise: Was denkt mein Pferd? KOSMOS 2006
Pferde senden viele Körpersignale aus, und wer sie richtig deutet, ist auf dem besten Weg zu einer verständnisvollen Partnerschaft! Zahlreiche Bilder helfen, typisches Pferdeverhalten richtig zu erkennen und zu verstehen.

Binder, Sybille L.: Populäre Irrtümer über Pferde; Vom Schlafen im Stehen und vom Hafer, der sticht. KOSMOS 2005
Kurioses, Wunderliches und Erstaunliches über Pferde.

Cummings, Peggy: Bodenarbeit; Mit Connected Groundwork zu Bewegungsfreiheit und Selbsthaltung des Pferdes. Kosmos 2007
Bewusste, lösende und kräftigende Körperbewegungen bereiten Pferd und Reiter auf lockeres und harmonisches Reiten vor.

Cummings, Peggy: Connected Riding; Besser reiten mit inneren Bildern. KOSMOS 2006
Connected Riding verhilft dem Reiter zu einer Beweglichkeit und Geschmeidigkeit, die ihn mit seinem Pferd in Kontakt bringt. Ziel ist ein ausbalancierter Reiter, der sich in einer neutralen Beckenposition befindet und so locker mit den Bewegungen des Pferdes mitgehen kann.

Gohl, Christiane: Pferde kennen und verstehen. KOSMOS 2005
Verhalten, Umgang, Reiten. Das ideale Buch für Einsteiger beantwortet alle Basisfragen rund ums Pferd. Mit vielen praktischen Extra-Tips.

Gohl, Christiane: Was der Stallmeister noch wußte. KOSMOS 2004
Kurioses, Amüsantes und Nützliches rund um Pferde - aus einer Zeit, in der Reiten kein Hobby, sondern Alltag war.

Hölzel, Petra: Basispaß Pferdekunde, Optimale Prüfungsvorbereitung in Frage und Antwort. KOSMOS 2000, 2006
An diesem Buch kommt niemand vorbei: Der Basispass ist Voraussetzung für jeden Reiter und Pferdesportler, der sein erstes offizielles Abzeichen ablegen möchte!

Klimke, Ingrid und Dr. Reiner: Grundausbildung des jungen Reitpferdes; Von der Fohlenerziehung bis zum ersten Turnierstart. KOSMOS 2005
Jedes Pferd, ob es im Sport oder in der Freizeit geritten wird, braucht eine solide und fundierte Grundausbildung, damit es seine Aufgaben unter dem Reiter zuverlässig und motiviert erfüllen kann. Der Longseller ist jetzt vollständig überarbeitet und neu bebildert.

Krämer, M./Schumacher, J.: Die Kosmos-Reitlehre; Erfolgreich im Sattel von Anfang an! KOSMOS 2002
Wollen Sie mehr über die klassische Reitausbildung und andere Reitweisen erfahren, dann ist dies ein Buch, das keine Fragen offen läßt. Dieses Standardwerk greift alle Aspekte der Reiterei auf.

Kreinberg, Peter: The Gentle Touch; Die Methode für anspruchsvolles Freizeitreiten. KOSMOS 2007
Der Erfolgsautor und Pferdetrainer Peter Kreinberg präsentiert in diesem Buch erstmals umfassend seine Philosophie „The Gentle Touch". Mit dieser Methode gelingt harmonisches und gymnastizierendes Reiten auf jedem Niveau. Ein charismatisches Buch – mit stimmungsvollen Fotos von Gabriele Boiselle.

Rashid, Mark: Der auf die Pferde hört. KOSMOS 1999, 2006
Mark Rashid ist einer der besten und erfahrensten Pferdeausbilder Nordamerikas. Sensibel, humorvoll und mit überraschenden Einsichten schildert Mark Rashid in vielen Erlebnissen und Fallbeispielen seinen ganz persönlichen Weg mit seinen Lehrmeistern, den Pferden.

Savoie, Jane: Positiv denken – Erfolgreich reiten; Der Weg zum persönlichen Sieg. KOSMOS 2006
Drill und Anstrengung beim Reiten? Die moderne Sportpsychologie setzt auf mentales Training und Visualisierung, um die reiterlichen Herausforderungen zu meistern. Das Praxisbuch erklärt Schritt für Schritt, wie diese alternativen Methoden zum schnellen Erfolg führen.

Schöffmann, Britta Dr.: Die Skala der Ausbildung; FN-Richtlinien in der Praxis. KOSMOS 2003, 2006
Mit praxisnahen Schritt-für-Schritt-Anleitungen wird das Grundgesetz der deutschen Reiterei in Wort und Bild grundlegend vom Takt zur Versammlung erklärt.

Schöffmann, Britta Dr.: Lektionen richtig reiten; Übungen von A – Z mit Weltmeisterin Isabell Werth. KOSMOS 2005
Von den absoluten Basisübungen bis hin zu schwierigen Dressurlektionen finden Sie in diesem Buch jede wichtige Lektion ausführlich erklärt. Ein Nachschlagewerk mit zahlreichen Detailabbildungen. Alle Lektionen geritten von Isabell Werth.

Schöffmann, Britta Dr.: Kaus Balkenhol – Dressurausbildung nach klassischen Grundsätzen. KOSMOS 2007
Am Beispiel seiner Erfolgspferde, aber auch seiner reiterlichen Anfänge, beschreibt Britta Schöffmann das einzigartige Trainingskonzept Klaus Balkenhols. Ein eindrucksvolles Buch über den persönlichen Werdegang und die steile Karriere des Ausnahme-Reiters, Trainers und Menschen Klaus Balkenhol. Lehrbuch und Biografie zugleich.

Simonds, Mary Ann: Was Pferde wirklich brauchen; Der Weg zu Ausgeglichenheit und Leistungsstärke. KOSMOS 2006
Die Verhaltensforscherin beschreibt, wie Pferde denken, lernen und welche Bedürfnisse sie haben. So zeigt sie, wie wir unseren Pferden trotz Einschränkungen ein artgerechtes, stress- und sorgenfreies Leben bieten können.

Simonds, M. A. / Dr. med. vet. Meyer, D.: Streß bei Pferden erkennen und behandeln. KOSMOS 2007
Jedes Pferd hat Streß. Dieses Buch hilft Pferdebesitzern, die Gefühle und Bedürfnisse ihrer Pferde zu erkennen und Streß z. B. beim Verladen, beim Wettkampf und bei der Haltung zu reduzieren.

Tellington Jones, L. / Lieberman, B.: Tellington-Training für Pferde. KOSMOS 2007
Die weltweit bekannte Autorin Linda Tellington-Jones zeigt in ihrem umfassenden Werk mit Hilfe der bekannten TTouches und der TTEAM-Arbeit den Weg zu neuer Partnerschaft, sanftem Umgang und gelungener Kommunikation.

Stern, Horst: So verdient man sich die Sporen. KOSMOS 2005
Die populärste Reitlehre der Welt im wunderbaren und unnachahmlichen Stil von Horst Stern – seit über 30 Jahren unerreicht!

Register